Glücksgene

James D. Baird
Laurie Nadel

Glücksgene

Wie Sie das verborgene Potenzial
Ihrer Zellen aktivieren

Mit einem Vorwort von Dr. Bruce Lipton

Aus dem Englischen übersetzt
von Manfred Miethe

INTEGRAL

Die amerikanische Originalausgabe erschien 2010 unter dem Titel »Happiness Genes« im Verlag Career Press, Pompton Plains, New Jersey, USA.

FSC
Mix
Produktgruppe aus vorbildlich bewirtschafteten Wäldern und anderen kontrollierten Herkünften
Zert.-Nr. SGS-COC-001940
www.fsc.org
© 1996 Forest Stewardship Council

Verlagsgruppe Random House FSC-DEU-0100
Das für dieses Buch verwendete FSC-zertifizierte Papier *EOS* liefert Salzer Papier, St. Pölten, Austria.

Integral Verlag
Integral ist ein Verlag der Verlagsgruppe Random House GmbH.

ISBN 978-3-7787-9221-6

Erste Auflage 2010

Einbandgestaltung: SWSP Design, München, unter Verwendung einer Fotografie von Istockphoto
Layout und Herstellung: Ursula Maenner
Gesetzt aus der Esperanto von Leingärtner, Nabburg
Druck und Bindung: GGP Media GmbH, Pößneck

Meiner Frau Ellie gewidmet,
deren selbstlose Hingabe
mir die schönsten Erinnerungen
auf meiner Lebensreise bescherte
und die mich durch ihr Beispiel lehrte,
meinen Nächsten zu lieben.

Inhalt

Vorwort

Krisen lösen einen Evolutionsschub aus. Die Herausforderungen und Krisen, denen sich die Welt heute gegenübersieht, sind tatsächlich Anzeichen dafür, dass ein Wandel unmittelbar bevorsteht. Wir sind im Begriff, unserer eigenen Evolution von Angesicht zu Angesicht zu begegnen.

Das Zusammenspiel von wissenschaftlichen und gesellschaftlichen Kräften, das die gängigen Paradigmen erschüttert, offenbart, dass sich unser Planet inmitten eines unglaublichen evolutionären Ereignisses befindet. Wir wohnen der Genese einer neuen Spezies bei: der Menschheit. Diese Evolution wird von einem Wandel des menschlichen Bewusstseins vorangetrieben. Wir alle sind aktive Teilnehmer bei etwas, das sich als das größte Abenteuer der menschlichen Geschichte herausstellen wird: unserer bewussten Evolution.

Wir leben in aufregenden Zeiten, denn die moderne Wissenschaft ist dabei, die alten Mythen in ihren Grundfesten zu erschüttern und die Geschichte, die das Schicksal der menschlichen Zivilisation bestimmt hat, neu zu schreiben. Es ist einfach eine Tatsache, dass sich unsere Welt verändert, wenn sich unsere Wahrnehmung des Lebens, wie wir es kennen, verändert. Die alten Sichtweisen, Glaubens- und Denksysteme können uns aus dem einfachen Grund nicht helfen, die gegenwärtigen Umstände zu verwandeln, weil sie die Hauptursachen für die Krisen sind, die uns heute bedrohen. Indem wir unser Verständnis der Biologie und der menschlichen Geschichte verändern, erhalten wir Informationen und Inspirationen, die uns helfen werden, in diesen turbulenten Zeiten unseren Kurs zu finden.

Damit wir effektiver mit den bedrohlichen globalen Herausforderungen umgehen und etwas zur Evolution unseres Planeten beitragen können, müssen wir uns zunächst einmal von der Vorstellung verabschieden, hilflose Opfer zu sein, und die Wahrheit darüber herausfinden, wer wir wirklich sind. Ein guter Ausgangspunkt dafür ist, genauer zu erforschen, wie das Leben funktioniert, denn die konventionellen Weisheiten werden von einer Revolution in der modernen Wissenschaft erschüttert. Die neue Wissenschaft stürzt die bisher nie infrage gestellten Pfeiler der Biologie um – darunter auch unsere Vorstellungen von einer zufälligen Evolution, dem Überleben des Stärksten und der Rolle der DNA.

Der Weg zur Wiedererlangung unserer Macht

Ein grundlegendes Missverständnis, das uns unserer Macht beraubt, wird offensichtlich, wenn wir uns selbst im Spiegel anschauen und uns als vereinzeltes, individuelles Wesen wahrnehmen. Tatsächlich ist unser Körper eine »Gemeinschaft« aus über 50 Billionen individuellen lebenden Zellen. Obwohl sich diese Zahl so leicht sagen lässt, ist es doch nahezu unmöglich, sie sich vorzustellen. Die Gesamtsumme aller Zellen in einem einzigen menschlichen Körper entspricht der Gesamtsumme aller Menschen auf 8000 Erden!

Faktisch besitzt jede Körperzelle alle Funktionen, die dem menschlichen Körper zu eigen sind. So hat fast jede Zelle unter anderem ein Nerven-, Verdauungs-, Atmungs-, Muskel-, Skelett-, Fortpflanzungs- und sogar Immunsystem. Jede dieser Zellen entspricht im wahrsten Sinne des Wortes einem Menschen im Miniaturformat.

Jede Zelle besitzt eine ihr innewohnende Intelligenz und kann auf sich selbst gestellt überleben, wenn sie aus dem Körper entfernt wird. Aber wenn sie sich in einem Körper befindet, gibt jede Zelle ihre Individualität auf und verhält sich wie das Mitglied einer multizellulären Gemeinschaft. Der menschliche Körper spiegelt tatsächlich die gemeinschaftliche Anstrengung einer *Gemeinschaft* aus 50 Billionen einzelner Zellen wider.

Eine Gemeinschaft wird als Organisation von Individuen definiert, die eine gemeinsame Vision haben und deren Verwirklichung engagiert unterstützen. Demzufolge ist zwar jede Zelle ein frei lebendes Wesen, aber die Gemeinschaft des Körpers gehorcht den Wünschen und Absichten seiner »zentralen Stimme«, einem Wesen, das wir als *Verstand* und *Geist* wahrnehmen.

In einer Zellgemeinschaft repräsentiert die »zentrale Stimme« das, was für uns die Regierung ist, welche die Belange ihrer Bürger regelt. Die neue Wissenschaft offenbart, dass unser Verstand, der mit Gedanken und Absichten voll gestopft ist, unsere biologische Verfassung, unser Verhalten und unsere genetische Aktivität tief greifend beeinflusst. Die Erkenntnis, auf welche Weise der Verstand die Gene beeinflusst, gibt uns die nie da gewesene Gelegenheit, nachhaltige Gesundheit und dauerhaftes Glück zu erleben. Aber um zu diesem Ziel zu gelangen, müssen wir zunächst unsere fehlerhaften Annahmen über die Beziehung von Körper und Geist aufgeben.

Eine neue Sicht der biologischen Kontrolle

Vor über 40 Jahren isolierte ich im Rahmen meiner Forschungen individuelle Stammzellen und platzierte sie in Petrischalen. Stammzellen sind das Äquivalent von undifferenzierten Embryozellen, die im ganzen Körper verteilt sind. Ihre Hauptfunktion besteht darin, die Milliarden Zellen, die jeden Tag aufgrund normaler Abnützung zugrunde gehen, zu ersetzen und beschädigte oder in ihrer Funktion beeinträchtigte Gewebe und Organe zu reparieren.

Kultivierte Stammzellen teilen sich ungefähr alle zehn Stunden. Nach zwei Wochen enthalten die Petrischalen also Tausende von Zellen. Am wichtigsten ist, dass alle Zellen in einer Petrischale von derselben Elternzelle abstammen. Folglich sind alle Zellen in einer Schale genetisch identisch. Bei meinen Experimenten teilte ich eine Zellpopulation auf drei verschiedene Petrischalen auf und fütterte jede Kultur mit einer anderen Nährlösung, die eine einzigartige chemische Zusammensetzung aufwies. Für Zellen ist die Lösung, in der sie kultiviert werden, das Äquivalent ihrer »Umwelt« – so wie Luft, Wasser, Nahrung und soziale Netzwerke unsere Umwelt darstellen.

In einer Gruppe Petrischalen wuchsen die Zellen zu Muskelzellen heran, in einer zweiten bildeten sie Knochenzellen und in der dritten Gruppe Fettzellen. Die Antwort auf die große Frage »Was bestimmt das Schicksal der Zellen?« war offensichtlich, denn da alle Zellen genetisch identisch waren, musste die *Umwelt* das Schicksal der Zellen bestimmt haben.

Dies wurde noch offensichtlicher, als ich die Zellen in eine weniger optimale Umgebung legte, denn dann erkrankten die Zellen und der Tod der Kulturen wurde unvermeidlich. Um die Zellen zu »heilen«, benutzten wir keine Medikamente, sondern legten die Zellen einfach wieder in eine Umgebung, die ihrem Wachstum förderlich war, woraufhin sie sich sofort erholten und die Kulturen prächtig gediehen. Vereinfacht gesagt veränderten die Zellen ihre biologische Struktur, um sich sowohl strukturell als auch physiologisch ihrer Umwelt anzugleichen.

Meine Forschungen in Bezug darauf, wie die Umwelt das Schicksal der Zellen bestimmt, nahm die Ergebnisse eines der wichtigsten Gebiete der heutigen Wissenschaft vorweg: der Epigenetik. Epigenetik ist ein Wissenschaftsbereich, der sich mit den Mechanismen beschäftigt, durch die Umweltinformationen mit dem Erbgut verknüpft werden, wodurch die genetische Aktivität kontrolliert wird. Vor der Epigenetik waren sowohl die Wissenschaft als auch die Öffentlichkeit von dem Glauben an eine »genetische Kontrolle« besessen, also von dem Glauben, dass Gene ihre eigene Expression kontrollieren. Folglich sprechen wir im Allgemeinen davon, dass Gene »sich anschalten« und »abschalten«, als ob Gene sich selbst verwirklichen (selbst regulieren) würden.

Die neuen Erkenntnisse offenbaren aber, dass Gene das Schicksal der Zellen nicht bestimmen. Sie sind einfach Baupläne für Proteine, die molekularen Bausteine der Zellen. Als Baupläne besitzen Gene keinen An- oder Aus-Status. »Ist Ihr Bauplan an- oder ausgeschaltet?« Was für eine absurde Frage!

Wo wir schon dabei sind: Absurd ist auch die Vorstellung, dass die genetischen Baupläne sich selbst regulieren und sich als »an und aus« äußern. Gene sind Baupläne, die durch die Reaktion der Zellen auf Umweltreize aktiviert und kontrolliert werden – also durch die Informationen, die in dem betreffenden Wachstumsmedium enthalten sind. Die Forschungen auf dem Gebiet der Epigenetik haben heute eine erstaunliche Tatsache entdeckt: Eine Veränderung in der chemischen Zusammensetzung des Wachstumsmediums verändert direkt das Aussehen des genetischen Bauplans.

Tatsächlich zeigen die verblüffenden Ergebnisse der epigenetischen Wissenschaft, dass die Informationen aus der Umwelt das Aussehen eines Gens so verändern können, dass von jedem Bauplan mehr als 30 000 Variationen möglich sind. Vereinfacht gesagt stellen Gene also kein konkretes Schicksal dar, sie gleichen eher formbaren Potenzialen, die direkt von der Umwelt beeinflusst werden. Verändert sich die Umwelt, verändert sich auch die biologische Struktur und damit das Schicksal der Zellen.

Wer hat das Sagen?

Aber was haben die Ergebnisse der Stammzellenforschung mit Ihnen persönlich zu tun? Wie ich bereits sagte, ist ein Mensch nicht ein »einziges« lebendes Wesen, sondern tatsächlich eine Gemeinschaft aus über 50 Billionen fühlenden Zellbürgern. In Wahrheit sind wir mit Haut überzogene Petrischalen, die Billionen Zellen enthalten. Das Nährmedium in unserem Körper ist das Blut. Demzufolge wird das Schicksal unserer Körperzellen auf die gleiche Weise von der Zusammensetzung des Blutes bestimmt, wie das Schicksal der kultivierten Stammzellen von der Veränderung der chemischen Zusammensetzung der Nährlösung abhing.

Die große Frage lässt sich dann so formulieren: »Was bestimmt die chemische Zusammensetzung unseres Blutes, die wiederum das Schicksal unserer Gesundheit und biologischen

Verfassung bestimmt?« Wie ich schon sagte, organisieren sich die Billionen Zellen, aus denen unser Körper besteht, zu einer kolossalen Gemeinschaft, innerhalb derer einzelne Zellen spezialisierte Aufgaben übernehmen, um das Leben der Gemeinschaft zu erhalten. Bestimmte Zellen bilden spezialisiertes Herzmuskelgewebe, andere bilden Knochen, Muskeln, Haut oder Blut. Die differenzierten Zellen, aus denen das Nervensystem besteht, sind so beschaffen, dass sie eine Wahrnehmung der Welt (der Umgebung) ermöglichen und die so gewonnenen Informationen benutzen, um das Schicksal und die Aktivitäten der Zellgemeinschaft zu leiten.

Spezialisierte Nervenrezeptoren in den Augen, den Ohren, der Nase und der Zunge nehmen Informationen aus der Umwelt auf und senden Signale zum Gehirn. Im Prozess der »Wahrnehmung« interpretiert das Gehirn diese aus der Umwelt stammenden Signale und schüttet als Reaktion darauf regulierende chemische Stoffe in das Blut – die Nährlösung des Körpers – aus. Diese chemischen Stoffe, deren Ausschüttung das Gehirn veranlasst, zirkulieren im Körper und bestimmen das Verhalten und die genetische Aktivität unserer Zellen. Folglich entscheidet die Art und Weise, wie wir unsere Umwelt »wahrnehmen«, über unsere Gesundheit und unser Schicksal. Wichtiger noch aber ist, dass wir unsere Gesundheit und unser Schicksal verändern können, wenn wir die Art und Weise verändern, wie wir auf unsere Umwelt reagieren.

Im Rahmen des archaischen Glaubens an die genetische Kontrolle nahmen wir uns im Grunde als »Opfer« unserer ererbten Eigenschaften wahr. Waren Krebs oder Alzheimer in unserer Familienlinie präsent, wurde uns weisgemacht, dass wir davon ausgehen könnten, dasselbe Schicksal zu erleiden.

Die epigenetische Wissenschaft schreibt die Geschichte dieses einschränkenden Glaubenssystems völlig neu, denn sie offenbart, dass wir durch unseren »Verstand« die chemische Zusammensetzung unseres Blutes verändern und im Rahmen dieses Prozesses zu »Meistern« unseres Schicksals werden können.

Wenn der Verstand die ihn umgebende Umwelt als sicher und nährend wahrnimmt, befassen sich die Zellen mit dem Wachstum und der Erhaltung des Körpers. In stressvollen Situationen vernachlässigen die Zellen aber ihre normalen Wachstumsfunktionen und schalten auf eine defensive Schutzhaltung um. Die Energieressourcen des Körpers, die normalerweise dazu benutzt werden, das Wachstum zu fördern, werden in Systeme umgeleitet, die in Zeiten des Stresses Schutzfunktionen übernehmen. Vereinfacht gesagt: Wachstumsprozesse werden in einem gestressten System eingeschränkt oder vollkommen aufgehoben. Während unsere Systeme mit Phasen akuten (kurzzeitigen) Stresses umgehen können, hat länger anhaltender oder chronischer Stress eine lähmende Wirkung, da dessen Energieverbrauch mit der notwendigen Aufrechterhaltung des Körpers in Konflikt gerät, woraus als Konsequenz Funktionsstörungen und Krankheiten entstehen.

Der Wert einer guten Fahrausbildung

Die Hauptursachen von Stress sind die fehlerhaften Wahrnehmungen, die in die »zentrale Stimme« des Systems, den Verstand, »einprogrammiert« worden sind. Der Verstand kann mit dem Lenker eines Fahrzeugs verglichen werden. Sind seine Fahrkünste gut, bleibt das Fahrzeug in gutem Zustand und wird während seiner Lebensspanne gute Leistungen vollbringen. Mangelhafte Fahrkünste sind für die meisten Autowracks verantwortlich, die an Straßenböschungen oder auf Autofriedhöfen zu sehen sind. Wenn wir gute »Fahrkünste« einsetzen, um unser Verhalten zu steuern und mit unseren Gefühlen umzugehen, können wir mit einem langen, glücklichen und produktiven Leben rechnen. Im Gegensatz dazu stressen unangemessene Verhaltensweisen und ein fehlerhafter Umgang mit unseren Gefühlen – wie ein schlechter Fahrer – das zelluläre »Fahrzeug«, sodass dessen Leistung beeinträchtigt und letztlich ein Zusammenbruch herbeigeführt wird.

Sind Sie ein guter oder ein schlechter Fahrer? Bevor Sie die Frage beantworten, sollten Sie sich bewusst machen, dass es zwei getrennte Formen des Verstands gibt, welche die zentrale Stimme des Körpers kontrollieren. Der (selbst-)bewusste Verstand ist das denkende »Ich«, der schöpferische Verstand, der Ihre Wünsche, Sehnsüchte und Bestrebungen enthält. Hier befindet sich auch der Sitz des »positiven Denkens«.

Sein Partner, der ihn unterstützt, ist der unbewusste Verstand, der einer Art Aufnahme- und Wiedergabegerät aller Ihrer Lebenserfahrungen gleicht. Der unbewusste Verstand ist ein Supercomputer mit einer Datenbank vorprogrammierter Verhaltensweisen. Einige dieser Programme stammen aus der Genetik. Zu ihnen gehören unsere Instinkte, welche die Natur repräsentieren. Aber die große Mehrzahl der unterbewussten Programme eignen wir uns durch die Lernerfahrungen während unserer Entwicklung an. Damit repräsentieren sie Erziehung.

Der unbewusste Verstand ist nicht der Sitz der Vernunft oder des schöpferischen Bewusstseins, sondern schlicht und einfach ein Mechanismus, der auf einen Reiz eine Reaktion folgen lässt. Wird ein Signal aus der Umwelt wahrgenommen, aktiviert der unbewusste Verstand reflexartig eine bereits gespeicherte Verhaltensreaktion. Denken ist dabei überflüssig. Der unbewusste Verstand ist ein programmierbarer Autopilot, der das Fahrzeug unseres Körpers ohne die Aufmerksamkeit des Piloten – des bewussten Verstandes – lenken kann. Während der unbewusste Autopilot das Verhalten lenkt, ist das Bewusstsein frei, um von der Zukunft zu träumen oder über die Vergangenheit nachzudenken.

Die Effizienz des dualen Verstandes wird durch die Qualität der Programme definiert, die sich im unbewussten Verstand befinden. Im Grunde bestimmte die Person, die Ihnen das Fahren beibrachte, Ihre Fahrkünste. Wenn man Sie zum Beispiel gelehrt hat, mit einem Fuß auf dem Gaspedal und dem anderen auf der Bremse zu fahren, werden Sie, völlig unabhängig davon, wie viel Fahrzeuge Sie im Lauf Ihres Lebens besitzen werden, immer wieder mit Brems- und Motorproblemen konfrontiert sein.

Wenn in den unbewussten Verstand unangemessene Verhaltensreaktionen auf die Lebenserfahrungen einprogrammiert wurden, dann werden Ihre nicht optimalen »Fahrkünste« zu einem Leben voller Unfälle und Tragödien führen. So können Herz-Kreislauf-Erkrankungen, welche die häufigste Todesursache darstellen, direkt auf Verhaltensprogramme zurückgeführt werden, die für die fehlerhafte Reaktion des Körpers auf Stress verantwortlich sind.

Sind Sie ein guter oder ein schlechter Fahrer? Die Beantwortung dieser Frage ist schwierig, denn mit dem bewussten, schöpferischen Verstand mögen wir uns für einen guten Fahrer halten, aber Verhaltensprogramme in unserem Unterbewusstsein, mit denen wir uns selbst sabotieren und die uns einschränken, unterminieren unsere Anstrengungen, ohne dass wir davon wissen. Denn im Allgemeinen nehmen wir unsere grundsätzlich unbewussten Wahrnehmungen oder Überzeugungen hinsichtlich des Lebens nicht bewusst wahr.

Der Grund dafür liegt darin, dass sowohl das vorgeburtliche als auch das nachgeburtliche Gehirn während der ersten sechs Jahre des Lebens überwiegend in den Delta- und Theta-Frequenzbereichen operiert. Dieser niedrige Frequenzbereich der Gehirnaktivität wird als hypnagoger Zustand bezeichnet. Befindet sich ein Kind in diesem hypnotischen Trancezustand, muss es von seinen Eltern nicht aktiv erzogen werden, da es seine Verhaltensprogramme einfach dadurch erwirbt, dass es seine Eltern, Geschwister, Spielkameraden oder Lehrer beobachtet. Glauben Sie, dass die Erfahrungen, die Sie während Ihrer frühkindlichen Entwicklung gemacht haben, Sie mit guten Modellen für Ihr Verhalten versorgt haben, die Sie im Laufe Ihres Lebens dann auch nutzen konnten?

Während der ersten sechs Jahre seines Lebens absorbiert ein Kind unbewusst das Verhaltensrepertoire, das es braucht, um ein funktionierendes Mitglied der Gesellschaft zu werden. Außerdem nimmt der unbewusste Verstand des Kindes Glaubensmuster auf, die sich auf sein Selbst beziehen. Wenn ein Elternteil einem Kind sagt, es sei dumm, kränklich oder habe irgendeine andere negative Eigenschaft, wird diese Aussage als Tatsache im unbewussten Verstand des jungen Menschen aufgenommen. Diese erworbenen Glaubensmuster bilden dann die zentrale Stimme, die folgerichtig das Schicksal der

Zellgemeinschaft des Körpers bestimmt. Während der bewusste Verstand eine hohe Meinung von sich haben mag, kann der mächtigere unbewusste Verstand gleichzeitig ein selbstzerstörerisches Verhalten an den Tag legen.

Wenn ich mein eigenes Leben erschaffen könnte, hätte ich mir wohl kaum das hier erschaffen, oder?

Der heimtückische Teil des Autopiloten-Mechanismus besteht darin, dass die unbewussten Verhaltensmuster so programmiert sind, dass sie ohne Kontrolle – ja selbst ohne Wahrnehmung – durch das bewusste Selbst wirken. Die Neurowissenschaften sind heute zu dem Schluss gekommen, dass der unbewusste Verstand, der Informationen eine Million Mal schneller und effizienter verarbeitet als der bewusste Verstand, zwischen 95 und 99 Prozent unseres Verhaltens steuert.

Diese Tatsache bedeutet also, dass wir nur zwischen einem und fünf Prozent täglich auf unsere Wünsche und Sehnsüchte hinarbeiten. Während der restlichen Zeit wird unser Leben von den Gewohnheitsprogrammen gesteuert, die im unbewussten Verstand gespeichert sind. Die Wichtigsten dieser Programme wurden dadurch erworben, dass wir andere Menschen beobachtet haben, zum Beispiel unsere Eltern, Geschwister, Lehrer und Nachbarn. Die bedeutsame Schlussfolgerung daraus ist, dass 95 Prozent unseres Lebens oder sogar mehr von anderen Menschen programmiert worden sind.

Da sich zudem die meisten unserer Verhaltensweisen unter der Kontrolle des unbewussten Verstandes befinden, nehmen wir sie nur sehr selten wahr und wissen gar nicht, dass sie überhaupt wirken. Während der bewusste Verstand wahrnimmt, dass Sie ein guter Fahrer sind, hat der unbewusste Verstand die meiste Zeit über das Lenkrad in den Händen und fährt Sie möglicherweise direkt in die Katastrophe.

Wenn wir bewusster werden, verlassen wir uns weniger auf die automatisch ablaufenden unbewussten Programme und eignen uns die Fähigkeit an, einschränkende, entmachtende Glaubenssätze, die früher vom unbewussten Verstand erworben wurden, neu zu formulieren. Im Rahmen dieses Prozesses werden wir zu Meistern unseres Schicksals, statt Opfer unserer Programme zu bleiben. Bewusstes Gewahrsein kann durch seine Fähigkeit, einschränkende Wahrnehmungen (Glaubenssätze) und selbstzerstörerische Verhaltensweisen neu zu formulieren, den Charakter unseres Lebens aktiv verändern, und zwar hin zu einem Leben voller Liebe, Gesundheit und Reichtum auf allen Ebenen.

Hin zu einem selbstbestimmten Leben

Durch gewissenhaften Gebrauch unseres Bewusstseins können wir uns ein Leben blühender Gesundheit, aber auch Krankheit erschaffen. Wir sind nicht länger Opfer von Kräften, die außerhalb unserer selbst liegen; auch können wir nicht weiterhin äußeren Kräften die Schuld an Eigenschaften oder Einstellungen geben, die wir selbst ändern können.

Ich schätze die Botschaft dieses Buches, das Ihnen bei Ihrem Streben nach einem selbstbestimmten Leben helfen wird, sehr. Dieses wertvolle Werk bietet den Lesern praktische Methoden, um die Erkenntnisse der neuen Biologie umzusetzen. Es gleicht einem Handbuch für Fahrschüler, die lernen wollen, das Gefährt des Körpers zu steuern. Das Buch zeigt

Ihnen, wie Sie Ihren Verstand umprogrammieren und Ihre genetischen Strukturen neu formulieren können, um ein erfüllteres Leben zu führen. Es ist an dieser Stelle wichtig darauf hinzuweisen, dass wir Teilnehmer an unserer eigenen Evolution sind und daher aktiv daran arbeiten müssen, die Macht über unser Leben wiederzuerlangen.

Die Zeit für ein neues Denken ist gekommen. Dieses Buch ist die Glocke, die Sie aufwecken soll.

Um uns die von uns gewünschte Zukunft zu sichern, müssen wir uns das Wissen darüber aneignen, wer wir wirklich sind, nämlich bewusste Mitschöpfer unseres Schicksals, welche die Zellen eines neuen Organismus sind: der Menschheit. Wir müssen unsere Zielvorstellungen ändern. Es geht nicht mehr darum, das Überleben des Individuums zu sichern, sondern das der ganzen Menschheit. Mit der Erkenntnis, auf welche Weise unsere Programme unser Leben bestimmen, und mit dem Wissen, wie wir diese Programmierungen verändern können, werden wir unser Schicksal neu bestimmen.

Lesen Sie dieses Buch. Programmieren Sie Ihre Gedanken um. Finden Sie heraus, was Sie wahrhaft glücklich macht ... und verwirklichen Sie es.

Dr. Bruce H. Lipton
Zellbiologe und Bestsellerautor von *Intelligente Zellen: Wie Erfahrungen unsere Gene steuern*[1]

Einführung

Der Wunsch, glücklich zu sein, treibt alle Menschen ungeachtet ihrer Rasse, Religionszugehörigkeit oder Nationalität gleichermaßen an. Teilnehmer unzähliger Untersuchungen haben daran stets ihren Grad an Zufriedenheit oder Lebensfreude gemessen.

Aber Glück kann viele Bedeutungen haben. Später in diesem Buch werden wir die wahre Bedeutung natürlichen Glücks für alle Menschen definieren und verraten, wie Sie dieses Geschenk annehmen können. Jetzt aber möchten wir Sie einladen, mithilfe einer schriftlichen Übung herauszufinden, was Glück für Sie persönlich bedeutet.

Was ist Glück? Eine einleitende Übung

- Können Sie beschreiben, wie Sie sich fühlen, wenn Sie glücklich sind?
- Fühlen Sie Glück im Körper und/oder im Gehirn?
- Welche Aktivitäten, Überzeugungen, Orte, Nahrungsmittel, Farben, Klänge oder Menschen tragen zu Ihrem Glück bei oder reduzieren es?
- Wie fühlen Sie sich, wenn Sie eine gute Tat vollbringen oder einem anderen Wesen aus reinem Mitgefühl helfen?

- Auf welche Weise beeinflussen das Klima oder die Tages- oder Nachtzeit, ob Sie glücklich sind oder nicht?
- Hängt Ihr Glück von anderen Menschen oder bestimmten Umständen ab?
- Worin besteht der Unterschied zwischen dem Gefühl, glücklich zu sein, und dem Gefühl, Spaß zu haben?

Die Unabhängigkeitserklärung der Vereinigten Staaten von Amerika garantiert jedem Individuum das Recht auf »Leben, Freiheit und das Streben nach Glück«. Wir haben heute eine Multimilliarden-Dollar-Industrie, die nichts weiter tut, als uns weiszumachen, dass das Geheimnis des Glücks darin liegt, Geld, Macht oder Erfolg zu haben oder wenigstens den neuesten Schnickschnack, das neueste Auto oder Körperpflegeprodukt zu kaufen.

Fragen Sie irgendjemanden, der einen schweren Geländewagen gekauft hat, weil er von der Werbung fasziniert war, in der ein Wagen desselben Typs auf einen majestätischen Berg hinauffuhr, ob ihn der Kauf dieses Wagens wirklich glücklich gemacht hat. Vielleicht war er tatsächlich eine gewisse Zeit lang glücklich ... bis die Benzinpreise dermaßen gestiegen sind, dass es doppelt so teuer wurde, den Tank zu füllen. Oder vielleicht, bis er versuchte, mit dem Wagen in die Stadt zu fahren und einen Parkplatz auf der Straße oder in einem Parkhaus zu finden. Wie Millionen anderer Käufer wünschte er sich dann vermutlich, dass er den Fernseher ausgeschaltet hätte, statt sich von dem verführerischen Werbespot einlullen zu lassen.

Die Vorstellungen von Glück, mit denen uns die Medien füttern, sind eben das: verführerisch. Sie locken uns mit falschen Versprechungen und suggerieren uns, dass wir glücklicher sein werden, wenn wir einen Sportwagen oder ein iPhone besitzen oder uns die Brüste vergrößern lassen. Und wenn das nicht funktioniert, wirft die Werbeindustrie neues Zeug auf den Markt und drängt uns, mehr Geld in der Hoffnung auszugeben, dass wir Glück kaufen können.

Vor über 2000 Jahren, also v.I. (vor Internet) und v. TV (vor Fernsehen), erklärte Gautama Buddha, dass Verlangen die Ursache des menschlichen Leides sei. Wir werden natürlich nie wissen, ob er nicht auch der Versuchung eines Fahrzeugs mit sechs Zylindern, acht Sitzen und einem eingebauten GPS-Navigationssystem erlegen wäre oder ob sich seine langen, schlanken Finger nicht auch nach dem Sensorbildschirm eines iPhones gesehnt hätten, aber wenn wir uns die Lehren des Buddha anschauen, können wir wohl davon ausgehen, dass er wahrscheinlich den Fernseher in dem Moment ausgeschaltet hätte, in dem die Werbung angefangen hat.

Das führt uns zu der Frage, was zuerst da war: das Huhn oder das Ei? Wenn Verlangen die Ursache des menschlichen Leidens ist, sind wir dann dazu verdammt zu leiden, nur weil wir glücklich sein wollen?

Und wenn Sie nicht glücklich sein wollen, welche Alternativen haben Sie dann?

Die vier Grundannahmen der westlichen Zivilisation

Auch wenn die folgenden Aussagen für die Anhänger des Materialismus einer Gotteslästerung gleichkommen, so gibt es doch ausreichend Hinweise darauf, dass das Streben nach Glück unweigerlich zur Enttäuschung führen muss, wenn man den folgenden vier Annahmen folgt.

- *Mehr* ist besser.
- *Neuer* ist besser.
- *Größer* ist besser.
- *Schneller* ist besser.

Sind Sie schon einmal auf eine dieser Aussagen hereingefallen, weil Sie gehofft hatten, Sie würden dadurch glücklich werden?

Und was ist dann geschehen? Würden Sie sich heute wieder genau so entscheiden?

Kann man wahres Glück kaufen?

Sie müssen sich nur Fotos aus allen Teilen der Welt anschauen, um zu erkennen, dass alle Menschen auf ähnliche Weise lächeln. Die Mundwinkel werden nach oben gezogen, die Wangen blähen sich etwas auf, die Augen leuchten. Wenn Sie in den Himalaja oder in die marokkanische Wüste reisen, ohne ein Wort der dort gesprochenen

Sprachen zu verstehen, werden Sie doch in der Lage sein, zu sehen, zu hören und zu spüren, wann ein Mensch glücklich ist.

Ohne ein Wort der dort gesprochenen Sprache zu kennen, können Sie einfach, indem Sie lächeln, lachen und nicken, mit Menschen kommunizieren, denen Sie vorher nie begegnet sind. Vielleicht weisen Sie beide auf etwas Witziges oder Schönes hin, an dem Sie vorbeifahren. Vielleicht können Sie das Vergnügen miteinander teilen, etwas Unerwartetes zu sehen wie ein Pferd, das früh am Morgen die Hauptstraße entlanggaloppiert, oder ein Kind, das mit seiner kleinen Schwester in einem Feld voller Blumen spielt. Vielleicht haben Sie sich aber auch verlaufen, und ein Schüler, der sein Englisch an Ihnen ausprobieren wollte, hat Sie an Ihren Bestimmungsort gebracht.

In solchen Situationen suchen Sie nicht nach dem Glück, es findet Sie.

Wenn das Glück Sie findet. Eine Übung

- Denken Sie an eine Zeit, in der das Glück Sie gefunden hat.
- Wo waren Sie damals?
- Was haben Sie damals getan?
- Haben Sie damals nach dem Glück gesucht?

Die Suche nach Glück ist universell

Vor Tausenden von Jahren vermittelten die weisesten Lehrer der Welt der Menschheit bereits bestimmte Einsichten und gaben ihr Richtlinien, wie man ein glückliches Leben führen kann. Hieroglyphen in den Grabkammern der Pharaonen stellen Festlichkeiten dar. Die alten Griechen strebten nach Glück, indem sie Theateraufführungen veranstalteten, die das Herz mit sprachgewandter Poesie verzückten. Auch im alten Rom versuchten Dichter wie Vergil das Gemüt der Zuhörer auf eine Ebene zu erheben, auf der sie aller Sorgen ledig waren. Die Druiden der Britischen Inseln und indigene Völker in der westlichen Hemisphäre waren überzeugt, dass die Quelle des Glücks in der spirituellen Intelligenz der Natur zu finden sei. Aber bis zum Entstehen der modernen Genetik blieb das Wesen des Glücks unentdeckt.

Der erste Schlüssel

Der erste Schlüssel zum Glück besteht in der Erkenntnis, dass es der menschlichen Natur innewohnt. Jeder von uns kann Glück überall auf dem Planeten erfahren, und zwar unabhängig von Kultur, Sprache, Geschlecht oder Rasse.

Zwar hat jeder Mensch eine einzigartige Weise, Gefühle und Stimmungen auszudrücken und wahrzunehmen, aber die universelle Natur des Glücks transzendiert Kultur, Geografie, Religion und selbst die chronologisch ablaufende Zeit. Wer fühlt sich nicht glücklich, wenn er einem anderen

Menschen aus reinem Mitgefühl helfen und zum Beispiel einer behinderten Person über eine viel befahrene Straße helfen kann? Jeder selbstlose Akt erfüllt uns mit einem organischen Gefühl der Freude.

Zwei Arten des Glücks

Seit Tausenden von Jahren haben die weisesten Lehrer der Welt ihren Schülern Einsichten vermittelt, ihnen Ratschläge und Instrumente an die Hand gegeben, wie man das Glück findet. Daher scheint es ein wenig anmaßend zu glauben, dass wir noch mehr Ratschläge brauchen, wie man im 21. Jahrhundert glücklich sein kann.

Das aufstrebende Feld der Positiven Psychologie, die heute an führenden Universitäten gelehrt wird, hat bestimmte Schlüsselelemente dessen identifiziert, was wir gewöhnliches Glück nennen: Freude, Sinn und Selbstverbesserung. Dies sind subjektiv verifizierbare Variablen. Zwar können persönliche Erfahrungen bestätigen, was für ein Individuum wahr ist, aber ein Fehler dieses Modells liegt darin, dass die Bestandteile des Glücks vergänglich und dem Wandel unterworfen sind, während sich das Leben eines Individuums ändert. Ein weiterer wichtiger Fehler liegt darin, dass diese Bestandteile von äußeren Umständen abhängen.

Mikrobiologen haben nun entdeckt, dass es eine biologische Grundlage des menschlichen Glücks gibt – eine zweite Art des Glücks, die genetischer Natur ist. Wir nennen diese Art »natürliches Glück«. Im Folgenden führen wir einige Unterschiede zwischen äußerlichem (gewöhnlichem) Glück und innerlichem (natürlichem) Glück auf.

Nach äußerlichem (gewöhnlichem) Glück kann man streben, indem man sich um einen besseren Arbeitsplatz, eine größere Wohnung, ein schnelleres Auto oder eine neue Beziehung bemüht. Aber letzten Endes lässt uns Glück, das von äußeren Umständen abhängt, mit einem Gefühl der Leere und des Mangels zurück, weil sich die Umstände ändern.

Äußerliches/gewöhnliches Glück	**Innerliches/natürliches Glück**
Vergnügungen gesellschaftlicher Art	Freude biologischer und spiritueller Art
Erziehung	Vererbung, Natur
äußerlicher Bezugsrahmen	innerlicher Bezugsrahmen
Glück entspringt der äußeren, materiellen Welt	Glück entspringt der spirituellen, inneren Welt
handlungsorientiert	Glaube und Einsicht
durch ein Gefühl des Mangels motiviert	durch selbstlose Ethik motiviert
»Haben«	»Sein«
kulturbedingt	universell
verhaltensgesteuert	genetisch/biologisch
Gesetze garantieren das Streben nach Glück	Der genetische Bauplan des Individuums stammt vom Schöpfer
vergänglich	ewig/zeitlos
gewöhnlich	außergewöhnlich (auch ungewöhnlich)
materiell	spirituell
durch Erwartungen bestimmt	inhärent

Innerliches Glück tritt auf vollkommen natürliche Weise ein. Die Menschen besitzen Gene, die durch ihre Gedanken, Gefühlsstrukturen und Verhaltensweisen aktiviert werden können. Achtsamkeit, Meditation und selbstlose Handlungen schalten den DNA-Code frei, der natürliche Glücksgefühle produziert.

Der zweite Schlüssel: Sie sind biologisch zum Glücklichsein bestimmt

In den letzten 20 Jahren haben sich gerade einmal drei Prozent der etablierten Wissenschaftler der Erforschung des Bewusstseins und der Spiritualität gewidmet. Durchbrüche in Physik und Biologie sind in einigen Büchern erörtert worden, zum Beispiel in *The Genie in Your Genes*[1] von Dawson Church, *The Tao of Physics*[2] von Fritjof Capra, *The Dancing Wuli Masters*[3] von Gary Zukav, *The Biology of Belief* von Bruce Lipton, *The Way of the Explorer*[4] von Edgar Mitchell und *Sixth Sense: Unlocking Your Ultimate Mind Power* von Laurie Nadel mit Judy Haims und Robert Stempson.

Willis Harman, der ehemalige Präsident des *Institute of Noetic Sciences* (www.ions.org), forderte eine neue Wissenschaft des Bewusstseins, die ein wissenschaftliches Modell hervorbringen könnte, um Spiritualität, Intuition und Gebet zu erforschen.

In einem seiner letzten Interviews vor seinem Tod 1994 verlieh der Nobelpreisträger Roger Sperry seiner Überzeugung von einer höheren Intelligenz Ausdruck, welche die lebenserhaltenden Systeme eines jeden Menschen erschaffen hat und diese aufrechterhält.

Eine Grundannahme der westlichen Wissenschaft lautet, dass alles, was wirklich ist, auf Materiebausteine in Form von Molekülen und atomaren Teilchen reduziert werden kann. Roger Sperry hingegen ist überzeugt, dass Moleküle keine lebenserhaltenden Entscheidungen treffen, sondern dass dies das Bewusstsein tut. So sagte er: »Die Moleküle eines Flugzeugs können es nicht zum Fliegen bringen.« Er verglich Schaltkreise mit dem, was er die *direktive Intelligenz* in jedem Menschen nannte.

Ein Bauplan des Glücks

Natürliches Glück ist Ihr biologisches Geburtsrecht, das in Ihrer DNA codiert ist.

Bestimmte Gene wie das Gen DRD4 oder das Gen VMAT2 sind Teil des Genpools, der einen Bauplan für den inneren Glückszustand bereitstellt. Zudem bietet das Vorhandensein von DNA-Strängen, die in Achtsamkeit, Gebet und selbstlosem Handeln ihren Ausdruck finden, Hinweise auf eine biologische Grundlage der Spiritualität.

Es ist ein weitverbreiteter Mythos, dass Ihre Gene Ihr Schicksal sind, weil sie Ihr Verhalten bestimmen. Zahlreiche Experimente und Studien auf dem Gebiet der Verhaltensgenetik haben gezeigt, dass die Interaktion mit der Umwelt die Grundlage des Verhaltens bildet. Die DNA reagiert auf Signale aus der Umwelt. Zu diesen Signalen gehören Glaubensmuster und Gefühlsstrukturen, die das positive Potenzial in der DNA »erschließen«. Die neue Biologie verbindet also die einzelnen Theorien des Bewusstseins, der Zellkommunikation und der Psychologie miteinander.

Ihr persönliches Glück fördert die menschliche Evolution

Sie und ich stehen am Rande eines Abgrunds. In genau diesem Augenblick sind wir die erste Art in der gesamten Evolutionsgeschichte, die ihre Intelligenz so weit entwickelt hat, dass sie die Mittel erworben hat, sich selbst auszulöschen. Wie Bruce Lipton im Geleitwort schon anmerkte, müssen wir bewusst am Prozess der Evolution teilnehmen. Dies ist ein revolutionärer Gedanke, aber er ist notwendig, um das Überleben der Gattung Mensch zu sichern. Gemeinsam müssen wir uns zu einer empathischen Gemeinschaft weiterentwickeln, die anerkennt, dass sich die Entscheidungen, die wir als Individuum treffen, auf das Ganze auswirken.

Damit können Sie jetzt sofort beginnen.

Indem Sie Ihre Gedanken und Gefühle auf den bewussten Ausdruck von Selbstlosigkeit, Achtsamkeit und Selbsttranszendenz konzentrieren, können Sie Veränderungen in der genetischen Expressionsform Ihrer DNA bewirken. Untersuchungen im Rahmen der neuen Wissenschaft der Epigenetik haben gezeigt, dass diese Veränderungen im genetischen Bauplan gespeichert und an die nächste Zellgeneration weitergegeben werden.

Das bedeutet, dass Ihr Glück mehr ist als nur eine auf sich selbst bezogene Suche nach persönlicher Freude. Indem Sie weiterlesen und herausfinden, wie neue Denk-, Gefühls- und Verhaltensstrukturen Sie zu einem glücklicheren Menschen machen können, helfen Sie auch der Menschheit, sich auf friedliche Art und Weise weiterzuentwickeln.

Am besten ist aber, dass Sie nichts erzwingen und sich nicht abmühen müssen, denn der genetische Bauplan des natürlichen Glücks existiert bereits in Ihnen.

Ziel dieses Buches ist es, die Verbindung zwischen Wissenschaft und Spiritualität zu stärken. Es baut auf den Arbeiten von Gregg Braden und Bruce Lipton, zwei Bestsellerautoren der neuen Wissenschaft, auf und soll den Lesern Informationen und Inspirationen in Bezug auf ihre spirituellen Gene und deren Funktionsweise bieten.

Es ist an dieser Stelle wichtig zu erwähnen, dass Verhaltensweisen, die zu innerlichem Glück führen, nicht einfach dadurch garantiert sind, dass wir spirituelle Gene besitzen.

Die Gewalttätigkeit in früheren wie heutigen Gesellschaften ist ein offensichtlicher Hinweis darauf, dass die Menschen weiterhin aufgrund von Instinkten handeln, welche die Aktivierung der spirituellen Gene und eines auf dem Herzen beruhenden Glaubens verhindern. Einige dieser Instinkte sind in den biologischen Mechanismen, die uns früher das Überleben gesichert haben, fest verankert. Andere sind das Ergebnis negativer Umwelteinflüsse und Konditionierungen.

Um dieses Problem anzugehen, bietet Ihnen dieses Buch einen praktischen Plan, der epigenetische Techniken einsetzt, um jene negativen Instinkte und Umwelteinflüsse zu reduzieren, die verhindern, dass Sie natürliches Glück erfahren können.

Trotz all des Leidens und der Gewalt, die zu unserer hektischen Welt dazuzugehören scheint, liegt die Grundlage für wahres und dauerhaftes Glück in jedem von uns verborgen. Sie befindet sich in einem biologischen Code, der in unserer DNA einprogrammiert ist und der uns erst zu Menschen macht und uns mit unserem Schöpfer verbindet.

Dieses Buch wird Ihnen zeigen, wie Sie diesen Code zu Wohlbefinden, Zufriedenheit, Erfüllung und wahrem Glück entschlüsseln können.[5]

Teil I

Meine Gene haben mich dazu gezwungen

Kapitel 1 – Die Gene erwachen

Die Beziehung zu unserer DNA ist vermutlich eine der wichtigsten Grenzen, die zurzeit geöffnet wird. Gregg Braden

Cold Spring Harbor Laboratories (CSHL), ein Forschungsinstitut für Molekularbiologie und Genetik, liegt direkt an der prestigeträchtigen Nordküste von Long Island. Ein Meeresarm des Long Island Sunds, eine Bucht stillen Wassers, teilt das Gelände. Die Stadt Cold Spring Harbor, nach der das Institut benannt wurde, ist ein ehemaliger Walfängerhafen, den die amerikanischen Ureinwohner *Wawapex* nannten, was so viel wie »Ort des guten kleinen Wassers« bedeutet.

Seit 1890, als eine Gruppe wohlhabender Ortsansässiger das Institut gründete, hat es sieben Nobelpreisträger hervorgebracht. 85 Nobelpreisträger haben hier im Laufe ihrer glanzvollen Laufbahn vorübergehend gearbeitet.[1] Hier hielt James Watson 1953 seinen ersten öffentlichen Vortrag über die Doppelhelix-Struktur der DNA-Moleküle. Neun Jahre später gewannen er und sein Kollege Francis Crick den Nobelpreis für Physiologie und Medizin, womit ihre Entdeckung der DNA-Struktur gewürdigt wurde.

Heute, 120 Jahre nach der Gründung des Instituts, kommen Wissenschaftler aus dem Bereich der Genetik von überall her nach Cold Spring Harbor, um an Konferenzen und Symposien zu gebietsübergreifenden Themen wie Gen- und Krebsforschung, den Neurowissenschaften und der Pflanzenbiologie teilzunehmen. Die Bioinformatik, die biologische Daten und Statistiken mithilfe modernster Computerprogramme auswertet, ist ein im Entstehen begriffener neuer Wissenschaftsbereich. Ein anderer nennt sich Epigenetik. Damit werden wir uns demnächst beschäftigen.

Eine historische Perspektive

Wenn Sie jemals so geschichtsträchtige Orte wie Philadelphia oder das koloniale Williamsburg besucht haben, bekommen sie ein Gefühl dafür, wie es damals gewesen sein muss. In den *Cold Spring Harbor Laboratories* wurde Wissenschaftsgeschichte geschrieben. Nobelpreisträger sind dort tief in Gedanken an ihre wissenschaftlichen Projekte zum Mittagessen gegangen. Selbst Nichtwissenschaftler, die an einer geführten Tour des Geländes teilnehmen, können sich der energetischen Präsenz dieser großen wissenschaftlichen Geister aus Gegenwart und Vergangenheit nicht entziehen.

Durch die offizielle Eröffnung der Carnegie-Fakultät im Jahr 1905 wurde das Institut zu einer der ersten genetischen Forschungsinstitutionen weltweit. Die Carnegie-Fakultät (*Carnegie Institution Department of Genetics*) beherbergt heute historische Dokumente, darunter auch einen Entwurf, aufgrund dessen das

Humangenomprojekt gegründet wurde, ein internationales Projekt, das alle Gene des menschlichen Körpers katalogisiert hat. Als Präsident des CSHL hat James Watson vier Jahre damit zugebracht, das Humangenomprojekt zu etablieren.

Ganz in der Nähe liegt die Jones-Fakultät, das älteste Biologieinstitut der Vereinigten Staaten. Schaut man hinein, sieht man noch einen der ursprünglichen Kamine, der vom Boden bis zur Decke reicht, und Wissenschaftler, welche die Neuronen von Ratten unter dem Mikroskop studieren. Der Raum ist erfüllt von einem geschäftigen Summen, obwohl die riesigen Stahl- und Glasbehälter so gebaut wurden, dass das gesamte Gebäude vibrationsfrei ist. Die Jones-Fakultät hat schon mehrere Architekturpreise für den innovativen Umbau eines alten Gebäudes für moderne Zwecke gewonnnen.

Nachdem man in ein oder zwei Gebäude hineingeschaut hat, fragt man sich unwillkürlich, wie wohl ein Campus voller Genies aussehen würde. Stellen Sie sich doch einmal 400 Exemplare von Dr. Gregory House vor: brillant, analytisch und unbarmherzig in ihrem Drang, komplexe Probleme zu lösen.

Der Beobachter mag nicht erwarten, dass der Kontakt unter Kollegen dort sehr gepflegt wird. Ob sie nun in ihre Forschungsarbeiten vertieft sind oder zum Essen in die Mensa gehen: Die Wissenschaftler stellen nur selten Blickkontakt mit ihren Kollegen her – und mit den Besuchern schon gar nicht. Ihre Augen blicken ständig nach oben oder zur Seite, was darauf hinweist, dass sie mehr mit ihren Gedanken beschäftigt sind als mit ihrem Gegenüber. Zwar werden Gespräche in gedämpftem Ton gehalten, aber dafür werden sie lebhaft und schnell geführt. Von Zeit zu Zeit kann man einen Wissenschaftler plötzlich unergründlich lächeln sehen. Seine

Augen blitzen auf, weil er gerade einen Geistesblitz gehabt hat. Ganz so wie Dr. House, wenn er herausbekommen hat, was mit seinem Patienten nicht stimmt. Aber hier befinden sich 400 brillante Gelehrte auf dem Gelände, die wie verrückt nachdenken, um Lösungen für Krankheiten wie Krebs, Diabetes und Alzheimer zu finden.

Ab Ende des 18. Jahrhunderts konzentrierte sich die genetische Forschung hauptsächlich auf das Gebiet der Eugenik, ein Forschungsgebiet, das heute in Ungnade gefallen ist. »*Eugenik* (von altgriech. *eu* »gut« und *genos* »Geschlecht«) bezeichnet die Anwendung humangenetischer Erkenntnisse auf die Bevölkerungs- und Gesundheitspolitik mit dem Ziel, den Anteil positiv bewerteter Erbanlagen zu vergrößern und den negativ bewerteter Erbanlagen zu verringern.«[2]

Hitler trieb diesen Gedanken zu einem Extrem. Seine sogenannte »Herrenrasse« baute auf der Eugenik auf.

Wie jeder Fan von *CSI* weiß …

Die DNA ist für die heutigen Krimisendungen das, was für Shakespeares Othello das Taschentuch von Desdemona war. Das verlorene Taschentuch von Desdemona wurde nämlich zum Schlüssel, durch den sich die weiteren Ereignisse erklären lassen. In einer der letzten Folgen von *Law & Order* ist es die DNA eines Hochschulschnösels. »Die Desoxyribonukleinsäure (kurz DNA oder DNS) (lat.-fr.-gr. Kunstwort) ist ein in allen Lebewesen vorkommendes Biomolekül und die Trägerin der Erbinformation.«[3] Die DNA ist der Grundbaustein des gesamten genetischen Aufbaus eines Lebewesens. Sie ist Bestandteil praktisch jeder Zelle im menschlichen Körper.

Die DNA ist ein Code. Große DNA-Gruppen bilden die Gene. Die Gene sind wie Anweisungen, die eine bestimmte Sequenz des Codes der ererbten Eigenschaften in einem mikroskopisch kleinen DNA-Strang aktivieren. Die DNA enthält die Worte und die Struktur der Sprache, die für eine bestimmte Gruppe von Anweisungen gebraucht werden. Die Gene können den Code innerhalb der DNA freischalten – und nicht umgekehrt. Einige Abschnitte später werden wir Ihnen ein Beispiel dafür geben, wie das funktioniert.

Jedes der drei Milliarden DNA-Moleküle ist von einer Proteinhülle umgeben. Gewisse Gene, die sogenannten Regulatorgene, enthalten Anweisungen dazu, ob die Proteinhülle geöffnet oder geschlossen werden soll. Das wiederum bewirkt, dass der DNA-Code wirksam wird oder eben nicht. Durch ihre Forschungen nach genetischen Heilverfahren für bestimmte Krankheiten, versuchen die Wissenschaftler herauszufinden, welche Gene die Aktivierung der DNA-Codes für diese Krankheiten »schließen« oder »einfrieren«. Wenn man diese Gene abschalten kann, ist der DNA-Code nicht mehr in der Lage, das Programm einer bestimmten Krankheit auszuführen. Die Forscher glauben, dass sie, wenn sie den genetischen Mechanismus entdecken, der die DNA einer Krankheit kontrolliert, in der Lage sein werden, Moleküle zu entwickeln, welche diese Gene abschalten und dadurch den Ausbruch einer bestimmten Krankheit verhindern können.

Ein Molekül, das ein Regulatorgen abschaltet, bewirkt eine Veränderung im biochemischen Umfeld. Temperaturen,

Gifte und Schadstoffe können ebenfalls Veränderungen im Umfeld bewirken, welche sich auf die Aktivierung bestimmter Gene und konsequenterweise bestimmter DNA-Stränge auswirken.

Was Sie in der Schule über die DNA gelernt haben, ist veraltet

Wenn jemals ein EEG von Ihnen gemacht worden ist, haben Sie das Wirken Ihres Verstandes als eine Reihe von Wellen auf Papier gesehen. Die Leistung Ihres Gehirns wird in elektromagnetischen Wellen gemessen. Auch der Herzschlag erzeugt ein messbares elektromagnetisches Feld. Diese elektromagnetischen Signale sind weitere umweltbedingte Auslöser, die beeinflussen, wie sich Ihre Gene verhalten. Neuere Untersuchungen beweisen, dass man seine emotionale Grundstimmung und seine Gedanken absichtlich und bewusst ändern und so die messbare elektromagnetische Leistung seines Körpers ändern kann. Und zwar auf eine Weise, die beeinflusst, ob die Gene diejenigen DNA-Stränge, die bestimmte Codes enthalten, anweisen, aktiv zu werden oder nicht. Jede Zelle Ihres Körpers enthält DNA und die Struktur der DNA verändert sich nicht. Aber die Gene, die aus DNA-Gruppen bestehen, können durch das physische Umfeld und durch das innere Umfeld, also den Verstand und die Gefühle, verändert werden.

»Das ist aber nicht, was ich in der Schule, an der Uni oder im Fernsehen gelernt habe!« werden Sie jetzt vielleicht denken.

Damit haben Sie ganz Recht, denn die Konzepte, die Sie dort gelernt haben, sind veraltet. Denken Sie daran, dass die Menschen auch einmal dachten, die Sonne würde sich um die Erde drehen und böse Geister – und nicht Bakterien – verursachten Krankheiten. Der Geist der Wissenschaft zeigt sich in der Suche nach Wahrheit. Dazu müssen alte Überzeugungen im Licht neuer Erkenntnisse, die zeigen, dass die alten Überzeugungen nicht mehr gültig sind, verworfen werden.

Wie Sie gleich sehen werden, stellen neue, im Labor gemachte Entdeckungen das infrage, was Sie im Biologieunterricht gelernt haben. Es gibt Millionen DNA-Moleküle in Ihrem Körper, die eine unendliche Anzahl von Zwecken erfüllen. Einige von ihnen wurden unter rigorosen wissenschaftlichen Standards untersucht, und man fand heraus, dass sie von der inneren Umwelt beeinflusst werden können.

Aus einer Geist-Körper-Perspektive gesehen hat das »gute« wie »schlechte« Aspekte. Die guten Aspekte sind, dass Ihnen das alte Modell ermöglichte, Ihren Genen die Schuld an Ihren Lebensumständen zuzuschreiben. Zum Beispiel: »Es ist ja nicht meine Schuld, ich habe eben schlechte Gene.« Die schlechten Aspekte sind, dass Sie die Schuld an Ihrem Unglück nicht länger Ihrer DNA zuschreiben können. Sie können aber neue Möglichkeiten entdecken, den Fluss Ihrer Gefühle und Gedanken so auszurichten, dass sich Ihre Lebensqualität erhöht, weil sie machtvolle biophysikalische Veränderungen auf der genetischen Ebene erzeugen.

Wollen Sie wirklich sehen, wie es funktioniert?

Eine bahnbrechende Studie zur Abschaltung von Krebsgenen

In einer bahnbrechenden Studie an der Universität von Kalifornien in San Francisco untersuchten Dean Ornish und seine Mitarbeiter eine Gruppe von Männern mit Prostatakrebs, die beschlossen hatte, sich weder einer Operation noch einer Bestrahlung oder Chemotherapie zu unterziehen. Drei Monate lang gingen die Testpersonen eine halbe Stunde am Tag spazieren, aßen Gemüse, Sojaprodukte und Vollkorngetreide und praktizierten Meditation, um Stress abzubauen. Die Ergebnisse der Untersuchung, die im Juni 2008 in den *Proceedings of the National Academy of Sciences* publiziert wurden, zeigten, dass die Männer nicht nur abgenommen hatten und dass sich ihr Blutdruck gesenkt hatte, sondern dass auch die Gene für Prostata- und Brustkrebs deaktiviert worden waren. Ornish schrieb: »Das ist eine aufregende Entdeckung, denn viele Menschen sagen doch: ›Das ist doch alles genetisch bedingt. Was kann ich da schon tun?‹ Nun stellt sich heraus, dass man sehr wohl etwas tun kann!«[4]

Willkommen auf dem Gebiet der Epigenetik

Das Gebiet, das erforscht, auf welche Weise Gene interagieren, nennt sich *Epigenetik*. *Epi* ist eine griechische Vorsilbe, die so viel wie »auf« oder »darüber« bedeutet, wie zum Beispiel in *Epidermis*, der wissenschaftlichen Bezeichnung der obersten Hautschicht. Conrad Waddington gilt gemeinhin als Erfinder des Begriffs *Epigenetik*, mit dem er ein Modell bezeichnete, um zu erklären, wie Gene mit ihrer Umwelt interagieren. Aber bereits der antike griechische Philosoph Aristoteles (384 bis 322 vor Christus) bezeichnete die Entwicklung »einer individuellen organischen Form aus dem Ungeformten« als *Epigenesis*.[5] Der österreichische Wissenschaftler Thomas Jenuwein vergleicht den Unterschied zwischen der traditionellen Genetik und der Epigenetik mit dem Schreiben und Lesen eines Buches. Ist das Buch einmal geschrieben, ist der Text (die DNA) in allen Exemplaren derselbe. Die Epigenetik würde aber in unterschiedlichen Lesarten resultieren.[6]

Die Epigenetik – heute eines der faszinierendsten Wissenschaftsgebiete überhaupt – erforscht, wie sich die Gene verhalten, wenn sich ihre Umwelt ändert. Wie die Ornish-Studie zeigt, kann ein Regulatorgen für Krebs durch Modifizierung der Umwelt an- oder ausgeschaltet werden, indem die Windungen des Chromatins, also der Substanz, aus dem die Verpackung der DNA besteht, gelockert oder angezogen werden.[7] Der britische Wissenschaftler Bryan Turner bemerkte dazu: »Die DNA ist nur eine Art Tonband, auf dem Informationen enthalten sind. Aber ein Tonband taugt nichts ohne Tonbandgerät. In der Epigenetik geht es um dieses Tonbandgerät.«[8]

Die Mehrzahl der epigenetischen Forschungsprojekte untersucht die chemischen Wechselwirkungen, die das Verhalten der Gene verändern. Da sie Forschungsgelder von großen Pharmakonzernen bekommen, suchen sie nach magischen molekularen Kugeln. Aber wie Sie schon sehr bald sehen werden, können auch psychologische Veränderungen das Verhalten der Gene beeinflussen.

Eine Veränderung des Umfelds eines Gens kann eine Molekülart, die als Methylgruppe bezeichnet wird, aktivieren. Diese Methylgruppe kann ein Gen davon abhalten oder es dazu bringen, die in ihm enthaltenen Anweisungen auszuführen. Genetikforschern der Duke University zufolge kann die Methylierung damit verglichen werden, dass man »ein Kaugummi über einen Lichtschalter klebt. Der Schalter ist nicht kaputt, aber das Kaugummi verhindert sein Funktionieren.«[9]

In seinem bahnbrechenden Buch *The Biology of Belief*[10] beschreibt Bruce Lipton, wie er entdeckte, dass die Membran einer menschlichen Zelle einen Sender und einen Empfänger für Botschaften in Form von elektromagnetischen Signalen von anderen Zellen enthält. Elektromagnetische Signale können Anweisungen an Moleküle wie die Methylgruppen übermitteln. Im Gegenzug kann eine Methylgruppe auf ein Gen einwirken, sodass dieses sein normales Verhalten ändert. »Die DNA ist wie ein Computerprogramm. Es enthält Anweisungen«, sagt Bruce Lipton. »Es ist nicht – ich wiederhole – es ist nicht die Festplatte.«

Wenn Ratten zu schlechten Müttern werden

Aus der Sicht eines Laien lässt sich der Unterschied zwischen Genetik und Epigenetik folgendermaßen zusammenfassen: Vererbung oder Erziehung?

»Wir können nicht länger darüber streiten, ob nun die Gene oder die Umwelt größeren Einfluss auf unsere Entwicklung und Gesundheit haben, da beide untrennbar miteinander verbunden sind«, sagte Randy Jirtle, ein Genetikwissenschaftler an der medizinischen Fakultät der Duke University. »Jeder Nährstoff, jede Interaktion, jede Erfahrung kann sich durch chemische Veränderungen ausdrücken, die letzten Endes die genetische Expression bestimmen – ob nun bei der Geburt oder erst 40 Jahre später.«[11]

Auf einer Epigenetik-Konferenz, die im Oktober 2005 von der Duke University ausgerichtet wurde, berichteten Moshe Szyf, Professor für Pharmakologie und Therapeutik an der McGill University in Montreal, und sein Kollege Michael Meaney über ihre Forschungen in Bezug auf das Pflegeverhalten von Rattenmüttern. Rattenjunge, die nicht von ihren Müttern geleckt wurden, produzierten als ausgewachsene Ratten mehr Stresshormone als Rattenjunge, welche die ihrer Art entsprechende Pflege bekommen hatten. Szyf fand heraus, dass das Gen, welches das Protein absondert, das für die Regulierung der Produktion von Stresshormonen verantwortlich ist, eine geringere Methylierung aufwies. Mit anderen Worten: Das mangelhafte Pflegeverhalten der Rattenmütter schränkte die genetische Fähigkeit ihres Nachwuchses ein, ausreichend Protein zu produzieren, um ihren Stresshormonspiegel zu senken. »Wir haben gezeigt, dass es auf das Verhalten der Mütter ankommt, nicht nur auf das genetische Gepäck«, sagte Szyf. »Das Verhalten kann eindeutig die chemische Zusammensetzung der DNA beeinflussen.«[12]

Der epigenetische Zusammenhang von Kindesmissbrauch und Selbstmord

Manche Wissenschaftler mögen die Epigenetik-Konferenz an der Duke University verlassen und sich gefragt haben, ob epigenetische Faktoren ähnliche Auswirkungen auch beim Menschen haben könnten. Nachdem er die Gehirne von zwölf Selbstmördern untersucht hatte, die als Kinder missbraucht worden waren, bewies Meaney vier Jahre später, dass Missbrauch in der Kindheit die genetische Fähigkeit eines Individuums beeinträchtigen kann, ein normales Maß an Stresshormonen auszuschütten. Bei den Autopsien ihrer Gehirne und denen von anderen Selbstmördern, die nichts über einen Missbrauch in der Kindheit berichtet hatten, und denen von Menschen, die eines natürlichen Todes gestorben waren, entdeckte er signifikante Unterschiede. Die Forscher schlossen daraus, dass Kindesmissbrauch eine zerstörerische Wirkung auf den genetisch kontrollierten Stressreaktionsmechanismus hatte, der HPA-Achse (Hypothalamus-Hypophysen-Nebennierenrinden-Achse) genannt wird.

Normalerweise wird die Aktivität der HPA-Achse von einem Gen mit Namen Glucocorticoid-Rezeptorgen kontrolliert.[13] Die Studie aus dem Jahr 2009 zeigte, dass dieses Gen geringere Mengen des Proteins produziert hatte, das die Aktivitäten der HPA-Achse bei diesen zwölf Selbstmördern regulierte. Das legte den Schluss nahe, dass der Missbrauch während der Kindheit für die verminderte Fähigkeit des Gens verantwortlich war, die richtige Menge des Proteins herzustellen, welche die Produktion von HPA stabilisiert hätte. Mit anderen Worten: Dieses Gen hätte wie ein Fehlerstromschutzschalter funktionieren sollen. Aber bei den zwölf Selbstmördern, die in der Kindheit Missbrauch erlitten hatten, funktionierte der Fehlerstromschutzschalter nicht ordnungsgemäß. Im Vergleich wiesen die Gehirne der Selbstmörder, die nicht unter Missbrauch gelitten hatten, normale Mengen des genetisch regulierten Gens auf, das die HPA-Aktivität hemmt. Das galt auch für die Gehirne der Menschen, die aufgrund natürlicher Umstände gestorben waren und als Kinder nicht missbraucht worden waren.

Meaneys Forscherteam kam zu dem Schluss, dass gewalttätiges und vernachlässigendes Verhalten der Eltern Auswirkungen auf »die epigenetische Regulierung des Glucocorticoid-Rezeptorgens hatte«.[14]

Eine offensichtliche Schlussfolgerung aus dieser Untersuchung lautet, dass dafür gesorgt werden muss, dass Eltern effiziente Hilfe bei affektiven Störungen und Drogenmissbrauch bekommen müssen, die häufig in Zusammenhang mit Kindesmissbrauch stehen. Besonders Eltern, die selbst als Kinder missbraucht worden waren, tragen dabei ein erhöhtes Risiko.[15]

Das Humangenomprojekt

Das menschliche Genom besteht aus all Ihren Genen, also aus ungefähr 30 000 Genen, die drei Milliarden Paare DNA-Moleküle bilden.

Als das Humangenomprojekt am 1. Oktober 1990 offiziell lanciert wurde, setzten sich das *National Human Genome Research Institute* (NHGRI), das *Department of Energy Office of Biological and Environmental Research* und ihre Partnerorganisationen im *International Human Genome Sequencing Consortium* (IHGSC) eine Frist von 15 Jahren, innerhalb derer das menschliche Genom katalogisiert werden sollte. Aber das Projekt erreichte seine Ziele bereits zwei Jahre vor dieser Frist am 14. April 2003 und blieb weit unterhalb des veranschlagten Budgets. Forschungsinstitute wie *Cold Spring Harbor Laboratories* und Universitäten in den Vereinigten Staaten, China, Frankreich, Deutschland, Japan und dem Vereinigten Königreich nahmen an dieser globalen Anstrengung teil, alle Gene des Menschen zu identifizieren und zu katalogisieren.

Nachdem die Katalogisierungsphase des Projekts abgeschlossen war, lieferte das Humangenomprojekt den Wissenschaftlern neue Informationen und neue Ergebnisse, die dann von Bioinformatik-Spezialisten analysiert werden konnten. Genetikforscher untersuchen das Genom noch immer, und neue Informationen werden täglich auf der Website des Humangenomprojekts veröffentlicht. Da die Auswirkungen auf die Gesundheit, die Vorbeugung und die Heilung von Krankheiten und auf das Klonen soziale, legale und ethische Implikationen haben, ist das Humangenomprojekt Teil der andauernden Diskussionen über diese komplexen Themen.[16]

Die Komplexität der Forschungen erforderte, dass die DNA-Spender mehr als nur den berühmten Tropfen Speichel abgeben mussten, den man in den Krimiserien immer sieht und dank dem die Opfer oder Täter identifiziert werden können. Die im Rahmen des Genomprojekts verwendete DNA stammte aus Blut, das von Tausenden anonymer Personen gespendet worden war, die durch in der Nähe der Forschungsinstitute, in denen die DNA-Bibliotheken vorbereitet wurden, aufgehängte Plakate gewonnen wurden. Es wurde fünfmal mehr Blut gespendet, als tatsächlich benötigt wurde. Die Geheimhaltung dieses Projekts klappte so hervorragend, dass laut Humangenomprojekt nicht einmal die Freiwilligen wussten, wofür ihre Blutproben gebraucht wurden.

Genom und Gesundheit

Das Humangenomprojekt produziert ständig neue Informationen, die irgendwann zu individuell zugeschnittenen Programmen zur Krankheitsvorbeugung und zur Verbesserung des Gesundheitszustands führen können. Wenn Sie zum Beispiel ein Gen für eine Krankheit haben, die später im Leben ausbrechen kann, können Sie selbst entscheiden, ob Sie ein Selbsthilfeprogramm beginnen wollen, das auf epigenetischen Forschungsergebnissen beruht, oder ob Sie Medikamente oder Kräuter einnehmen wollen, die jene Regulatorgene deaktivieren oder »abschalten«, welche die Anweisungen für Ihre DNA enthalten, Krankheiten wie Diabetes oder Krebs zu manifestieren.

Das *International HapMap Project*, das genetische Abweichungen katalogisiert, sucht nach genetischen Hinweisen auf Krankheiten wie Asthma, Alzheimer und Erkrankungen der Herzkranzgefäße. Forscher nutzen die *HapMap* auch, um nach Umwelteinflüssen zu suchen, welche die Verhaltensmechanismen der Gene beeinflussen können.

Dawson Church, der Autor von *The Genie in Your Genes*[17], leitet Forschungsteams, die nach genetischen Veränderungen suchen, die sich ereignen, wenn sich der Gefühlszustand von Versuchspersonen ändert. Sein Team und er haben bisher 48 Gene gefunden, die auf posttraumatische Belastungsstörungen (PTBS) schließen lassen. Mithilfe einer Akupressurmethode namens EFT (*Emotional Freedom Technique*, Technik der emotionalen Freiheit)[18] behandelten Wissenschaftler Personen, die unter PTBS litten, und beobachteten dabei die Aktivität dieser 48 Gene vor und nach jeder Behandlung.

EFT gilt als »Energiepsychologie«, weil sie beinhaltet, dass bestimmte Körperstellen beklopft werden, die den Akupunkturpunkten entsprechen, die wiederum Energie freisetzen, um PTBS-Symptome wie spontanes Wiedererleben, Vermeidungshaltung und erhöhte Anspannung zu lindern.

»Aus Experimenten wissen wir, dass Energiepsychologie eine machtvolle epigenetische Behandlungsmethode bei Angstzuständen, Depressionen, Schmerzen und PTBS ist«, sagte Church. Allerdings mahnt er sofort zur Vorsicht. »Verhaltensepigenetik ist bis jetzt noch eine Art Kuriosität. Der Großteil der Arbeit wird nach dem alten Medikamentenmodell gemacht. Man sucht nach dem Gen, das mit einer pharmazeutischen magischen Kugel zum Verstummen gebracht werden kann, obwohl es auch langfristige Auswirkungen geben kann, die sich schädlich auf die Gesundheit auswirken können.«[19] Wie die Ornish-Studie zeigte, kann man positive genetische Veränderungen auch durch Ernährung, Bewegung und Meditation bewirken – also mit Behandlungsmethoden, die den Pharmakonzernen keine Profite einbringen.

Behandlungsmethoden wie Meditation, Bewegung, gesunde Ernährung, Akupressur, Kinesiologie, Hypnose und neurolinguistisches Programmieren bieten sichere, natürliche und wirksame Alternativen an, welche die körpereigenen physiologischen epigenetischen Mechanismen nutzen, um die Produktion von Serotonin im Gehirn anzuregen, einem Neurotransmitter, der die Grundstimmung eines Menschen auf ein nachhaltiges Niveau des Glücks und Wohlbefindens anheben kann.

Ein Blick in die Zukunft

Die Wissenschaft der Epigenetik untersucht, wie sich die Gene verhalten. Ein Gen kann an- oder ausgeschaltet werden, indem das Protein, das die Verpackung des DNA-Moleküls darstellt, ein- oder ausgepackt wird. Es wurde in klinischen Versuchen bewiesen, dass Veränderungen im physischen (äußeren) und im psychischen (inneren) Umfeld – Hitze, Verschmutzung, Chemikalien und eine veränderte Geistesverfassung – bestimmte DNA-Moleküle verändern können.

Die Epigenetik, die heute als die vielversprechendste der neuen Wissenschaften gilt, stellt die Zukunft der Medizin und der auf das Individuum zugeschnittenen Gesundheitsversorgung dar. Es wird nicht nur möglich sein, Medikamente oder Kräuter einzusetzen, um Gene abzuschalten, die darauf programmiert sind, die DNA so zu aktivieren, dass bestimmte Krankheiten und Defizite ausgelöst werden. Die Epigenetik wird auch Alternativen bieten, die sicher, natürlich und wirksam sind und keine schädigenden oder lebensbedrohlichen Nebenwirkungen haben.

Sind Sie dazu bereit, diese neuen Möglichkeiten zu erforschen?

Fragen für die Leser

Um ein besseres Verständnis der in den einzelnen Kapiteln enthaltenen Konzepte und Informationen zu erlangen, möchten Sie möglicherweise über die folgenden Fragen nachdenken und Ihre Gedanken dazu in ein Tagebuch schreiben. Die sokratische Methode ergebnisoffen zu diskutieren, kann als effiziente Methode in Schulen, auf Seminaren und in Studiengruppen dienen.

- Was wissen Sie über Ihre DNA?
- Glauben Sie daran, dass Sie eine bestimmte genetische Eigenschaft wie eine musische oder athletische Begabung entwickeln – oder vernachlässigen – können?
- Glauben Sie daran, dass Ihre gesamte DNA nicht verändert werden kann?
- Was ruft die folgende Aussage in Ihnen hervor: »Ich bin Opfer meiner Gene.«

Kapitel 2 – Epigenetik, Evolution und das Individuum

Diese Neigung zu Gewalttätigkeit und Gier ist psychospirituell. Wenn sich jedes einzelne Individuum nach innen wendet und eine tiefe Verwandlung durchmacht, entwickelt sich auch die Art weiter. Hoffentlich noch rechtzeitig.[1]

Stanislav Grof

Wenn Sie anfangen, darüber nachzudenken, dass die biologischen Anweisungen, die verschlüsselt in Ihren Genen enthalten sind, nicht immer dazu bestimmt sind, aktiviert zu werden, werden Sie sich vielleicht auch fragen, ob nicht Ihre Gedanken, Gefühle und Handlungen eine potenzielle Wellenwirkung auf zukünftige Generationen haben können.

Obwohl Sie den Inhalt Ihres individuellen Genoms nicht kontrollieren können, gibt es verschiedene Entscheidungen, die Sie treffen können, um nicht nur Ihren Gesundheitszustand zu verbessern und Ihre Stimmung zu heben. Wie die Ornish-Studie gezeigt hat, können eine gesunde Ernährungsweise, ein halbstündiger Spaziergang täglich und eine einfache Meditation tatsächlich Hunderte von Krebsgenen abschalten. Wer würde sich darüber nicht freuen?

Was kann das für Sie und Ihre Familie bedeuten? Da die Umwelt die Entwicklung der Nachkommenschaft eines Genoms beeinflussen kann, ohne die DNA-Sequenz zu verändern, ist es möglich, dass die positiven Veränderungen, die wir während unseres Lebens machen, auch positive Auswirkungen auf künftige Generationen haben können?[2]

Eine neuere Untersuchung, die von der Mayo-Klinik in Rochester, Minnesota, durchgeführt wurde, kommt zu dem Schluss, dass jemand, der sich ausgezeichneter Gesundheit erfreut, doppelt so glücklich ist wie jemand, der einfach nur gesund ist. Menschen, die nicht gesund sind, sind 70 Prozent weniger glücklich als Menschen, die einfach nur gesund sind.[3]

Studien wie diese deuten darauf hin, dass Sie durch »Glücksgewohnheiten« im Denken, Fühlen und Verhalten epigenetische Veränderungen hervorrufen, die den Kurs der Evolution beeinflussen können.

Statt aufgrund dunkler Instinkte zu handeln, können Sie sich unzählige Möglichkeiten des spirituellen Ausdrucks, kognitiver Instrumente, selbstloser Taten, Achtsamkeit, Gebet, Ernährung und Leibesübungen zunutze machen, die alle dazu dienen, Ihre emotionale Grundstimmung zu heben – und das nicht nur jetzt, sondern auch für die künftigen Generationen. Weiterhin hat die Studie der Mayo-Klinik ergeben, dass Aktivitäten, die Sie bewusst, achtsam und selbstbestimmt aussuchen, langfristig zu einem erhöhten Glückszustand führen werden.[4]

Die Epigenetik hat den Wissenschaftlern nicht nur geholfen, die molekularen Schlüssel zu entdecken, welche die Gene für bestimmte Krankheiten abschalten können, die epigenetische Grenze ist für alle Forscher weit offen, die nach Alternativen zu chemischen Behandlungsmethoden suchen, um das Umfeld zu verändern, das bestimmte Gene kontrolliert. Jirtle sagt dazu: »Die Formbarkeit des Epigenoms macht deutlich, welche Macht wir über unsere eigene Gesundheit und die unserer Kinder haben.«[5]

Erinnern Sie sich an die Rattenstudie, die wir in Kapitel 1 erwähnt haben? Ratten, die von ihren Müttern vernachlässigt worden waren, wuchsen mit einem höheren Stressniveau und größeren Angstzuständen auf als Ratten, die als Babys die richtige Menge mütterlicher Zuneigung in Form von Lecken bekommen hatten. Das zeigt nicht nur, dass sich die fehlende Zuneigung in der Kindheit auf die genetische Fähigkeit der erwachsenen Ratten auswirkt, den Zustrom von Stresshormonen zu regulieren, es zeigt auch, wie das Epigenom eines Rattenjungen funktioniert, indem die entsprechenden Regulatorgene aktiviert werden.

Mit anderen Worten: Liebevolles mütterliches Verhalten sorgt dafür, dass Rattenjunge ausgeglichener heranwachsen und selbst unter Stress ruhig bleiben.[6]

Wie Sie sehen, unterstützt die Studie über die Reaktionsfähigkeit des Epigenoms gegenüber zwischenmenschlichen Beziehungen jene zahlreichen Studien, die bereits gezeigt haben, dass stabile Freundschaften und soziale Netzwerke von entscheidender Bedeutung für das Glück und das Wohlbefinden eines Menschen sind. Selbst die Gene bestätigen das!

Wir befinden uns an einem evolutionären Scheideweg

Trotz aller wissenschaftlichen Erkenntnisse und technologischen Fortschritte ähnelt das menschliche Verhalten, wenn es von territorialen Instinkten getrieben wird, immer noch dem unserer steinzeitlichen Vorfahren. Der Überlebenstrieb hat traditionell zu einem »Wir-gegen-sie«-Denken geführt, das zu Gewalt und Zerstörung führt und jedes Glückspotenzial zunichtemacht.

In einem seiner letzten Interviews sagte Nobelpreisträger Roger Sperry zu Laurie Nadel: »Manchmal glaube ich, dass wir uns zu einer weniger intelligenten Art entwickeln. Wir sind die erste Art in der Geschichte der Evolution, die ihre Intelligenz dazu benutzt hat, die Mittel zu erfinden, um sich selbst auszulöschen. Ich finde das äußerst deprimierend.«

Die Sorge von Sperry wird von zahlreichen anderen prominenten Wissenschaftlern geteilt, die von den Autoren interviewt worden sind, darunter der Mediziner Jonas Salk, der ehemalige Astronaut Edgar Mitchell und der Biologe Bruce Lipton.

Jonas Salk, der Immunologe, der den Polioimpfstoff entwickelte, schrieb in seinem Buch *Anatomy of Reality: Merging of Intuition and Reality*: »Die Evolution des menschlichen Geistes … hängt von der Entwicklung der Intuition und der Vernunft ab.«[7] Wenn es der Menschheit gelingen soll, sich weiterzuentwickeln, müssen wir Empathie und Vernetzung genau so wertschätzen wie Logik und Vernunft. Wenn wir nicht erkennen, dass unser individuelles Glaubenssystem, unsere Gefühle und Handlungen Auswirkungen auf andere Menschen haben, laufen wir Gefahr, uns zu Tode zu denken.

Salk glaubte, dass die Menschheit das Potenzial zu einer bewussten Evolution hat, statt sich einfach nur in einem Prozess der physischen Auslese passiv zu entwickeln. Seiner – wie er sie nannte – Biophilosophie zufolge, muss die Evolution bewusst und achtsam und zugleich biologisch werden. Vor seinem Tod rief er Naturwissenschaftler und Forscher auf dem Gebiet der Geisteswissenschaften auf zusammenzuarbeiten, »um die Entscheidungen zu treffen, welche die Natur bisher für uns getroffen hat … zum Wohle und im Interesse des menschlichen Lebens und der Gesellschaft insgesamt«.[8]

Vom Weltraum zur bewussten Evolution

Der ehemalige Astronaut Edgar Mitchell hatte während seines Ausflugs in den Weltraum ein Offenbarungserlebnis, in dem er das Wirken einer Höheren Intelligenz in der Ordnung des Universums erkannte. Er verließ die NASA 1973 und gründete das *Institute of Noetic Sciences* (www.noetic.org), eine Forschungseinrichtung, die das Bewusstsein, die Intuition und Phänomene wie Geist-Körper-Heilung erforscht. In seinem Buch *The Way of the Explorer*[9] präsentiert er seine Ideen in Bezug darauf, wie unser Bewusstsein die menschliche Evolution beeinflussen kann. Er führte diesen Gedanken noch weiter, als er sagte: »Unsere Evolution ist ein Lernprozess. Wenn wir zum Beispiel anfangen zu meditieren, öffnen wir uns der Realität der transzendenten Erfahrung, die von Yogis, Propheten und den Mystikern aller Religionen beschrieben wurde. Wir erfahren uns als mit anderen durch Gott verbunden. Das wiederum führt zu einer Verhaltensänderung. Wir fangen an, Gewalt zu verabscheuen.«[10]

Haben Sie eine »Opferchemie«?

Der Wissenschaftler und Bestsellerautor Gregg Braden stimmt dem zu: »Für mich ergibt das durchaus Sinn. Wir kommen mit der Fähigkeit auf die Welt, auf irgendeine Weise an dieser Welt teilzuhaben. Es ergibt keinen Sinn, dass wir hilf- und machtlos auf die Welt kommen und nur Opfer dessen sein sollen, was in der Welt und in unserem Leben gerade so geschieht«, sagte er.[11]

Die Epigenetik weist auf die Bedeutung der DNA hin, aber der Code muss Anweisungen erhalten, um ihr zu sagen, wie sie sich im menschlichen Körper verhalten soll. »Diese Anweisungen stammen aus unserer Umwelt – aus unserer materiellen Umwelt ebenso wie aus unserer emotionalen Umwelt aus Gedanken, Gefühlen, Überzeugungen und Emotionen. Diese stehen in einem direkten Zusammenhang damit, ob den Genen in unserem Körper ihr vollster Ausdruck gewährt oder ob er behindert wird. Wenn wir glauben, dass wir hilflose Opfer sind, wird diese Opferchemie in unserem Körper wirksam. Als Folge davon werden wir ein schwaches Immunsystem haben und unser Körper wird nicht so stark und widerstandsfähig sein. Schließlich ist dies die Überzeugung, die das elektromagnetische Signal erzeugt, das die DNA des Immunsystems instruiert.«

Die Veränderungen in der menschlichen Evolution, die stattfinden müssen, werden von Menschen eingeleitet werden, die ändern, wie sie fühlen. »Wenn wir uns in unserer Welt sicher fühlen und lernen zu lieben, statt uns zu fürchten, sind dies buchstäblich Signale, die unsere Herzen unseren Gehirnen übermitteln.« Das Gehirn reagiert auf diese Signale, indem es dem Körper »eine lebensbejahende Chemie, lebensbejahende Hormone und ein starkes Immunsystem gibt« – wie Braden es formuliert. Obwohl unsere Überzeugungen eine starke Rolle bei der Aktivierung jener Gene spielen, die optimale körperliche Reaktionen auslösen, merkt Braden an: »Was uns die Wissenschaft heute zeigt und was die alten Traditionen schon immer gesagt haben, ist, dass wir an der Erschaffung einer Welt, in der wir alle leben möchten, teilhaben, ohne dass wir irgendetwas kontrollieren oder manipulieren oder ihr unseren Willen aufzwingen. Das Schöne ist doch, dass wir nichts von dem tun müssen.«[12]

Neuere epigenetische Untersuchungen haben gezeigt, dass Ihre Erfahrungen und Ihre Umwelt das Verhalten bestimmter Gene beeinflussen können. Wie Sie gesehen haben, können labile Eltern, die ihre Kinder vernachlässigen, ohne es zu wissen, jene Gene in ihren Kindern abschalten, welche die Ausschüttung von Stresshormonen regulieren. Kinder, die in dieser Beziehung biologisch behindert sind, sind genetisch dazu bestimmt, unter chronischen Angstzuständen, posttraumatischen Belastungsstörungen und emotionaler Labilität zu leiden. »Es ist hinreichend bekannt, dass das elterliche Verhalten Auswirkungen auf die Kinder hat. Meine Arbeit zeigt auf, wie die psychologische Verfassung der Eltern bereits vor der Geburt die Gene des Kindes beeinflussen kann«, sagte Alberto Halabe Bucay aus Mexiko. Er veröffentlichte diesen Artikel in *Bioscience Hypotheses*, einer wissenschaftlichen Fachzeitschrift, die statt wissenschaftlicher Studien, die bereits verifiziert sind, faszinierende Hypothesen veröffentlicht.[13]

Wenn Sie sich eine Art und Weise des Denkens, Fühlens und Handelns angewöhnen, die Sie glücklich macht, verstärken Sie bestimmte Charaktereigenschaften, die an Ihre Kinder weitervererbt werden können. »Obwohl Glück einem breiten Spektrum äußerer Einflüsse unterworfen ist, haben wir doch entdeckt, dass es einen vererbbaren Aspekt des Glücks gibt, der durch die genetische Architektur der Persönlichkeit erklärt werden kann«, schrieb der Psychologe Alexander Weiss von der Universität Edinburgh.[14] Mit anderen Worten: Bestimmte Eigenschaften – wie zum Beispiel ein sonniges Gemüt – mögen einerseits auf die Gene der Eltern und andererseits auf die Vorkommnisse während der Kindheit zurückzuführen sein. Die Gene der Eltern können sich aber als Reaktion darauf, wie sie sich vom Leben behandelt fühlen, verändert haben, sodass sie einige ihrer beschädigten Gene an ihre Kinder weitergegeben haben.

Die gute Nachricht ist, dass Sie diese Informationen nutzen können, um Glück nachhaltig in Ihr Leben einzubauen. Wenn Sie das tun, wird nicht nur Ihr Leben angenehmer, auch Ihr Gesundheitszustand wird sich verbessern und Ihre Glücksgene werden aktiviert, sodass sie einen angemessenen Ausdruck finden können und an Ihre Kinder und hoffentlich auch an deren Kinder weitergegeben werden können.

Tiefe Gefühle und die DNA

Seit 1990 hat das *HeartMath Institute* im kalifornischen Boulder Creek physiologische Forschungen im Bereich der Schnittstelle von Herz und Verstand durchgeführt. So hat HeartMath vor allem Technologien und Messverfahren entwickelt, um das zu messen, was Rollin McCraty »die Intelligenz des Herzens« nennt. Die Studien von McCraty, einem der Gründer des *HeartMath Institutes*, haben wissenschaftliche Informationen hervorgebracht, die beweisen, was in der Literatur, in der Musik und in der Kunst seit Jahrhunderten ausgedrückt worden ist: »Das Herz ist das Tor zum Geist.«

Mittels eines Computerprogramms mit dem Namen *emWAVE* haben die dortigen Wissenschaftler ein Modell für etwas entwickelt, das sie als »physiologischen Kohärenz-Zustand in Verbindung mit positiven Gefühlen wie Dankbarkeit, Fürsorglichkeit und Mitgefühl« bezeichnen. Diese neue Form der Biofeedback-Technologie misst die Herzfrequenzvariabilität (HRV). »Wenn man sich das Muster des Herzschlags anschaut, erkennt man, dass dieses unsere gegenwärtige Gefühlslage widerspiegelt. Wenn es niedriger ist, als man erwarten könnte, kann dies ein Anzeichen von Depression oder Krankheit sein. Wenn jemand wütend ist, zeigt die HRV eine gestörte Synchronizität«, sagte McCraty.

Wenn Sie glücklich sind, ist Ihr HRV-Rhythmus gleichmäßig. Wenn die Botschaften, die vom Herzen zum Gehirn gesendet werden, kohärent sind – also hoch und gleichmäßig –, interpretiert das Gehirn das als ein gutes Gefühl.

Das vom Herzen erzeugte Magnetfeld ist weitaus stärker als das vom Gehirn erzeugte. Dieses Magnetfeld trägt verschlüsselte Informationen in sich, die für unsere Gefühlslage von Bedeutung sind. McCraty sagt: »Die gesamte DNA aller Zellen ist diesem Magnetfeld des Herzens ausgesetzt.«

Mithilfe der *emWave*-Biofeedback-Technologie sind die Wissenschaftler des *HeartMath Institutes* heute in der Lage, den Herzschlag einer Person und die Hirnwellen einer anderen zu messen, die bis zu anderthalb Meter voneinander entfernt sind. Sie können messen, was geschieht, wenn sich die Herz- und Hirnwellen synchronisieren, wodurch Empathie entsteht.

Personen, die ein persönliches *emWave*-Programm benutzen, um diesen Zustand der Kohärenz zu erreichen, haben von zusätzlichen positiven Erscheinungen wie optimierten kognitiven Fähigkeiten, erhöhter sensorisch-motorischer Integration, stärkerer Geist-Gehirn-Verbindung und einer Schärfung der Intuition berichtet. »Diese Instrumente und Techniken verbessern unsere Fähigkeit, uns von einer intelligenteren Grundperspektive aus selbst zu regulieren«, sagte McCraty, der diesen Prozess als »praktisches Instrumentarium« beschreibt, »mit dem man tatsächlich die Dinge tun kann, die man tun sollte, aber von denen man kaum jemals weiß, wie man sie tun soll«.[15]

Für den Fall, dass Sie glauben, Kohärenz sei nur ein anderes Wort für Meditation, fügt McCraty hinzu, dass die meisten meditativen Zustände nicht zu kohärenten Zuständen führen, die er weiter als »präsent sein, Kontrolle haben und initiativ sein« definiert. Wenn man sich in einem Zustand der Güte und des Mitgefühls befindet, zeigt sich dies in einem messbaren physiologischen Zustand, der sich in einem variablen Herzrhythmus widerspiegelt. »Es geht nicht um Gedanken«, sagte McCraty, »es geht um Gefühle.«

Eine Reihe erst kürzlich durchgeführter Laborexperimente, die von McCraty und seinen Kollegen unternommen wurden, haben den Beweis erbracht, dass sich die DNA als Folge der konzentrierten Intention und des positiven Gemütszustandes einer Versuchsperson verändern kann. Mithilfe eines Spektralfotometers, mit dem eine spezifische Wellenlänge gemessen wurde, die von der DNA absorbiert wird, setzten die Forscher Hitze ein, um einen DNA-Strang, der als Ziel dient, teilweise abzuwickeln.[16] Zu den Versuchspersonen gehörten Heiler, Studenten und zufällig ausgewählte Menschen, die nach dem Zufallsprinzip auf der Straße gefragt worden waren, ob sie nicht an einem Experiment teilnehmen möchten.

Die Forscher fanden heraus, dass es zwei sehr wichtige Variablen gibt, die für verlässliche Ergebnisse notwendig vorhanden sein müssen. Um die DNA absichtlich dazu zu bringen, sich auf- oder abzuwickeln, ist es für ein Individuum erforderlich, in einem Zustand der »Kohärenz des gesamten Systems« zu sein – wie McCraty es nennt. In diesem Zustand spiegelt der Herzrhythmus einen messbaren Herzzustand kohärent wider. Die Versuchsperson muss zudem ganz bewusst daran denken, die DNA auf- oder abzuwickeln. »Man kann in einem hochkohärenten Zustand sein, ohne diese Absicht zu haben, und man kann die Absicht haben, sich aber nicht in einem Zustand der Herzkohärenz befinden. In beiden Fällen geschieht mit der DNA nichts«, sagte McCraty.[17]

Kann man den Verlauf der Evolution verändern?

Es ist ein ziemlicher Gedankensprung nötig, um von einer Handvoll wissenschaftlicher Experimente, die einen direkten Zusammenhang zwischen einer positiven Gemütslage und genetischen Veränderungen aufgezeigt haben, zu der Überzeugung zu gelangen, dass man den Verlauf der menschlichen Evolution verändern kann, indem man ein glücklicherer Mensch wird.

Aber wenn Sie es sich recht überlegen, was hätten Sie denn dabei zu verlieren?

Ängste? Depressionen? Unsicherheit? Mangelndes Selbstwertgefühl? Suchtverhalten? Destruktive Verhaltensmuster, darunter auch Gewalttätigkeit gegenüber Ihren Kindern?

Und was könnten Sie gewinnen?

Eine optimistischere Lebenseinstellung? Eine positivere Gemütsverfassung? Dauerhaften Optimismus? Erhöhte Belastbarkeit in schwierigen Situationen? Die Fähigkeit, überall Gelegenheiten zu sehen, statt das Gefühl zu haben, ständig von Problemen überwältigt zu werden? Gesündere Gewohnheiten? Ein stärkeres Immunsystem? Bessere Gesundheit? Eine glücklichere Familie? Freude im Alltag?

Das Wissen, dass Ihre Entscheidungen bestimmte Gene an- und abschalten können … wodurch eine bessere Zukunft für Sie und künftige Generationen möglich wird?

Der erste Schritt

Haben Sie sich jemals gefragt: »Wie *gut* kann es eigentlich noch werden?«[18]

Und wenn nicht, warum nicht?

Was geschieht in Ihrem Herzen, in Ihrem Verstand und in Ihrem ganzen Wesen, wenn Sie sich fragen: »Wie *gut* kann es eigentlich noch werden?«

Was würde wohl geschehen, wenn Sie jedes Mal beim Zähneputzen oder beim Waschen Ihr Spiegelbild anschauen und es fragen würden: »Wie gut kann es eigentlich noch werden?«

Was würde wohl geschehen, wenn Sie Ihren Kindern beibringen würden, dies jeden Morgen und jeden Abend zu tun?

Wir können nicht in die Zukunft schauen, aber wir vermuten doch, dass Sie und Ihre Familie dann glücklicher wären – und Ihre DNA auch.

Schlussfolgerung

Die epigenetischen Untersuchungen stellen die ersten kleinen Schritte auf dem Gebiet dieser neuen Wissenschaft dar. Aber schon die bisherigen Ergebnisse haben Implikationen, die Sie umsetzen können, um positive Veränderungen in Ihrem Leben einzuleiten.

Fragen für die Leser

- Wie können diese Untersuchungen Ihnen wohl helfen, ein glücklicherer Mensch zu werden?
- Wie reagieren Sie auf die Aussage, dass Ihr jetziger Glückszustand positive Auswirkungen auf künftige Generationen haben kann?
- Stimmen Sie dem Konzept der bewussten Evolution zu oder lehnen Sie es ab?
- Glauben Sie, dass sich die Menschheit zu einer intelligenteren Art entwickelt oder nicht?
- Was haben Sie aus diesem Kapitel gelernt, das Sie in Ihrem Leben anwenden können?

Kapitel 3 – Die Macht der spirituellen Gene

Zustände der Selbsttranszendenz sind für das Überleben der Menschheit notwendig.
Edgar Mitchell

Bevor die neuen Wissenschaftler Beweise dafür fanden, dass wir nicht Opfer unserer Gene sind, waren Wörter die einzige Möglichkeit, um die subjektive Erfahrung eines Menschen wiederzugeben. Begriffe wie »Nächstenliebe«, »Glaube«, »Hoffnung«, »Seele«, »Geist«, »Herz« und »Essenz« wurden verwendet, um jenen spirituellen Bewusstseinszuständen Bedeutung zu verleihen, die zu solchen herzzentrierten Zuständen wie Glück, Freude, Ekstase, innerer Friede und göttliche Bestimmung führten.

Die neueren wissenschaftlichen Entdeckungen auf den Gebieten der Mikrobiologie, des Zellverhaltens und der Genetik entwerten die subjektiven Erfahrungen keineswegs, im Gegenteil. Diese Entdeckungen liefern Beweise dafür, dass spirituelle Geisteszustände, die mit einem Gefühl des Glücklichseins einhergehen, eine biogenetische Grundlage haben. Es ist Ihr gottgegebenes biologisches Geburtsrecht, Glücksgewohnheiten zu entwickeln. Diese Gewohnheiten unterstützen die Expressionsformen der spirituellen Gene, die diesen biologischen Bauplan für Erfüllung und Freude darstellen.

Zudem fügen diese Entdeckungen dem bereits vorhandenen Wissen über die menschliche Natur noch etwas hinzu. Sie zeigen nämlich, dass Körper, Verstand und Geist wahrhaft miteinander verbunden sind. Die spirituelle DNA wartet darauf, erweckt zu werden, damit Ihr Leben und das Leben anderer Menschen bereichert werden kann und Ihre Seele zu ihrer wahren Bestimmung erwacht: die Verbindung mit dem Schöpfer zu ehren. Im Verlauf der gesamten Menschheitsgeschichte haben Menschen jeder Kultur – ob noch existierend oder nicht – eine Verbindung zu dieser unsichtbaren Macht angestrebt, die größer ist als jeder einzelne Mensch und größer als die Menschheit insgesamt. Dem Schöpfer wurden viele Namen gegeben, darunter Gott, der Eine, der göttliche Quell, das Universum, die Höhere Macht oder Geist – um nur einige zu erwähnen.

Wir wissen heute, dass wahres inneres Glück daraus entsteht, dass wir einen spirituellen Instinkt ausdrücken, der eine biologische Grundlage besitzt. Mensch zu sein, heißt Gott zu suchen.

Die Schatzkarte dafür liegt in unserem Inneren.

Eine biologische Schatzkarte

In ihrem hervorragenden Buch *Molecules of Emotion*[1] bewies Candace Pert, dass Gefühle als Moleküle im limbischen System des Gehirns gespeichert werden. Das limbische System ist auch als »Verbindungshirn« oder als »emotionales Hirn« bekannt.

Die stärksten emotionalen Erfahrungen sind jene, die Freude, Inspiration und Liebe mit sich bringen und selbst das Leiden erträglich machen. Diese emotionalen Erfahrungen sind das Resultat von Entscheidungen und Verhaltensweisen, die dazu führen, dass wir glücklich sind. Wenn wir uns das Glück durch eine spirituelle Brille anschauen, erkennen wir, dass die Abwesenheit von Schmerz oder Kummer keine Voraussetzung dafür ist. Alle Eltern kennen das tiefe Glücksgefühl, das sich einstellt, wenn sie ein krankes oder verletztes Kind in den Armen halten und sein Schmerz nachzulassen beginnt. Dies ist ein einfaches Beispiel dafür, wie wir auch angesichts des Leidens von Glücksgefühlen überwältigt werden können, die noch intensiver werden, wenn wir daran denken, wie sehr unser Kind eben noch gelitten hat.

Erfahrungen wie diese gehen in die chemischen Archive des limbischen Systems ein. Jedes Mal, wenn Sie wahres Glück verspüren, werden die gespeicherten Gefühle aktiviert, sodass Sie von einer noch größeren Freude erfüllt werden. Die spirituellen Gene sind in einem gewissen Sinn Ihre biologische Schatzkarte zur Freude.

Sie können ein glücklicherer Mensch werden, indem Sie Überzeugungen und Verhaltensweisen kultivieren, die diese Moleküle stärken, in denen machtvolle transzendente Gefühle gespeichert sind, sodass sich Ihre emotionale Grundstimmung erhöht. Mit anderen Worten: Wenn Sie morgens aufwachen und sich auf einer Glücksskala von 0 bis 10 (10 ist der höchste Glückszustand, 0 bedeutet, dass Sie gar nichts spüren, was auch nur im Entferntesten an Glück erinnert) eine 4 oder 5 geben, können Sie neue Denkgewohnheiten und Handlungsweisen kultivieren, die Ihre Grundstimmung auf 6, 7 oder sogar 8 anheben. Mit etwas Übung können Sie Ihre emotionale Grundstimmung sogar auf eine 9 oder 10 bringen.

Probieren Sie einmal folgendes Experiment aus:

- Wenn Sie morgens aufwachen, überprüfen Sie, in welcher Stimmung Sie sich befinden.
- Bewerten Sie diese auf einer Glücksskala von 0 bis 10. Schreiben Sie diese Zahl zusammen mit dem Datum auf.
- Führen Sie sieben bis zehn Tage lang Tagebuch, um Ihre durchschnittliche emotionale Grundstimmung zu ermitteln.
- Nachdem Sie weitergelesen und die Übungen im letzten Kapitel ausprobiert haben, führen Sie wieder sieben bis zehn Tage lang Tagebuch. Die Ergebnisse werden Sie vermutlich angenehm überraschen.

Fragen für die Leser

- Wie würden Sie Glück beschreiben?
- »Mensch zu sein, heißt Gott zu suchen.« Stimmen Sie diesem Satz zu oder nicht? Warum oder warum nicht?
- Wie schätzen Sie Ihre emotionale Grundstimmung ein?

Teil II

Ich liebe dieses Gefühl

Kapitel 4 – Der spirituelle Instinkt unserer Vorfahren

In der antiken Welt glaubten die Menschen, dass sie nur wahrhaft zu Menschen werden könnten, indem sie aktiv an diesem göttlichen Leben teilnahmen.

Karen Armstrong: *A History of God*[1]

Vor Tausenden von Jahren ritzte einer unserer steinzeitlichen Vorfahren einen Stern, einen Mond, eine Sonne und ein Kreuz in die Wände seiner Höhle. Das war so einfach, dass selbst ein Höhlenmensch dazu in der Lage war.

Eine moderne Analyse dieser groben Kritzeleien zeigt, dass im Gehirn eines Neandertalers ungeachtet dessen, was wir in der Schule gelernt haben, viel mehr vorgegangen sein muss als das, was mit der Suche nach Nahrung, Kleidung und Obdach zu tun hatte. Auch sollten wir uns stets daran erinnern, dass es noch einen anderen Instinkt gab, der unsere Vorfahren dazu brachte, es miteinander zu treiben. Ohne den Fortpflanzungstrieb wären wir womöglich nicht hier und hätten den gegenwärtigen Zustand der menschlichen Evolution sicher nicht erreicht.

Bis vor Kurzem glaubte man, dass die Menschen, die vor circa 70 000 Jahren lebten, nur diese Grundinstinkte besaßen. Aber während des letzten Jahrzehnts hat eine stille Revolution die Grundannahmen erschüttert, aufgrund derer die Wissenschaftler die Hinweise auf das Leben unserer steinzeitlichen Vorfahren bisher interpretiert hatten. Denn diese taten mehr als nur zu jagen, ihre Jungen zu beschützen, sich fortzupflanzen und Grunz- und Kehllaute auszustoßen. Die ersten Menschen hinterließen Artefakte und grobe Zeichnungen, die auf einen anderen biologischen Instinkt hinweisen, der tief greifende Auswirkungen auf uns im 21. Jahrhundert hat.

Archetypen und der spirituelle Instinkt

Archetypische Symbole wie Mond, Sterne, Sonne oder ein Kreuz geben uns sichtbare Hinweise darauf, dass der genetische Code des Menschen einen biologischen Instinkt für Spiritualität enthalten hat, noch bevor er eine Sprache entwickelt hatte. Obwohl es für sein Überleben und zur Erfüllung seiner physischen Bedürfnisse nach Nahrung, Kleidung, Obdach und Fortpflanzung nicht nötig war, strebten unsere Vorfahren instinktiv eine Verbindung zu einer unsichtbaren, geheimnisvollen Macht an, die größer als jeder einzelne Mensch war.

Im Jahr 2006 entdeckten Archäologen die bisher frühesten Hinweise auf den spirituellen Instinkt des Menschen. Eingeritzt in die Felswand einer Höhle im afrikanischen Botswana wurde eine schlangenähnliche Darstellung entdeckt, deren 300 Markierungen den Schuppen, dem Körper und Kopf einer

Pythonschlange glichen. »Wir glauben, dass dies der älteste archäologische Hinweis auf Religionsausübung ist«, sagte Sheila Coulson, eine kanadische Expertin auf dem Gebiet steinzeitlicher Werkzeuge gegenüber der Nachrichtenagentur Reuters.[2]

Das Pythonschlangensymbol gilt dem Volk der San, das im Nordwesten Botswanas lebt, als besonders machtvoll und heilig. Sie glauben daran, dass die Menschen von diesen Riesenschlangen abstammen. Die natürlichen Schlangenlinien ihrer Flüsse werden einem uralten Pythongott zugeschrieben, der sich über die Oberfläche der Erde geschlängelt hatte. Sheila Coulson sagt weiter: »Das Schlangensymbol zieht sich durch alle Mythologien, Geschichten und Kulturen des südlichen Afrikas.«

Im Innern der Höhle entdeckten Wissenschaftler Hunderte Speerspitzen, aber weder Tierknochen noch Kochutensilien oder Hinweise auf Feuerstellen zum Kochen. Das Fehlen derartiger Gerätschaften des täglichen Gebrauchs weist darauf hin, dass die Höhle zu Ritualzwecken genutzt wurde. Innerhalb der Höhle befindet sich zudem eine gewundene innere Kammer, deren Form an eine Schlange erinnert. Die Archäologen stellten die Theorie auf, dass diese Kammer der Ort gewesen sein könnte, an dem der Schamane sich auf Zeremonien vorbereitet hatte. Durch die archetypischen Symbole, die sie in die Felswand ritzten, haben unsere Vorfahren greifbare Beweise für die Suche ihrer Seele nach Mythos und Sinn hinterlassen. Obwohl diese steinzeitlichen Schlangengravierungen verglichen mit den spirituellen Kunstwerken späterer Zivilisationen eher grob erscheinen mögen, so sind sie doch ein deutlicher Hinweis darauf, dass Mythen uns mit den tiefsten Aspekten unseres Selbst verbinden – wie es Logik und Vernunft allein niemals könnten.

Relikte wie die eingemeißelte Python legen Zeugnis von einem starken biologischen Instinkt ab, der über unser bisheriges Verständnis der Bedürfnisse des frühen Menschen hinausgeht. Irgendetwas in der DNA unserer Vorfahren trieb sie zu Verhaltensweisen wie den folgenden:

- Das Markieren von bestimmten Gebieten zu zeremoniellen Zwecken.
- Die Versammlung von Gruppen in diesen abgegrenzten Gebieten.
- Die Teilnahme an Aktivitäten, die nichts mit dem täglichen Überlebenskampf zu tun hatten.
- Die Herstellung von Kunstgegenständen in Form von archetypischen Symbolen.
- Das Aufsuchen eines Schamanen, der Botschaften aus der unsichtbaren Welt und der Natur empfangen und deuten konnte, um Rat zu erhalten.

Die Rolle des Schamanen

Archäologische Funde deuten darauf hin, dass der Schamanismus die älteste spirituelle Praxis auf diesem Planeten ist. Stammesgruppen und Gemeinschaften kamen zusammen, um Rat und Führung von Männern und Frauen zu suchen, deren Gabe spiritueller Natur war und nicht auf physischer Kraft beruhte. Schamanen wussten, welche Pflanzen heilen und welche töten konnten. Sie waren von ihren Vorgängern in Dingen ausgebildet worden wie dem Eintreten in veränderte Bewusstseinszustände, dem luziden Träumen und der direkten Kommunikation mit der Welt des Geistes.

Aufgrund seiner hellseherischen Fähigkeiten konnte ein Schamane Informationen darüber erhalten, wie man bestimmte Opfergaben für die Geister zubereitete, die dann den Jägern eine reiche Jagdbeute bescherten. Später wurde dieses Wissen erweitert und auf den Schutz der Ernten angewendet. Den Schamanen oblag es auch, die Schöpfungsmythen und die Antworten auf die großen Fragen von Leben und Tod zu bewahren. Die heutigen Schamanen sind ebenso wie die Schamanen früherer Zeiten davon überzeugt, dass die gesamte Natur zu ihnen spricht. Aufgabe eines Schamanen ist es daher, die Botschaften der Luft, des Wassers, der Erde und des Feuers zu interpretieren.[3]

Das zunehmende Interesse an verschiedenen spirituellen Traditionen in den letzten Jahren hat zu einer Wiedergeburt des Schamanismus in den industrialisierten Nationen des Westens geführt. Aber im Verzeichnis der anerkannten Berufe, die von der Regierung der Vereinigten Staaten herausgegeben wird, sucht man die Berufsbezeichnung *Schamane* vergeblich. Trotz des gegenwärtigen Interesses bleibt der Schamanismus eine traditionelle Praxis, die vor allem in den indigenen Kulturen überall auf der Welt verbreitet ist. »In den schamanischen Gemeinschaften geht man davon aus, dass die meisten Botschaften in subtilerer Form als der des gesprochenen Wortes übermittelt werden: durch die Synchronizitäten des Lebens, durch klimatische Veränderungen, selbst durch Krankheiten«, schreibt Eve Bruce, eine Fachärztin für plastische Chirurgie aus Maryland.[4] Sie beschreibt ihre Erfahrungen und Forschungsreisen in ihrem Buch: *Shaman, M.D.: A Plastic Surgeon's Remarkable Journey Into the World of Shapeshifting* (zu Deutsch etwa: *Dr. Schamane: Die erstaunliche Reise einer Schönheitschirurgin in die Welt der Gestaltwandlung*). Ein Schamane in spe kommt durch eine Reihe von Prüfungen, luziden Träumen und synchronistischen Ereignissen, die genauso wenig ignoriert werden können wie unsere Vorfahren ihre Instinkte unterdrücken konnten, Symbole in Felswände zu ritzen, zu der Überzeugung, dass er berufen ist.

Wenn Wissenschaftler noch mehr über die biologische Natur der Spiritualität herausfinden, wird sich möglicherweise herausstellen, dass die DNA eines Schamanen eine beeindruckende Informationsquelle darstellt. So wie gewisse Menschen von Geburt an mathematische oder musikalische Genies sind, so mag es auch Menschen geben, deren intuitive und spirituelle Talente in ihren Genen angelegt sind.

Von der natürlichen Religiosität zum Monotheismus

Das Überleben unserer Vorfahren hing von ihrer Koexistenz mit der Natur ab. Daher ist es nicht überraschend, dass sich unverwechselbare Seelen-Archetypen bestimmter Gottheiten – einer Feuer- oder Flussgöttin zum Beispiel – als spirituelle Mittler herauskristallisierten, durch welche die Menschen mit dem Reich des Übernatürlichen in Kontakt treten konnten.

Als Mitglied der industrialisierten Welt des 21. Jahrhunderts mögen Ihnen derartige spirituelle Überzeugungen kindisch erscheinen. Aber Gebete an einzigartige Seelen-Archetypen gehören zur spirituellen Praxis von Millionen Menschen. In der römisch-katholischen und der orthodoxen Kirche werden derartige Seelen-Archetypen als Heilige bezeichnet. Im Hinduismus heißen sie Götter.

Die monotheistischen Religionen – Judentum, Christentum, Islam und der Zoroastrismus – beruhen auf dem grundlegenden Glauben an ein Höchstes Wesen. Von Heiligen, Engeln und Schutzgeistern wird geglaubt, dass sie dem Höchsten Wesen dienen, indem sie als Mittler zwischen IHM und der Menschheit fungieren.

Die monotheistischen Religionen sind sich einig im Glauben, dass dieses Höchste Wesen allmächtig und allwissend ist und für jeden einzelnen Menschen sowie für die Menschheit insgesamt eine genaue Bestimmung vorgesehen hat. Wie in der Bibel und dem Koran dargestellt drückt dieses Höchste Wesen – Gott genannt – Zorn und Wohlwollen gegenüber den Menschen aus. Die östlichen Religionen – Hinduismus, Taoismus, Buddhismus und Konfuzianismus – glauben, dass das Höchste Wesen eine allliebende, unsichtbare Macht voll unbegrenzten Mitgefühls ist und keinerlei menschliche Charaktereigenschaften aufweist.

Die Kontinuität des Lebens

Eine der zentralen Lehren aller spirituellen Traditionen ist der Glaube an die Kontinuität des Lebens. Wenn unsere physische Existenz endet, verlässt unsere Essenz oder unser Geist den physischen Körper und tritt in das jenseitige Leben ein. An diesem Punkt werden bestimmte Religionen düster, da sie allen, die nicht zu ihnen gehören, mit dem Höllenfeuer und der ewigen Verdammnis drohen. Andere lehren, dass die Seele nach dem Tod den physischen Körper verlässt und durch bestimmte Bewusstseinszustände hindurchgeht, während derer sie erforscht, was sie während des letzten Lebens gelernt hat. Viele Religionen glauben daran, dass sich die Seele immer wieder in einem menschlichen Körper inkarniert und in jedem Leben die Gelegenheit erhält, zu wachsen, sich zu verändern und zu lernen. Welche Fortschritte man nach dem Tod macht, hängt zum Teil vom Bewusstseinszustand während des letzten Lebens ab.

Wohin wir nach dieser Existenz gehen, und was dort passiert, bleibt ein Mysterium. Der Glaube mag Ihnen ein Gefühl des Trostes geben, aber über das, was tatsächlich geschehen wird, wissen wir nichts. Ganz gleich, ob Sie an einen Himmel, eine Hölle, einen Bardo-Zustand oder an nichts glauben, es gibt kein Navigationssystem für das Leben danach (oder dessen Fehlen). Trotz der universellen Thematik und aller Ähnlichkeiten bleiben die persönlichen Berichte über Nahtoderfahrungen nur für jene Individuen von Bedeutung, die beschreiben, wie sie ihren physischen Körper verlassen haben und durch einen Tunnel auf ein himmlisches Licht zuschwebten, weil sie letztlich doch wieder in ihren menschlichen Körper zurückgekehrt sind. Aber was geschieht, wenn man wirklich stirbt? Niemand weiß es.

Woher kommen die Ideen über ein jenseitiges Leben? Sind sie Teil unseres spirituellen Instinkts? Die frühesten Begräbnisriten, die auf den Glauben an ein Leben nach dem Tod hinweisen, fanden vor 30 000 bis 50 000 Jahren statt. Die verbrannten Überreste von Tieropfern, die auf primitiven Altären in Hochgebirgshöhlen in Europa und Asien gefunden wurden, liefern weitere Hinweise darauf, dass die Menschen der Steinzeit irgendeine Art von Glauben an die Kontinuität des Lebens gehabt haben müssen.

Als unsere Vorfahren mit der fliehenden Stirn zur letzten Ruhe gebettet wurden, stattete man ihre Gräber mit Werkzeugen, Waffen, Kleidung und anderen notwendigen Vorräten für die geheimnisvolle Reise aus, die nun vor ihnen lag.

Der Körper wurde in ein Grab gelegt, das so geformt war, dass es an die weibliche Vagina erinnerte, also an die Pforte, durch die wir geboren werden. Dadurch wurde symbolisiert, dass die Seele des Menschen auf der »anderen Seite« wiedergeboren werden würde. Kaurischnecken und Gegenstände aus Knochen oder Elfenbein wurden zusammen mit rotem Pulver, das, da es die Farbe des Blutes hatte, die Lebenskraft symbolisierte, neben den Körper gelegt. Unsere Vorfahren glaubten, dass diese Gegenstände im nächsten Leben von Nutzen sein könnten. Selbst das blutrote Pulver würde als Körperbemalung nützlich sein, um den neuen Seelenkörper zu beleben und ihm Kraft zu verleihen.

Die Evolution des Bewusstseins

Als sich die Menschheit von einer Gattung aus Jägern und Sammlern zu einer Art entwickelte, die in der Lage war, Land zu kultivieren, um darauf Nahrung anzubauen, veränderte sich das menschliche Bewusstsein. Dank verbesserter Pflanz- und Erntemethoden wurden die landwirtschaftlichen Erträge vorhersehbarer. Wie zuvor fanden sich die Menschen erst in Horden und später in größeren Gemeinschaften zusammen. Das gemeinsame Leben, Jagen und Bestellen der Felder gab ihnen größere Sicherheit vor Raubtieren und anderen Bedrohungen für ihr Überleben.

Die neolithische Revolution, also das Aufkommen des Ackerbaus und der Viehzucht, begann vor circa 11 000 Jahren im Vorderen Orient. Die große ägyptische Zivilisation entstand vor circa 7000 Jahren um 5000 vor Christus. Es wird angenommen, dass ein Mensch, der vor 9000 vor Christus lebte, kein Bewusstsein seiner inneren Welt hatte. Alles, was er erlebte, wurde nach außen projiziert und der Natur zugeschrieben. Es gab weder Gedanken noch Gefühle im heutigen Sinne. Es gab auch kein Gefühl eines Selbst oder eine subjektive Wahrnehmung des Lebens. Als sich die Gattung Mensch weiterentwickelte, entwickelten die Frauen irgendwann die Fähigkeit, die »Trennungslaute« ihrer Kinder zu hören – eine bestimmte Abfolge von Lauten, die von Säugetierjungen ausgestoßen werden und die den Schutzinstinkt der Mütter aktivieren.

Als sich das menschliche Bewusstsein veränderte, entwickelten die Menschen Gedanken, Gefühle und eine Wahrnehmung ihres eigenen Bewusstseins. Dieser Verinnerlichungsprozess wird als Evolution des Bewusstseins bezeichnet. Unsere Vorfahren waren nun nicht mehr ausschließlich mit dem physischen Überleben beschäftigt.

Das Leben in einer Gemeinschaft war anspruchsvoller als die auf das reine Überleben ausgerichtete Lebensweise der Sammler und Jäger. Die Steinzeitmenschen dachten nicht und besaßen keine Sprache. Ihre Unterhaltungen, wenn man sie denn so nennen will, waren von den Erfordernissen des Überlebens gekennzeichnet und bestanden lediglich aus Grunz- und Kehllauten, mit denen sie andere vor möglichen Gefahren warnten. Als sich die Sprache entwickelte, konnten die Menschen Dinge mitteilen, die komplizierter waren als die in der Frühzeit des Menschen. Aufgrund der Fähigkeit, sich eine Zukunft vorzustellen, die an den Zyklen der Gezeiten und des Mondes, der Regenzeiten und Tageslichtperioden gemessen wurde, entstanden planerische und organisatorische Fähigkeiten.

Die Geburt Gottes

Als sich die kleineren Gemeinschaften zu größeren, komplexeren Kulturen entwickelten, traten bestimmte Individuen als Führer hervor. Die Mitglieder der Gemeinschaft versammelten sich, um dem Führer zuzuhören, der Ratschläge erteilte, Befehle und Anweisungen gab. Starb ein solcher Führer – so nimmt man zumindest an –, hörten die Menschen seines Volkes seine Stimme als verinnerlichten Befehl. John Cobb stellte in seinem Buch *Structures of Christian Existence* die

Theorie auf, dass eine solche Verinnerlichung der Stimme eines Führers die erste konzeptuelle Vorstellung eines Gottes gewesen sein könnte.[5]

Das bringt uns nun wieder zur Huhn-oder-Ei-Frage. War diese gewaltige Veränderung in der Selbstwahrnehmung und im menschlichen Bewusstsein das Ergebnis der biologischen Evolution? Oder fand diese Veränderung – wie es neueste Forschungsergebnisse der Molekularbiologie nahelegen – aufgrund von Umweltreizen statt, die dann zu biologischen Veränderungen in der menschlichen DNA führten?

Der spirituelle Instinkt

Forschungsergebnisse der neuen Biologie zeigen, dass ein biologischer Instinkt nach Spiritualität in die Physiologie unserer Vorfahren eingebaut war – also bevor eine Sprache existierte, die diesen hätte beschreiben können. Hätte man den Steinzeitmenschen daran gehindert, eine Pythonschlange in die Höhlenwand in Botswana zu ritzen, so hätte er wohl für sein Recht gekämpft, diesem Instinkt zu folgen, so wie er auch gekämpft hätte, um seine Nahrungsmittelvorräte oder seine Höhle zu beschützen.

Das Wort *Spiritualität* stammt vom Lateinischen *spiritus* (Geist, Hauch) ab. In England ist es seit der mittelenglischen Periode zwischen 1375 und 1425 gebräuchlich, im deutschsprachigen Raum erst seit dem 20. Jahrhundert, da vorher das Wort »Geistigkeit« verwendet wurde. Wikipedia definiert Spiritualität folgendermaßen: »Spiritualität (von lat. *Spiritus*

›Geist, Hauch‹ bzw. ›*spiro*, ich atme‹ – wie altgr. ψύχω bzw. ψύχή, siehe Psyche) bedeutet im weitesten Sinne Geistigkeit und kann eine auf Geistiges aller Art oder im engeren Sinn auf Geistliches in spezifisch religiösem Sinn ausgerichtete Haltung meinen. Spiritualität im spezifisch religiösen Sinn steht dann auch immer für die Vorstellung einer geistigen Verbindung zum Transzendenten, dem Jenseits oder der Unendlichkeit.«[6]

Seit dem letzten Viertel des 20. Jahrhunderts ist Spiritualität zu einem derart populären Thema geworden, dass das Wort Eingang in die Umgangssprache gefunden hat. Noch in den 1960er-Jahren wurde lediglich die Gospelmusik der afroamerikanischen Kirchen und Gemeinden als »Spiritual« bezeichnet. Das Wort *Spiritismus* bezog sich auf Aktivitäten, welche die Kommunikation mit Verstorbenen mithilfe von Medien ermöglichen sollte. Die Vorstellung einer individuellen Spiritualität war noch nicht in Mode gekommen. Heute kann man in jede beliebige Bibliothek oder jeden Buchladen gehen und Hunderte von Büchern, CDs und DVDs zu diesem Thema finden.

Spiritualität ist ein durch und durch persönlicher, oftmals geheimnisvoller innerer Prozess. Im Gegensatz zu organisierter Religion ist Spiritualität nicht notwendigerweise systematisch und kann sowohl privat als auch gemeinsam mit anderen praktiziert werden. Unter Religion verstehen wir eine organisierte Gemeinde, deren Mitglieder denselben Glauben teilen, an Ritualen teilnehmen und einer bestimmten Ethik folgen, indem sie einem bestimmten Glauben und/oder einer bestimmten Organisation angehören. Wenn Sie in einem Internetforum auf jemanden stoßen, der sich als »spirituell, aber nicht unbedingt religiös« bezeichnet, dann können Sie mit einiger Sicherheit davon ausgehen, dass diese Person wahrscheinlich nicht regelmäßig zum Gottesdienst in die Kirche, Synagoge oder Moschee geht. Eklektische Formen des Gebets und Rituale aus unterschiedlichen Religionen kennzeichnen häufig eine »spirituelle, aber nicht unbedingt religiöse« Person.

Arianna Huffington schreibt in ihrem Buch *The Fourth Instinct: The Call of the Soul*: »Religion ist die Reaktion des Menschen auf Gott. Wir kommen zusammen, wir beugen den Kopf, wir zelebrieren mit Liedern und Gebeten. Aber Religion ist auch die Reaktion Gottes auf den Menschen. Wenn eine Religion vital und lebendig ist ..., hilft sie uns, uns wieder mit Gott zu verbinden, mit der spirituellen Realität in allen Dingen ... Der vierte Instinkt sehnt sich nach einer aktiven Beziehung zum Göttlichen.«[7]

Im Zusammenhang der neuen Biologie kann Spiritualität als »genetisch beeinflusster Glaube an ein übernatürliches Wesen (das Universum, der göttliche Quell, Gott usw.) und eine Ethik, die auf Werten wie Mitgefühl, Liebe, Integrität und selbstlosem Dienen aufgebaut ist« definiert werden. Sowohl Spiritualität als auch Religiosität besitzen einen ethischen Verhaltenskodex, der die Absichten und Handlungen gegenüber sich selbst und anderen regelt. Ethik befasst sich mit Themen wie Respekt gegenüber den Menschen, Spiritualität und Religion befassen sich mit der Beziehung des Individuums zu Gott, dem Geist oder dem Universum.

Spiritualität, Religion und die Geburt von Altruismus und Ethik

Im Rahmen der Entwicklung einer Gemeinschaft bildeten sich auch bestimmte Werte heraus: Wahrheit, Integrität, Freiheit, Dienst am Nächsten und Aufopferung für das Allgemeinwohl. Sie sind möglicherweise nicht der Meinung, dass diese Werte etwas mit Ihrem persönlichen Glück zu tun haben, aber es sind Ihre Wertvorstellungen, die beeinflussen, wie Sie wahrnehmen, was zu Ihrem Glück beiträgt und was dieses beeinträchtigt.

Ethische Prinzipien und der Altruismus entwickelten sich, als die in Gemeinschaften lebenden Menschen erkannten, dass sie füreinander sorgen mussten, um als Ganzes zu gedeihen. Als die Menschen Interessen entwickelten, die über das bloße Überleben hinausgingen, suchten sie nach Prinzipien und Werten, die ihrem Leben einen Sinn geben würden. Wie die Windungen des Pythonkörpers, die in eine Felswand in Botswana geritzt wurden, so vermischten sich auch eine selbstlose Ethik, mitfühlende Handlungen, Dienst am Nächsten, persönliche Integrität und die Suche nach der Wahrheit mit solch universellen Prinzipien wie nicht zu töten und andere so zu behandeln, wie man selbst von ihnen behandelt werden möchte.

Aus diesem Quell entspringt das wahre Glück.

Fragen für die Leser

- Welchen Eindruck haben Sie von unseren steinzeitlichen Vorfahren?
- Wie hat sich Ihr Eindruck aufgrund dieses Kapitels verändert?
- Was meinen Sie, was nach dem Tod geschieht?
- Welche Orte und Aktivitäten halten Sie für »spirituell«?
- Würden Sie sich selbst als »spirituell« oder »religiös« bezeichnen oder als keines von beiden?
- Stimmen Sie der Theorie eines spirituellen Instinktes zu oder lehnen Sie eine solche ab?
- Wie würden Sie sich fühlen, wenn man Sie daran hindern würde, etwas zu tun oder zu sagen, was Ihrer Seele wichtig wäre?
- Was ist Ihr Lieblingsmythos? Warum gerade dieser?

Kapitel 5 – Dimensionen der Spiritualität

Es gibt zwei Extreme: die Vernunft gänzlich auszuschließen und nur Vernunft allein gelten zu lassen. Blaise Pascal

Unabhängig davon, ob Sie an Gott glauben oder nicht, existiert in jedem von uns ein uralter spiritueller Instinkt. Schon unsere steinzeitlichen Vorfahren bemühten sich, einen Weg zu finden, sich mit der undefinierbaren, unsichtbaren Macht zu verbinden, die sie als größer als sie selbst erkannten.

Man kann eine Seelenverbindung zu einem Ort, einem Menschen oder sogar einem Haustier haben. Das Wissen, an diesem Ort oder von diesem Menschen oder Tier vollkommen angenommen und bedingungslos geliebt zu werden, bringt eine Freude mit sich, die ein natürlicher Ausdruck von Spiritualität ist. Unser menschliches Bedürfnis nach Liebe, Glück, Güte, Akzeptanz und Bindung ist universell und kulturübergreifend.

Sie können dieses Bedürfnis nähren, wo immer Sie auch gerade sein mögen, sei es in einem Gebetshaus, einem schönen Garten oder während Sie an der Kasse Schlange stehen. Sie können es an einem sonnigen Tag, einer mondhellen

Nacht oder vor einem prasselnden Kaminfeuer spüren, während Sie hören, wie der Sturm um Ihr Haus tobt. Sie können es in der Stille hören und in der Musik; Sie können es spüren, wenn Sie jemanden trösten, der verletzt ist; Sie können es im Lächeln Ihres Kindes sehen. Vermutlich haben Sie schon einmal in einem besonders intensiven Augenblick voller Dankbarkeit, voller Demut, voller Mitgefühl oder auch aus lauter Verzweiflung Gott angerufen. Ob Sie es nun erkennen oder nicht, Ihr spiritueller Instinkt ist für Ihr Glück notwendig. Er existiert wie die Schwerkraft, ob Sie nun daran glauben oder nicht.

Eine neue Biologie der Spiritualität

Wissenschaftler haben damit begonnen, die Rolle zu untersuchen, die Gene bei einer spirituellen Erfahrung spielen. Patrick McNamara, Neurologe an der medizinischen Fakultät der Universität Boston, hat die Rolle von Dopamin untersucht, einem Neurotransmitter, der bei spirituellen Gefühlen wie Gottesnähe oder Selbsttranszendenz eine Rolle spielen könnte.

Selbsttranszendenz, also das Gefühl, eins mit der gesamten Schöpfung zu sein, wurde von alten und neuen Mystikern beschrieben: vom heiligen Johannes vom Kreuz über Teresa von Ávila bis hin zur Bestsellerautorin Caroline Myss. McNamara zufolge unterstützen die Gene, welche die Ausschüttung von Dopamin ins limbische System (das emotionale Gehirn) und die Frontallappen des Gehirns regulieren, »alle möglichen komplexen Funktionen … die mit Religiosität … übernatürlichen Phänomenen und mit Ritualen in Verbindung stehen«.[1]

Das limbische System, das manchmal auch als »Herz des Verstandes« bezeichnet wird, ist der Ort, an dem die Gefühle ihren Ursprung haben und an dem emotionale Erinnerungen in Form von Molekülen gespeichert werden.[2] Mystiker, die von Glückseligkeit, Selbsttranszendenz und ekstatischer Vereinigung mit dem Göttlichen berichten, beschreiben im Grunde limbische Gefühlszustände. Wissenschaftler haben die Frontallappen, die für komplexe Prozesse wie Kontemplation zuständig sind, als jene Gehirnregion identifiziert, die während Meditation und Gebet aktiviert wird.[3]

In einer Untersuchung von 200 Männern, die im Jahr 2000 im kalifornischen Duarte durchgeführt wurde, fanden die Genetikforscher des *City of Hope Medical Centers* heraus, dass »Menschen, mit einer bestimmten Variation des DRD4-Gens auf der Selbsttranszendenz-Skala höhere Werte erzielten«.[4]

Wenn Sie jetzt denken, dass besondere Gene notwendig sind, um innerliche spirituelle Glücksgefühle zu erleben, sollten Sie nicht vergessen, welchen Einfluss die Epigenetik und die Umwelt darauf haben, wie Ihre Gene funktionieren. Um diesen Punkt noch zu verdeutlichen, sagte Ronald Cole-Turner, Bioethiker am Theologischen Seminar in Pittsburgh: »Gene bringen keine in Stein gemeißelten, deterministischen Ergebnisse hervor. Es ist keinesfalls vorausbestimmt, dass Sie spirituell sind, wenn Sie eine bestimmte Gen-Sequenz haben, und dass Sie nicht spirituell sein können, wenn Sie eine bestimmte Gen-Sequenz nicht haben.«[5]

Was gibt dem Leben Sinn?

Bevor Sie diesen Abschnitt als irrelevant abtun, sollten Sie darüber nachdenken, was Ihrem Leben Wert gibt und Sinn verleiht. Sind es Freunde? Ihre Familie? Ihre Haustiere? Die Arbeit? Ihr Lieblingssport? Lesen? Musik hören?

Wenn Sie eine Aktivität ausüben, die Ihnen ein Gefühl der Verbundenheit mit etwas gibt, das größer ist als Sie selbst, oder wenn Sie als Folge dieser Aktivität friedvoll oder glücklich sind oder sich in Hochstimmung befinden, dann ist dies eine Form und/oder Funktion der Spiritualität.

Wenn Sie aus dem Gleichgewicht geraten sind, wohin gehen Sie, um wieder inneren Frieden zu finden? Fühlen Sie sich zu einem Ort in der Natur hingezogen, wo Sie immer einen tiefen Frieden verspüren? Ihr spiritueller Instinkt wird Sie dorthin führen.

Gehen Sie regelmäßig in eine Kirche, Synagoge oder Moschee? Beten Sie regelmäßig gemeinsam mit anderen Menschen, weil es Ihnen hilft, die Anspannung des Tages hinter sich zu lassen und wieder die Mitte zu finden? Praktizieren Sie Meditation – für sich oder mit anderen?

Wie Ihr Weg und Ihre Vorlieben auch immer aussehen mögen, Sie sollten sich bewusst machen, dass Sie nicht die Rituale oder den Glauben einer bestimmten Religion ausüben müssen, damit Ihr Geist von Freude erfüllt ist.

Religiöse Traditionen

In den letzten 3000 Jahren haben Religionen wie das Judentum, das Christentum und der Islam einen monotheistischen Gott verehrt. Aber das war nicht immer so. Die frühe Menschheit stellte sich eine Vielzahl von Göttern vor und verehrte sie. Diese wurden schließlich durch mächtigere Gottheiten ersetzt, welche die Bedürfnisse der Menschen besser befriedigten.

Andere Religionen, wie zum Beispiel der Hinduismus, halten an einem pantheistischen Weltbild fest, zu dem Götter, Heilige und Geister gehören, deren Aufgabe es ist, einem Höchsten Wesen zu dienen, indem sie als Mittler zwischen Ihm und den Menschen fungieren.

Die Zeiten, sie ändern sich

Vor dem Zeitalter der Aufklärung, das im 17. Jahrhundert in Frankreich begann, wurden die Einwohner vieler Länder terrorisiert und gefoltert und so gezwungen, an Gott zu glauben. Während der Kreuzzüge und der Inquisition wurde jedes Infragestellen der Autorität der Kirche mit Folter und Hinrichtung bestraft. Im Zeitalter der Vernunft und der Aufklärung wurde hingegen festgestellt, dass der Mensch das von Gott gegebene Recht hatte, selbstständig zu denken und sich seiner individuellen Identität bewusst zu werden. Derartige Fortschritte im Denken ermöglichten es den Menschen, wissenschaftliche Formen der Erforschung der natürlichen Welt zu entwickeln.

Die Mathematiker und Philosophen der Aufklärung trennten das physische Universum vom Reich des Geistigen. Sie glaubten, dass diese beiden Welten nicht in einem Zusammenhang standen. Dieses Konzept wurde auch von der Kirche angenommen, die daraufhin aufhörte, Intellektuelle zu verfolgen, die eine andere Auffassung der Realität hatten als sie. Seit über 400 Jahren weigerten sich die Wissenschaftler, irgendetwas zu untersuchen, was nicht materiell ist, weil sie glaubten, dass dies ein Gebiet ist, das Theologen und Philosophen vorbehalten ist.

Darwin und die große Debatte

Im 19. Jahrhundert revolutionierte der britische Naturforscher Charles Darwin das westliche Denken noch mehr, als er eine Evolutionstheorie entwickelte, welche die biblische Version der Schöpfung der Welt durch Gott infrage stellte. Darwins Evolutionstheorie beruhte auf wissenschaftlichen Forschungsmethoden und biologischen Beweisen. Im weiteren Verlauf der industriellen Revolution führte das wissenschaftliche Denken zu neuen Erfindungen, welche die Entwicklung der Zivilisation veränderten. Dabei entstand ein immer tieferer Graben zwischen den Priestern der Wissenschaft und den Priestern der Religion. In Europa, den Vereinigten Staaten und Kanada ersetzte das logische, lineare Denken die alten, auf Glauben basierenden Vorstellungen. Spiritualität, Intuition und emotionale Intelligenz galten fortan als weniger effektiv als das rationale Denken. Aber wir sollten uns daran erinnern, dass niemand Geringeres als Blaise Pascal, ein französischer Mathematiker des 17. Jahrhunderts, der als »Vater der Vernunft« bekannt ist, warnte: »Es gibt zwei Extreme: die Vernunft gänzlich auszuschließen und nur Vernunft allein gelten zu lassen.«

Mitte des 20. Jahrhunderts war Darwins Theorie allgemein als Grundlage der Biologie akzeptiert worden und wurde an den meisten amerikanischen Schulen gelehrt. Das Ende des 20. Jahrhunderts war allerdings von erbittert geführten ideologischen Debatten gekennzeichnet, die zwischen religiösen Gruppen, die fest an die biblische Schöpfungsgeschichte glaubten, und jenen Gruppierungen, die an die Evolution glaubten, geführt wurde.

Obwohl diese Debatte auch heute noch weitergeht, ist sie doch zu einer Kontroverse geringeren Ausmaßes verkommen, die vor allem von kleinen Interessengruppen geführt wird. Die großen Religionen akzeptieren heute die Wissenschaft der Evolutionslehre. Selbst konservative Katholiken haben sich zu dem Standpunkt durchgerungen, dass sie die Theorie der Evolution nicht mehr infrage stellen. Aber obwohl die Religionen die Evolution akzeptieren, sprechen sie nicht viel darüber, sodass viele ihrer nicht wissenschaftlichen Laienanhänger lieber den alten Traditionen glauben als der Evolutionslehre. Da die Wissenschaft der Biologie auf einer Theorie der Evolution basiert, ist es aber nur noch eine Frage der Zeit, bis die Evolutionslehre allgemein als das akzeptiert werden wird, »wie die Dinge nun einmal sind«.

Grundannahmen der westlichen Wissenschaft

Drei Grundannahmen der westlichen Wissenschaft haben sich dem kollektiven Bewusstsein eingeprägt: der Reduktionismus, der Objektivismus und der Positivismus.

Reduktionismus bedeutet, dass nur das als real betrachtet wird, was auf Materie reduziert werden kann. Atome und Moleküle sind daher die Substanz der »realen Welt«.

Objektivismus bedeutet, dass nur das als real betrachtet wird, was objektiv untersucht werden kann. Subjektive Erfahrungen sind demnach nicht real und daher auch nicht von Bedeutung.

Positivismus bedeutet, dass nur das als real betrachtet wird, was gemessen werden kann.

Folgt man diesen Grundannahmen, existieren spirituelle Bewusstseinszustände nicht, weil sie subjektiver Natur sind und nicht gemessen werden können.

Wenn Sie aber versuchen würden, Wasser mit einem Sieb abzumessen, würden Sie das Wasser dann als Artefakt bezeichnen und seine Existenz leugnen? Oder würden Sie nach einer neuen Methode suchen, um es abzumessen? Was meinen Sie: Ist Ihr Bewusstsein real, obwohl es immateriell ist und nicht gemessen werden kann?

Die Grundannahmen der Wissenschaft infrage stellen

Gegen Ende des 20. Jahrhunderts begann die neue Wissenschaft, diese veralteten Annahmen infrage zu stellen. Heute haben die neuen Entdeckungen in der Quantenmechanik offenbart, dass man den Zustand eines subatomaren Teilchens – zum Beispiel seine Position oder Geschwindigkeit – unmöglich mit letzter Sicherheit bestimmen kann. Mit anderen Worten: Alles, was als materiell erachtet wird, kann nicht mit Sicherheit gemessen werden. Neue Entdeckungen in Biologie und Physik stellen die gebräuchlichen reduktionistischen Modelle der traditionellen westlichen Wissenschaft infrage.

Seit dem Ende des 20. Jahrhunderts sind Wissenschaft und Vernunft für Millionen gebildeter Menschen, die vergessen haben, dass es genauso falsch ist, »nur Vernunft allein gelten zu lassen« wie sie völlig auszuschließen, zu einer Religion geworden. Die heutigen Rationalisten haben die prophetischen, weisen Worte Pascals ignoriert und bestehen darauf, dass nur das, was auf Logik und Sinneserfahrungen beruht, wahr sein kann.

Aber das, was wir als Wissenschaft bezeichnen, ist erst knapp 300 Jahre alt. Die Wissenschaft ist eine relativ neue Sprache, welche die Erforschung des Universums durch den Menschen beschreibt. Viele der spirituellen und indigenen Traditionen der Welt existieren seit Tausenden von Jahren und haben aufgrund epigenetischer Mechanismen das menschliche Denken und Verhalten beeinflusst.

Gregg Braden, der Autor von *The Spontaneous Healing of Belief*[6], fragt: »Was ist dieser Raum, diese Leere, die zwischen den subatomaren Teilchen fließt und alles im Universum miteinander verbindet?«

Braden nennt als erste falsche Annahme der Wissenschaft, dass sie den Raum zwischen den materiellen Dingen als »leer« bezeichnet. Er sagt: »Diese Wissenschaftler erzählen uns, dass das Universum zu etwa 96 Prozent leer ist. Nur etwa vier Prozent enthalten das, was wir als Dinge bezeichnen – physische Materie.«[7]

Aber wir wissen heute, dass »diese Leere, die zwischen den subatomaren Teilchen fließt« ein universelles Feld ist, das von Physikern als »unkonventionelle oder freie Energie« bezeichnet wird, welche die Grundlage all dessen bildet, was wir in unserer materiellen Welt sehen. Es ist dieses unsichtbare Feld, mit dem sich die moderne Wissenschaft heute auseinandersetzt. Seit Jahren diskutieren Wissenschaftler darüber, ob dieses unsichtbare Feld der Leere existiert oder nicht. Erst vor Kurzem sind sie zu dem Schluss gekommen, dass dieses Feld sehr wohl real ist – eine Tatsache, die den indigenen und religiösen Traditionen, die Tausende Jahre alt sind, von jeher als Grundlage diente.

»Wir alle sind durch ein Energiefeld oder eine Matrix miteinander verbunden«, sagt Braden, der diese als »Schöpfer, die lenkende Intelligenz« bezeichnet. In seinem Buch *The G. O. D. Experiments*[8] definiert Gary Schwartz G. O. D. als Intelligenz, die ununterbrochen »führt, organisiert und lenkt«.[9]

Schwartz und Braden sind sich darin einig, dass der Mensch und G. O. D. miteinander kommunizieren können. So sagte Braden in einem Interview: »Wir können mit diesem Feld – wenn Sie so wollen, mit dieser Intelligenz – durch die nonverbale, kinästhetische Sprache des Herzens kommunizieren. Das ist die Essenz des Gebets.«[10]

Schlussfolgerungen

Ob Sie nun an Gott oder an G. O. D. glauben oder nur an das, was Ihnen logisch erscheint und messbar ist, spielt keine Rolle. Ein Gefühl der Verbundenheit und Empathie mit allen lebenden Wesen ist für die Evolution und das Überleben der menschlichen Rasse unerlässlich. Wenn Ihre Vorstellungen, Gefühle und Werte zu einem anteilnehmenden und mitfühlenden Verhalten führen, erhöht sich Ihr »Glücksspiegel« – und auch die Glücksspiegel der Menschen in Ihrer Umgebung. Es mag Sie vielleicht überraschen, dass Ihre emotionale Grundstimmung mit der Zeit nicht mehr von den Verletzungen des Selbst abhängig ist, weil Sie sich mit anderen Menschen, der Umwelt und dem ganzen Universum verbunden fühlen.

Fragen für die Leser

- Glauben Sie an Gott? An G. O. D.? An keinen von beiden? Warum oder warum nicht?
- Haben Sie jemals ein Gefühl der Verbundenheit mit dem Universum verspürt?
- Wann? Was haben Sie damals getan?
- Schreiben Sie drei bis fünf Dinge auf, an die Sie glauben und die Ihnen in Krisenzeiten Kraft geben.
- Wie würden Sie sich selbst als geistiges Wesen beschreiben?
- Was bewegt Sie? Was gibt Ihrem Leben ein Gefühl der Ganzheit?

Kapitel 6 – Das ganz »gewöhnliche« Glück

Seit dem Ende des Zweiten Weltkriegs sind wir zu Konsumjunkies geworden. Wir glauben, dass das Ansammeln von immer mehr Dingen ein Zeichen von Intelligenz ist. Die Seele unserer Nation hängt an einem Beatmungsgerät.[1]

Caroline Myss

Haben Sie jemals etwas – irgendetwas! – gekauft und geglaubt, es würde Sie glücklich machen?

Und was ist dann passiert?

Haben Sie auch nach der ersten Freude über den Kauf gemerkt, dass der Besitz oder Gebrauch des neuen Autos, des neuen Lippenstiftes, der neuen Spielkonsole, des neuen iPhones oder des neuen Hightech-Reinigungstuches Ihre Stimmung nicht bis an jenen Punkt hebt, an dem Sie sagen könnten: »Ich bin über alle Maßen glücklich, weil ich dieses Ding nun in meinem Besitz habe?«

Wir wollen damit nicht sagen, dass es grundsätzlich falsch ist, etwas zu kaufen, das Ihre Lebensqualität verbessert oder Ihnen das Leben leichter macht. Aber wir sind überzeugt, dass das unermüdliche Streben nach Glück durch den Kauf von Dingen dem Hochgefühl gleicht, das durch Zuckerkonsum ausgelöst wird: Erst hebt sich die Stimmung plötzlich, dann folgt der ebenso plötzliche Absturz und dann das Verlangen, wieder etwas Neues zu kaufen.

Es gibt eine Multimilliarden-Euro-Industrie, die darauf spezialisiert ist, uns zu suggerieren, dass wir nur dann glücklich, erfolgreich, beliebt oder sexy sind, wenn wir ein bestimmtes Auto, einen bestimmten Lippenstift, eine bestimmte Spielkonsole, ein iPhone oder ein bestimmtes Haushaltsgerät kaufen.

Sind Sie ein Konsumjunkie?

Eine informelle Befragung von 500 Topmanagern ergab, dass mehr als die Hälfte von ihnen eine größere Anschaffung getätigt hatte, nachdem sie einen verführerischen Werbespot im Fernsehen gesehen hatte – und später enttäuscht oder sogar frustriert war, weil der Kauf nicht die erhoffte Wirkung gehabt hatte.[2]

Der im Fernsehen gezeigte Geländewagen, der oben auf einem Berg steht, lockte viele an, die den Traum hatten, mehr Zeit in der Natur zu verbringen. Aber als sie mit dem neuen Wagen nach Hause kamen, stellten sie fest, dass er für den Alltagsgebrauch völlig ungeeignet war. Einige berichteten, er hätte nicht in die Garage gepasst – weder zu Hause noch an der Arbeitsstätte. Andere waren angesichts des hohen Benzinverbrauchs enttäuscht. Alle, die an dieser Befragung teilgenommen hatten, gaben beschämt zu, dass sie sich von der Idee hatten verführen lassen, dieses neue Gefährt würde ihre Lebensqualität erheblich verbessern.

In der Bibel steht: »Wie schwer ist es für Menschen, die viel besitzen, in das Reich Gottes zu kommen! Eher geht ein Kamel durch ein Nadelöhr, als dass ein Reicher in das Reich Gottes gelangt.«[3]

Seit Jahrhunderten fragen sich die Menschen, ob sie mit Geld Glück kaufen können. Wir glauben, dass diese Frage nicht mit einem einfachen »Ja« oder »Nein« beantwortet werden kann. Wenn man eine Freundin zum Essen ausführt, ein extravagantes Geburtstagsgeschenk kauft oder mit dem besten Freund in den Urlaub fährt, kann sich die Stimmung kurzfristig heben und jene emotionalen Erinnerungen hervorbringen, die einen zum Lächeln bringen, wenn man an sie zurückdenkt. Aber vollkommen gleichgültig, ob Sie in einer vornehmen Penthousewohnung, in einem bescheidenen Einfamilienhaus oder in einer rustikalen Hütte auf dem Land wohnen, können Sie sich wohlfühlen, Spaß haben, inneren Frieden und Freude empfinden.

Als Laurie Nadel einmal durch einen Wüstenstrich im Norden Venezuelas reiste, wurde ihr klar, dass selbst Menschen, die in Betonhütten ohne sanitäre Anlagen leben, glücklicher sein können als diejenigen von uns, deren Häuser Sprudelbäder und Klimaanlagen haben. Die Menschen in der venezolanischen Wüste liebten es zu feiern. Abends stellten sie ihre tragbaren Radios an, schnappten sich ein paar Dosen Bier und tanzten unter dem Sternenhimmel. Einer von ihnen stellte die rhetorische Frage: »Was braucht man noch mehr?«

Jetzt werden Sie sich vielleicht auch dieselbe Frage stellen, die sich Laurie damals gestellt hat: »Wann habe ich zum letzten Mal unter freiem Himmel getanzt?«

Ihre Wertvorstellungen, Beziehungen und Überzeugungen entscheiden über Ihre emotionale Grundstimmung. Eine Forschergruppe der psychologischen Fakultät der Universität Rochester untersuchte eine Gruppe junger Erwachsener im ersten Jahr nach ihrem Universitätsabschluss. Die Psychologen fanden heraus, dass unter den Frischgraduierten jene am glücklichsten waren, deren Bedürfnisse nach Autonomie, Kompetenz und Verbundenheit befriedigt waren. Jenen aber, die sich auf das Erreichen äußerer Ziele konzentriert hatten – zum Beispiel einen guten Verdienst, aber in einem Beruf, den sie hassten –, ging es gelinde gesagt ziemlich mies.[4]

Aber reiche Leute haben doch öfter Sex!

Wenn Sie mehr als sieben Millionen Euro im Jahr verdienen und über ein Nettovermögen von 65 Millionen Euro verfügen, haben Sie mit einiger Wahrscheinlichkeit auch einen teuren sexuellen Geschmack. 2007 befragten Hannah Shaw Grove und Russ Alan Prince 661 wohlhabende Männer und Frauen in Bezug auf ihre sexuellen Präferenzen. Mehr als die Hälfte der Befragten gab an, dass sie glaubten, dass ihr Reichtum ihnen bessere Möglichkeiten bescherte, ein optimales Sexualleben zu führen. Hier sollte nicht unerwähnt bleiben, dass 57 Prozent der Befragten angaben, dass sie mindestens einmal geschieden worden waren. Fast alle Teilnehmer sagten, dass ihnen das Geld die Freiheit gegeben hatte, in fremde Länder zu reisen und an Aktivitäten teilzunehmen, die auf amouröse Abenteuer und exotischen Sex ausgerichtet waren.[5]

Es steht außer Frage, dass man glücklicher ist, wenn man ein erfülltes Sexualleben hat. Aber trotz der Resultate der Studie von Grove und Prince ist es eine Tatsache, dass sich die sexuellen Bedürfnisse mit zunehmendem Alter aufgrund hormoneller Veränderungen und dem einsetzenden Reifungsprozess verändern.

Ganz gleich, ob man nun ein beträchtliches Vermögen hat oder nur über ein moderates Einkommen verfügt, langfristig gesehen stellt sich sexuelle Erfüllung in einer Langzeitbeziehung oder mit einem lebenslangen Partner ein. Gleich, ob Sie nun verheiratet sein oder nur eine Liebesbeziehung haben mögen, ob Sie hetero- oder homosexuell sind, Sexualität entwickelt sich immer zu einer Form der gegenseitigen Fürsorglichkeit und Liebe weiter. Eine langfristige sexuelle Beziehung, die von Respekt und Fürsorglichkeit geprägt ist, wird eher zu einem »Aktivposten des Glücks«, der noch an Wert gewinnt, wenn beide Partner wachsen und sich verändern.

Was ist ein »Aktivposten des Glücks«?

- Erstellen Sie eine Liste der Menschen, Aktivitäten, Orte, Musik, Filme, Bücher, Nahrungsmittel, Haustiere und Situationen, die Sie glücklich machen.
- Bewerten Sie nun alle Dinge, die Sie aufgeführt haben, auf einer Skala von 0 bis 10 – wobei 10 das höchste vorstellbare Glück ist.
- Schauen Sie sich die Liste mit einer Freundin oder einem Familienangehörigen an. Reden Sie darüber, wieso diese Dinge Sie glücklich machen und ob dieser Glückszustand nur vorübergehend,

nachhaltig oder beständig ist oder ob er mit der Zeit sogar noch größer wird.

- Alle und alles, die Ihnen ein Glücksgefühl bescheren, das mit der Zeit noch zunimmt, sind »Aktivposten des Glücks«.

Wie jeder andere Aktivposten und jeder andere Vermögenswert – Häuser, Schmuck, Kunstgegenstände und Kapitalanlagen – haben auch Ihre Aktivposten des Glücks einen besonderen Wert für Sie und sollten dementsprechend behandelt werden. Nehmen Sie diese Aktivposten niemals als selbstverständlich an. Pflegen Sie sie, so wie Sie sich um Ihr Haus oder Ihre Aktien kümmern würden.

Wie andere Vermögenswerte werden Ihnen auch die Aktivposten des Glücks weiterhin Glück bescheren, wenn Sie sie wertschätzen und sich gut um sie kümmern. Letzten Endes werden Sie wahrscheinlich entdecken, dass die Pflege Ihrer Glücksaktivposten Ihnen eine tiefe, dauerhafte Freude beschert hat, weil sie Ihnen Gleiches mit Gleichem vergolten haben.

Glück nach Geschlechtszugehörigkeit

Im Rahmen der jährlichen Befragung der amerikanischen Regierung wurden Männer und Frauen gefragt, wie glücklich sie sich selbst auf einer Skala von 1 bis 3 einschätzen würden. 3 bedeutet sehr glücklich, 1 nicht glücklich. Mehr als 1,3 Millionen Menschen haben seit Beginn dieser Befragung im Jahr 1972 daran teilgenommen.[6]

Die neuesten Ergebnisse der Befragung von 2007 zeigen, dass Frauen in jüngeren Jahren glücklicher waren als Männer. Im Lauf der Zeit – etwa im Alter von 47 Jahren – nimmt das Glücksgefühl der Frauen ab, während das der Männer zunimmt. Das liegt zum Teil daran, dass Frauen ihren Wert als Frau in der amerikanischen Gesellschaft verlieren, wenn sie älter werden und in dieser Kultur als weniger attraktiv gelten als jüngere Frauen. In einer Gesellschaft, die vor allem Wert auf Jugend, Schönheit und Gesundheit legt, bekommen Frauen Probleme mit ihrem Selbstwertgefühl, während sie in einer anderen Kultur für ihre Erfahrung und Weisheit geschätzt werden würden. Ironischerweise zeigt dieselbe Befragung auch, dass sich Frauen trotz der größeren Möglichkeiten, die sie mittlerweile haben, als weniger glücklich bezeichnen als die Frauen von 1972.[7]

Der Weltgesundheitsorganisation zufolge fordert die zunehmende Verantwortung, die mit größerer Freiheit und mehr Möglichkeiten Hand in Hand geht, einen psychologischen Preis in Form von zunehmendem Stress. Stress gilt weltweit als die Hauptursache von Depressionen unter Frauen. Nach Herzerkrankungen rangieren Depressionen weltweit als zweitgefährlichste Erkrankung der Frauen. Für Männer stehen Depressionen nur auf Platz 10. Diese Statistiken weisen auf einen signifikanten geschlechtsspezifischen Unterschied im Hinblick auf die Wahrnehmung psychologischen Stresses hin. Es ist ein kulturübergreifendes Phänomen, dass Frauen eher zugeben, deprimiert zu sein, und professionelle Hilfe eher in Anspruch nehmen als Männer.[8]

Die Weltkarte des Glücks

Ein ständiges Register wissenschaftlicher Untersuchungen in Bezug auf die subjektive Wertschätzung des Lebens enthält in den Niederlanden Zahlenmaterial aus 4252 nationalen Untersuchungen und 1220 Instrumenten, mit denen Glück in 155 Ländern gemessen wird.[9]

Die Angaben darüber, welche Wertschätzung die Einwohner der verschieden Länder dem Leben gegenüber empfinden, wurden in nationalen Untersuchungen gesammelt, die denen der amerikanischen Befragung ähneln.

Das Projekt wurde 1993 begonnen, als der holländische Soziologe Ruut Veenhoven »Happiness in Nations: Subjective Appreciation of Life in 56 Nations 1946–1992« veröffentlichte.

Zu den untersuchten Indikatoren gehören die folgenden: Konsum, kulturelle Atmosphäre, Kriminalität, Demografie, Erziehung und Bildung, Freiheit, Geografie, Regierung, Glück, Gesundheit, Ungleichheit, Qualität der Institutionen, Recht und Gesetz, Lebensweise, Modernität, Persönlichkeit, Politik, Risiken, sozialer Zusammenhalt, Werte, Krieg und Reichtum.[10]

Veenhoven und sein Team fragten »Wie sehr freuen sich die Menschen allgemein ihres Lebens auf einer Skala von 0 bis 10?«. Sie stellten einen Überblick über das »durchschnittliche Glück« in 144 Ländern zusammen, der aufgrund der Zahlen von 2000 bis 2008 gewonnen worden war.

Die Länder, die am besten abschnitten – und damit am glücklichsten waren –, mögen Sie überraschen. Es waren nämlich Island, Dänemark, Kolumbien, die Schweiz und Mexiko.

Einen Mittelplatz nahmen zum Beispiel die Philippinen, China, der Iran, Indien und Südkorea ein.

Zu den Ländern, die am schlechtesten abschnitten – in denen die Menschen also am unglücklichsten waren –, gehörten der Tschad, Togo, Angola, Simbabwe und Tansania.

Diese Rangfolge basiert auf den erzielten Durchschnittswerten, wobei die besten 7,9 übertrafen, die Mittelplätze um die 6,0 herum erreichten und die schlechtesten unter 4,3 blieben.[11]

Die Vereinigten Staaten erzielten 7,0 und Großbritannien 7,1, was bedeutet, dass Amerikaner und Briten glücklicher sind als Filipinos, aber nicht so glücklich wie Mexikaner.

Eine weitere Weltkarte des Glücks wurde 2007 veröffentlicht. Sie basiert auf Untersuchungen, die von der UNESCO, der CIA, der *New Economics Foundation*, der Weltgesundheitsorganisation, der *World Database of Happiness* (Veenhoven), dem *Latinobarómetro*, dem *Afrobarometer* und dem Hohen Flüchtlingskommissar der Vereinten Nationen durchgeführt wurden.

Laut ihrem Autor Adrian White, Psychologieprofessor an der Universität von Leicester, sind die 20 glücklichsten Länder (von insgesamt 178 untersuchten): Dänemark, die Schweiz, Österreich, Island, die Bahamas, Finnland, Schweden, Bhutan, Brunei, Kanada, Irland, Luxemburg, Costa Rica, Malta, die Niederlande, Antigua und Barbuda, Malaysia, Neuseeland, Norwegen und die Seychellen.

Die Vereinigten Staaten befinden sich auf Platz 23, China auf 82, Japan auf 90 und Indien auf 125. Großbritannien nimmt Platz 41 von 178 Nationen ein.[12]

Die Unterschiede zwischen der Karte von White und Veenhovens Datenbank mögen auf die unterschiedlichen Quellen zurückzuführen sein, die diesen Projekten zugrunde lagen. White, der seine Untersuchungen über das Glück der Menschen als »nicht wirklich greifbar, aber dennoch wichtig« beschrieb, merkte an: »Das Glücksniveau einer Nation hängt am meisten vom gesundheitlichen Niveau ab (mit einer Korrelation von .62), gefolgt von Reichtum (.52) und der Verfügbarkeit von Bildungsangeboten (.51).[13]

Der britische Philosoph Jeremy Bentham, der im 18. Jahrhundert lebte, argumentierte, dass es die Aufgabe der Politik sei, einer größtmöglichen Anzahl Menschen das größtmögliche Glück zu ermöglichen. Eine neuere britische Studie hat ergeben, dass 81 Prozent der Bevölkerung mit Bentham darin übereinstimmen, dass sich die Regierung damit befassen sollte, Glück zu erzeugen – nicht Reichtum. Ein Politiker merkte dazu an: »Es ist an der Zeit, dass wir zugeben, dass es im Leben um mehr geht als nur um Geld. Es ist an der Zeit, dass wir uns nicht nur auf das Bruttoinlandsprodukt konzentrierten, sondern auf das allgemeine Wohlbefinden der Bevölkerung.«[14]

Schlussfolgerungen

Als die Gründerväter der Vereinigten Staaten den Bürgern das Recht auf »Leben, Freiheit und das Streben nach Glück« garantierten, wussten sie noch nichts von dem machtvollen unterschwelligen Einfluss, den die Werbung auf spätere Generationen von Amerikanern haben sollte.

Trotz ihres angenehmen Lebensstandards, des freien Zugangs zu Informationen und der Bürgerrechte sind die Amerikaner weit davon entfernt, die glücklichsten Menschen auf Erden zu sein, was unserer Meinung nach teilweise daran liegt, dass sie einem Suchtverhalten verfallen sind, das zunächst ein flüchtiges Glücksgefühl erzeugt, auf das dann eine tiefe Enttäuschung folgt. Das wiederum führt zu einem neuen Zyklus des Verlangens nach dem neuesten Spielzeug.

Das gewöhnliche Glück beruht größtenteils auf äußerlichen Umständen, auf dem Glauben, dass etwas Äußeres uns ein ständiger Quell des Glücks sein könnte. Aber dem ist nicht so, denn das Wesen der Welt, in der wir leben, ist Veränderung.

Wenn Sie sich die Forschungsergebnisse anschauen, fragen Sie sich dann nicht, was hier wohl nicht funktioniert?

Wieso sind Amerikaner zwar etwas glücklicher als Filipinos, aber weniger glücklich als Mexikaner?

Ist es möglich, dass die Menschen in anderen Teilen der Welt etwas wissen, was wir in unserer technologisch fortgeschrittenen Welt vergessen haben? Sind die glücklicheren Länder stabiler und erleben weniger Veränderungen? Sind die in ihnen lebenden Menschen eher bereit zu akzeptieren, dass die Dinge sind, wie sie nun einmal sind, statt sie ständig ändern zu wollen?

Gibt es Fähigkeiten, die man braucht, um glücklich zu sein, und die man lernen kann? Wenn ja, welche sind es und wie können sie uns wahrhaft glücklich machen und so jene Gene aktivieren, die auch unseren Kindern und Enkeln helfen werden, glücklicher zu sein?

Möchten Sie das herausfinden?

Fragen für die Leser

- Sind Sie auch ein Konsumjunkie? Warum?
- Welche Besitztümer machen Sie glücklich?
- Was an ihnen macht Sie glücklich?
- Welche äußeren Umstände machen Sie glücklich?
- Wenn sich diese äußeren Umstände ändern, wie schaffen Sie es trotzdem, glücklich zu bleiben?
- Haben Sie jemals gedacht, dass Sie zu viel Zeit damit zubringen, darüber nachzudenken, was Sie Neues kaufen könnten?
- Haben Sie jemals etwas verloren, verlegt oder weggeworfen, was Sie glücklich gemacht hat?
- Wie haben Sie sich gefühlt, als es weg war? Waren Sie erleichtert? Was haben Sie danach getan?

Kapitel 7 – Natürliches Glück

Wenn wir Glück in uns selbst kultivieren, nähren wir auch das Glück in denen, die wir lieben.[1] Thich Nhat Hanh

Wenn sich eine Tür zum Glück schließt, öffnet sich eine andere, aber häufig schauen wir so lange auf die geschlossene Tür, dass wir die andere Tür, die für uns geöffnet wurde, nicht sehen.[2] Helen Keller

Sie fragen sich nun vielleicht, warum wir diesem Kapitel gleich zwei Zitate vorangestellt haben, da doch alle bisherigen Kapitel mit nur einem Zitat begonnen haben. Wenn Sie die beiden Zitate noch einmal lesen, werden Sie vielleicht überrascht feststellen, dass Sie nicht mehr aufhören können zu lächeln, denn wenn es um Ihr Glück geht, dann ist mehr tatsächlich einmal besser. Vielleicht denken Sie ja sogar: »Hm! Das ist so leicht, selbst ein Höhlenmensch kann das.«

Genau richtig! Das Glück zu finden, ist überhaupt nicht kompliziert. Und doch sind Tausende Forschungsarbeiten, Dissertationen, Untersuchungen und populärwissenschaftliche Psychologiebücher darüber geschrieben worden, die auf durchstrukturierte, logische Art und Weise erklären wollen, was einfach ein ganz natürlicher, spontaner …

»Ein ganz natürlicher, spontaner WAS?« fragen Sie sich jetzt vielleicht.

Und während Sie darüber nachdenken, kommen Ihnen vielleicht unzählige Antworten in den Sinn.

Ist Glück ein Gefühl? Eine Stimmung? Ein Bewusstseinszustand? Ein Seinszustand? Eine spirituelle Erfahrung? Eine köstliche Empfindung? Eine Aktivität oder ein Ereignis? Stellt es sich ein, wenn Sie einfach mit Ihrer besten Freundin zusammen sind und nichts tun? Oder wenn Sie eine Tasse Kaffee trinken, während Sie im Auto sitzen und vor der Schule auf Ihre Kinder warten? Oder an einem Nachmittag, während Sie sich für eine ganz spezielle Verabredung fertig machen? Wenn Ihre Lieblingsfußballmannschaft den Pokal gewinnt? Wenn Sie an einem regnerischen Nachmittag mit einem guten Buch zusammengerollt auf dem Sofa liegen? Wenn Sie im Sommer zum Angeln gehen? Wenn Sie Musik aus Ihrem iPod hören, während Sie sich auf dem Standfahrrad abstrampeln? Wenn Sie endlich die Zeit gefunden haben, einen alten Freund zu besuchen? Wenn Sie etwas aus Ihrem Lieblingskochbuch gekocht haben und es Ihrer Familie oder Ihren Freunden auftischen?

Hat Glück eine Farbe? Einen Klang? Eine Struktur? Hat es Größe? Form? Eine Zahl?

Verändern sich Größe, Form und Zahl? Oder bleiben sie immer gleich?

Ja, das sind komische Fragen. Aber sie sind dazu gedacht, Ihre althergebrachten Vorstellungen von Glück infrage zu stellen und spielerisch Ihr Vorstellungsvermögen zu aktivieren, woraufhin Sie hoffentlich von einer Kaskade glücklicher Gedanken, Gefühle und Empfindungen überschwemmt werden.

Das Glück kommt ganz spontan. Wenn es kommt, lächeln Sie einfach.

Aber was ist »es«? Ein Hauptwort, das Sie nicht in den Kofferraum Ihres Autos packen können? Das Sie nicht in der Hand halten können? Das Sie nicht in eine Tasse schütten können?

Und hier sind die Ergebnisse!

Wikipedia definiert Glück folgendermaßen: »Als Erfüllung menschlichen Wünschens und Strebens ist Glück ein sehr vielschichtiger Begriff, der Empfindungen vom momentanen Glücksgefühl bis zu anhaltender Glückseligkeit einschließt, aber auch als ein äußeres Geschehen begegnen kann, z. B. als glücklicher Zufall oder als eine zu Lebensglück verhelfende Schicksalswende.«[3]

Glück ist ein Wort, das meistens gebraucht wird, um einen Zustand zu beschreiben, der von bedingungsloser Liebe (Agape) und Mitgefühl erfüllt ist.

Eine Studie, die von den Wissenschaftlern der Mayo-Klinik in Rochester in Minnesota durchgeführt wurde, ist zu dem Ergebnis gekommen, dass wir über die Mittel verfügen, Glück quantitativ zu erfassen und es zu messen, wenn man sich jene Untersuchungen und Instrumente zunutze macht, die Wohlbefinden und seine einzelnen Bestandteile einschätzen.[4] Die Forscher behaupten aufgrund ihrer Untersuchungen, dass man Glück nicht kaufen kann, dass man aber – wie schon in Kapitel 6 erwähnt – Dinge kaufen kann, die einem Freude bereiten und einen daher vorübergehend glücklich machen – wie bestimmte Güter, Reisen, Aktivitäten und Erfahrungen.[5] Die Ergebnisse der Studie zeigen auch, dass das subjektive Gefühl des Wohlbefindens nicht zwangsläufig mit einem höheren Lebensstandard einhergeht.

Genetik und Epigenetik spielen eine wichtige Rolle

Eine Durchsicht der Studien, die Glück zum Thema hatten, ergibt, dass die Gene etwa zur Hälfte für die Charaktereigenschaften verantwortlich sind. Die andere Hälfte wird durch die Interaktion mit Familie, Kultur und Umwelt bestimmt. Mit einem Wort: durch epigenetische Faktoren![6]

Erinnern Sie sich noch an die Untersuchungen von Selbstmördern, die über Missbrauch in ihrer Kindheit berichtet hatten? Die Autopsien ergaben, dass ein Gen, das den Fluss der Stresshormone regulierte, »methyliert« worden war, sodass es nicht richtig funktionieren konnte. Wie Kaugummi, das man über einen Lichtschalter klebt, verhindert die Methylierung, dass ein Gen aktiviert werden kann.

Forscher des *University of Texas Southwestern Medical Center* in Dallas untersuchten die Auswirkungen, die aggressive Mäuse auf ihre Käfignachbarn hatten. Die Mäuse reagierten ganz ähnlich wie Menschen. Sie wurden deprimiert, weil ein Gen auf biochemischem Wege durch die äußeren Stressfaktoren verändert worden war. Die Forscher verabreichten den Mäusen Antidepressiva, welche die Depressionen erfolgreich aufhoben, die im ersten Teil der Untersuchung ausgelöst worden waren.[7]

Wir groß ist also der Anteil an Ihrem Glück, der ererbt ist (traditionelle Genetik), und wie groß ist der, der von Umwelteinflüssen abhängt (Epigenetik)?

Da wir in diesem neuen Bereich der Wissenschaft noch ganz am Anfang stehen, gibt es keine »richtige« Antwort und keinen festgelegten Prozentsatz, was zum Teil daran liegt, dass »Vererbung mehr ist als nur Gene«.[8]

Das ist natürlich nicht, was wir in der Schule oder auf der Universität gelernt haben, aber die neuesten Entdeckungen der Molekularbiologie widersprechen der traditionellen Version von Darwins Evolutionslehre, die davon ausgeht, dass die Evolution aufgrund von natürlicher Auslese stattfindet, wobei die vererbten Eigenschaften ausschließlich durch die Gene weitergegeben werden. Wie Sie jetzt vielleicht zu erkennen beginnen, ist das nicht in jedem Fall wahr.

Diese neue Wissenschaft stellt nicht nur die Annahmen infrage, die Sie im Biologieunterricht gelernt haben, sie lässt Ihnen auch Raum, mit diesen neuen Prinzipien zu experimentieren, um Ihr Wohlbefinden zu erhöhen und Ihren Gesundheitszustand zu verbessern, wodurch Sie Ihren Zellen neue Informationen und neuartige Reize übermitteln, die diese dann an die nächste Zellgeneration weitergeben können. Wenn Sie Ihre Gedanken, Gefühle und Verhaltensweisen so umprogrammieren, dass Sie Glücksgewohnheiten im Alltag entwickeln, erschaffen Sie neue epigenetische Strukturen, die das Verhalten Ihrer Gene verändern werden.

Um auf die Frage nach dem Huhn oder dem Ei zurückzukommen oder auf die Frage, wie viel Ihrer Persönlichkeit durch genetische und wie viel durch epigenetische Faktoren bestimmt wird, so zeigen die Untersuchungen, dass das Verhältnis durchaus variabel ist. Soweit wir heute wissen, gibt es keinen festen Prozentsatz. Wir wissen aber, dass ein Verständnis der grundlegenden Konzepte der Epigenetik Ihnen machtvolle Optionen an die Hand gibt, dank derer Sie ein neues Glücksniveau erreichen können, das wiederum auf eine neue Zellgeneration übertragen werden kann. Wenn Sie glücklicher werden, verändert sich die Struktur Ihrer Zellen, und einige dieser positiven Veränderungen werden an die Gene Ihrer Kinder weitergegeben.

Erwartungen und Glück

Es versteht sich zwar von selbst – aber wir werden trotzdem darauf hinweisen –, dass Ihr Glück oder das Fehlen dieses Glückes weitgehend von Ihren Erwartungen abhängt. Wenn Sie glauben, dass nur eine einzige Person, ein einziger Beruf, ein einziges Haus oder ein einziges Auto Sie glücklich machen kann, werden Sie unweigerlich enttäuscht werden. Selbst wenn Sie Ihre Liebste aus Kindheitstagen heiraten und mit ihr glückliche, gesunde Kinder großziehen, irgendwann wird einer von Ihnen den anderen verlassen und den Partner voller Trauer zurücklassen. Nichts auf dieser Welt ist ewig. Menschen, die man liebt, Arbeitsplätze, Häuser, Autos, Vermögen und Krankheiten kommen und gehen. Wenn Sie meinen, ein glückliches Leben würde sich dadurch auszeichnen, dass Sie niemals Verluste, Trauer, Enttäuschungen, Fehler oder Kummer erleben, werden Sie mit Sicherheit enttäuscht werden. Ihre Erwartungen an das Glück sollten realistisch sein. Wenn Sie einer Vollkommenheitsfantasie nachhängen, wird jedes Glück, das Sie tatsächlich erleben, immer nur von kurzer Dauer sein. Zu erwarten, dass das Leben irgendeines Menschen ohne Makel und immer perfekt sein könnte, ist vollkommen unrealistisch.

Was uns zur nächsten Erwartung bringt: Wenn Sie meinen, Glück bedeute, dass Sie niemals betrübt oder zornig sein oder etwas bereuen werden, ist Ihre Vorstellung vom Glück – sagen wir es einmal vorsichtig – etwas neben der Spur. Plötzliche private oder berufliche Turbulenzen, extreme finanzielle Probleme, ständige Familienkrisen, Scheidungen, Unfälle, Verbrechen oder Naturkatastrophen werden selbst das sonnigste Gemüt aus der Ruhe bringen.

Es ist kein Zeichen von Versagen, wenn Sie in solchen Situationen das Gefühl haben, nicht Sie selbst zu sein, oder wenn Sie nach einem solchen Ereignis das tiefe Gefühl der Trauer nicht mehr abschütteln können. Selbst erfahrenen Notfallärzten oder Kriegsveteranen geht es nicht anders. Dass Sie durch Gewalt oder einen plötzlichen Verlust aus dem Gleichgewicht gebracht werden können, heißt nicht, dass Sie kein glücklicher Menschen sind oder dass Sie niemals wieder glücklich sein werden.

Eine derartige Auffassung wird als kognitive Verzerrung bezeichnet, weil sie zu einem Alles-oder-Nichts-, Entweder-Oder- oder Schwarz-Weiß-Denken führt. Glückliche Menschen sind fähig, von einer Tragödie emotional erschüttert zu werden. Sie sind fähig, Verluste zu beklagen und die 10 000 Nöte und die 10 000 Freuden zu spüren, die das Leben zu bieten hat.

Das gilt auch für Sie! Nur weil Sie traurig oder wütend sind, heißt das nicht, dass Sie ein Opfer negativen Denkens geworden sind oder dass Sie für irgendetwas bestraft werden – solange Sie sich nicht daran klammern, die schmerzhaften Ereignisse der Vergangenheit immer und immer wieder durchzukauen. Als lebendiges menschliches Wesen müssen Sie für das ganze Gefühlsspektrum offen sein. Auf diese Weise können Sie das ganze Leben mit all seinen Höhen und Tiefen erfahren.

Diagnose und Tschüss!

Als Gesellschaft haben wir Amerikaner eine Phobie gegen unangenehme Ereignisse. Unsere oberflächliche kulturelle Programmierung will uns weismachen, dass es unser gutes Recht ist, ständig glücklich zu sein. Wenn sie keinen Spaß haben, haben Millionen Amerikaner das Gefühl, dass sie auf irgendeine Weise versagt haben oder dass Gott sie für ihr negatives Denken bestraft.

Margaret Mead, die weltbekannte Anthropologin, hat festgestellt, dass von allen Kulturen, die sie weltweit untersucht hat, nur in der amerikanischen geglaubt wird, dass Krankheit eine Strafe Gottes sei.

Wir neigen auch dazu, die Begriffe »Trauer« und »Depression« als Synonyme zu betrachten. Aber man kann traurig sein, ohne deprimiert zu sein. Wenn man sich nicht so gut fühlt, melancholisch ist, weint oder traurig ist, heißt das nicht automatisch, dass man auch deprimiert ist. Wenn Ihre Stimmung allerdings über Tage hinweg auf dem Tiefpunkt ist und Sie jedes Interesse an Dingen verloren haben, die Ihnen normalerweise Spaß machen, und wenn diese Symptome (plus einige weitere) zwei Wochen oder länger anhalten, dann erfüllen sie wahrscheinlich die diagnostischen Kriterien einer Depression und Sie sollten sich um professionelle Hilfe bemühen.[9]

So unglaublich es auch klingen mag, aber wir sind in der Lage, gegensätzliche Gefühle gleichzeitig zu fühlen. Haben Sie schon jemals gleichzeitig gelacht und geweint? Haben Sie schon einmal so sehr gelacht, dass Ihnen die Tränen kamen? Waren Sie schon einmal traurig, wenn alle anderen um Sie herum gefeiert haben? Haben Sie schon einmal das Lustige in einer ausweglosen Situation gesehen?

Traurigkeit an und für sich ist kein Grund, zum Arzt zu gehen und sich Antidepressiva verschreiben zu lassen. Vergessen Sie die Diagnose-und-Tschüss-Mentalität. Traurigkeit ist keine Krankheit.

Auch ist Glücklichsein nicht das Gegenteil von Traurigkeit, auch wenn viele Leute schon gesagt haben, dass man ohne Traurigkeit nicht messen könnte, wie glücklich man ist. Wie wir schon gesagt haben, ist es möglich, gleichzeitig glücklich und traurig zu sein. Glück ist für jeden von uns etwas Einzigartiges, aber die Sprache des Glücks wird überall gesprochen und von allen Menschen gleichermaßen verstanden.

Obwohl man es weder kaufen, erzeugen, erreichen, es als Belohnung empfangen, jagen, festhalten oder in den Kofferraum packen kann, erkennt man das Glück, sobald man es sieht, hört und spürt. Ironischerweise gilt: Je verzweifelter Sie danach suchen, desto unwahrscheinlicher ist es, dass Sie es tatsächlich finden. Und sollten Sie es dennoch finden, so werden Sie wahrscheinlich nicht in der Lage sein, es in sich selbst zu erkennen. Wenn Sie dem Glück in dem Glauben nachjagen, dass es irgendwie von Ihnen getrennt ist, dass es »irgendwo da draußen« oder »irgendwann in der Zukunft« liegt, dann werden Sie süchtig nach dem Verlangen, etwas zu bekommen, von dem Sie glauben, es nicht haben zu können.

Aber Sie können vollkommen natürlich glücklich sein. Genau hier, genau jetzt.

Nationale Statistiken über das Wohlbefinden

Das Zentrum für Wohlbefinden in London ist Teil der *New Economic Foundation* (www.neweconomics.org), einer laut eigener Aussage »unabhängigen Denk- und Tat-Fabrik«, die 1986 gegründet wurde, um Themen wie die internationale Verschuldung zu untersuchen. Das NEF war mitverantwortlich dafür, dass das Thema Verschuldung auf die Themenliste der G7- und G8-Gipfel gesetzt wurde.

Das Selbstverständnis des NEF wird wie folgt formuliert: »Wir glauben an eine Ökonomie, in der die Menschen und der Planet etwas gelten. Wir streben danach, die Lebensqualität anzuheben, indem wir innovative Lösungsansätze fördern, welche die hergebrachten Denkgewohnheiten in ökonomischen, sozialen und Umweltbereichen hinterfragen.«[10]

In Zusammenarbeit mit dem *Well-Being Institute* der Universität Cambridge und dem *European Social Survey* möchte das NEF die Regierungen dazu bewegen, das Wohlergehen ihrer Bürger als ebenso wichtig für den Reichtum einer Nation zu erachten wie das Bruttoinlandsprodukt. (Was für eine radikale Idee, oder?)

Auf *www.nationalaccountsofwellbeing.org* können Sie einen kurzen Fragebogen ausfüllen, der Ihnen nach der Auswertung eine grafische Darstellung liefert, auf der acht Aspekte des Glücks und des Wohlbefindens auf einer Skala von 0 bis 10 gemessen werden. Diese acht Aspekte sind: positive Gefühle; fehlende negative Gefühle; erfülltes Leben; Vitalität; Belastbarkeit und Selbstwertgefühl; positives Wirken; nährende Beziehungen; Vertrauen und Zugehörigkeitsgefühl.

Ihre Ergebnisse werden dann über den europäischen Durchschnitt gelegt, der in allen Bereichen gleichmäßig als 5 dargestellt wird. Es ist faszinierend, Ihr individuelles Profil mit den Profilen aus verschiedenen Ländern zu vergleichen, die Ähnlichkeiten mit der Weltkarte des Glücks aufweisen, die wir in Kapitel 6 behandelt haben.

Das Ausfüllen des Fragebogens kann für Sie mehrere Vorteile bringen:

- Die Auswertung zeigt Ihnen sofort, welche Bereiche Ihres Lebens mehr oder weniger befriedigend sind.
- Sie können sehen, welche Bereiche Ihres Lebens neuen Schwung brauchen könnten.

- Sie können Ihr Profil mit anderen vergleichen.
- Sie können Ihre Familie und Freunde auf diesen Fragebogen hinweisen, sodass Sie vergleichen können, wie sie abschneiden. Wenn Kategorien wie »nährende Beziehungen« oder »Vertrauen und Zugehörigkeitsgefühl« schwach erscheinen, können Sie mit ihnen darüber reden, was fehlt, indem Sie mit Freunden und Familienangehörigen über die Resultate diskutieren.
- Sie können Ihre persönlichen Kriterien, was Glück ausmacht, mit den Kriterien des Fragebogens vergleichen. (Was womöglich zu weiteren Diskussionen mit Familie und Freunden führen wird.)

Grundlagen natürlichen Glücks

Eine kürzlich durchgeführte Metaanalyse von 850 Untersuchungen über Glück bestätigte, dass »ein höheres Maß an religiöser Beteiligung mit den Indikatoren psychologischen Wohlbefindens (Zufriedenheit, Glück, positive Effekte, erhöhte Moralität) in positiver Verbindung steht und mit geringeren Depressionen, Suizid in Gedanke und Tat und Drogen- oder Alkoholkonsum und -missbrauch einhergeht«.[11]

Einer der führenden Experten zum Thema Glück ist ein religiöser Führer: seine Heiligkeit der Dalai Lama. Seine Einsichten sprechen das menschliche Herz und den menschlichen Geist an, und zwar unabhängig von Nationalität, Geschlecht oder Religion. »Jeder möchte im Grunde glücklich sein, niemand möchte leiden. Glück entspringt vorwiegend unserer eigenen Einstellung, nicht äußeren Faktoren. Wenn

Sie möchten, dass andere Menschen glücklich sind, üben Sie sich in Mitgefühl. Wenn Sie möchten, dass Sie selbst glücklich sind, üben Sie sich in Mitgefühl.«

Wir beziehen hier weder für noch gegen die Religion Stellung, da dies eine Privatangelegenheit ist. So hat Mahatma Gandhi häufig gesagt: »Meine Religion ist Privatsache zwischen Gott und mir.«

Finden Sie den *Flow*

Wenn Sie Ihren *Flow* gefunden haben, verändert sich Ihr Leben für immer. Mit *Flow* (Fluss) wird ein Zustand mühelosen Wissens bezeichnet, in dem Körper, Verstand und Geist so miteinander im Einklang sind, dass Höchstleistungen möglich sind. Sportler nennen diesen Zustand »die Zone«. Einige Athleten beschreiben die Zone als wachen luziden Traum, den man gleichzeitig beobachtet und an ihm teilnimmt.

Professionelle und besonders olympische Athleten versuchen, in die Zone zu kommen, um ihre Bestleistung gezielt abrufen zu können. Im alten Japan erreichten die Meister des Bogenschießens einen Zustand äußerster Klarheit und Konzentration, sodass sie den Flow willentlich hervorrufen konnten. Selbst mit verbundenen Augen konnten sie auf diese Weise ihre Pfeile direkt ins Zentrum eines Ziels schießen.

Mihaly Csikszentmihalyi, Psychologieprofessor an der Universität von Chicago, wird als Vater des Begriffes betrachtet.[12] Er schreibt: »Es ist die vollständige Beteiligung am Flow und nicht das Glück, das entscheidet, ob man Großes im Leben leistet.« Wir halten dagegen, dass »die vollständige Beteiligung am Flow« ein Zustand natürlichen Glücks ist.

Vielleicht fällt es Ihnen gar nicht auf, wenn Sie zum ersten Mal Ihren Flow finden, weil er sich vollkommen natürlich einstellt, wenn Sie etwas tun, was Sie gern tun: spazieren gehen, laufen, Ski fahren, gärtnern, häkeln oder kochen. Plötzlich fallen alle Elemente an ihren Platz, ohne dass Sie darüber nachdenken müssen. Sie machen eine Reihe von Schritten, sodass daraus ein fließender Prozess wird. Wenn Sie aus dem Flow wieder auftauchen, sind Geist und Körper von positiven E-Wörtern überflutet worden: Enthusiasmus, Energie, Erregung und Erheiterung.

Ein Gefühl von Sinn

Viktor Frankl, ein österreichischer Psychiater, der im Konzentrationslager Auschwitz eingesperrt war, registrierte, wie seine Mitinsassen auf die brutale Umgebung reagierten. Viele von ihnen verfielen in schwere Depressionen und begingen Selbstmord, indem sie sich gegen den elektrisch geladenen Stacheldrahtzaun warfen, der das Lager umgab. Andere gaben die Hoffnung nicht auf und hielten mutig und standhaft durch, weil sie daran glaubten, dass sie überleben würden.

An einem bitterkalten Tag sah Frankl vor seinem geistigen Auge eine Vision seines zukünftigen Selbst. Er sah sich in einem geheizten, hell erleuchteten Saal einen Vortrag vor ausverkauftem Haus über seine Erlebnisse in Auschwitz halten und darüber sprechen, was ihm und anderen die Kraft gegeben hatte, psychisch wie physisch zu überleben. Intuitiv wusste Frankl, dass er das Lager überleben würde, um die Welt dazu zu bringen, das Wesen des Leidens besser zu verstehen. Diese Einsichten führten dazu, dass er das Buch *Der Mensch auf der Suche nach Sinn*[13] schrieb, das ein internationaler Bestseller werden sollte.

In seinem Buch beschreibt er, wie sich das Glück ungeachtet der äußeren Umstände einstellt, wenn man das Gefühl hat, das Leben habe einen Sinn.

Wenn Sie Fernsehsendungen wie *Exklusiv* oder *Extra* sehen, werden Sie mit unzähligen Berichten über Prominente, Pseudoprominente und andere schräge Vögel konfrontiert, die Einblicke in Leben voller Konflikte und Probleme bieten. Menschen, die ihren Ruhm dazu benutzen, um anderen Menschen in Not beizustehen, stechen hervor, weil sie die Ausnahmen sind. Sie stechen außerdem hervor, weil sie verkörpern, was es bedeuten kann, mit Mitgefühl zu leben und ein Gefühl seiner Bestimmung zu haben.

Man sollte es zwar eigentlich nicht erwähnen müssen – aber wir tun es trotzdem –, dass man nicht prominent sein muss, um ein sinnerfülltes Leben zu führen. Krankenschwestern, Ärzte, Physiotherapeuten, Lehrer, Tagesmütter oder die Soldaten auf Auslandseinsätzen dienen anderen jeden Tag, ohne dass sie dafür Anerkennung finden würden. Das Glück stellt sich ein, wenn man seine Bestimmung im Leben gefunden hat und dementsprechend handelt.

Alex Pattakos ist davon überzeugt, dass »die Suche nach Sinn der Megatrend des 21. Jahrhunderts ist«. Pattakos, ein Schützling Viktor Frankls, hilft Menschen überall auf der

Welt, ihre eigene Vision eines sinnerfüllten Lebens zu finden. Sein Buch *Prisoners of Our Thoughts*[14] ist ein internationaler Bestseller.

Man muss nicht gleich die Welt retten, um ein sinnerfülltes Leben zu führen. Eine der einfachsten Möglichkeiten, dies zu tun, besteht darin, für andere Menschen da zu sein. Fragen Sie. Hören Sie zu.

Fahren Sie jemanden zum Bahnhof. Bieten Sie Ihrem Kollegen, der ständig zu spät kommt, an, ihn morgens zu wecken. Fegen Sie auch vor der Tür Ihres Nachbarn, wenn Sie vor Ihrer eigenen kehren. Halten Sie eine zweite Schachtel mit Taschentüchern oder einen zweiten Regenschirm bereit, falls jemand einen brauchen sollte. So einfach ist das!

Güte und Vergebung

Wenn Sie jahrelang an Ihrer Wut festhalten, kann das Ihre positiven Gefühle blockieren. Unabhängig davon, wie schmerzhaft ein Ereignis auch gewesen sein mag, unzählige Studien haben gezeigt, dass jeder Groll, den Sie hegen, denselben Effekt hat, als wenn Sie Gift trinken und erwarten würden, dass der Mensch, auf den Sie wütend sind, daran stirbt. Sie sind der Einzige, der darunter leidet.

Wenn Sie nicht willens oder nicht in der Lage sind zu vergeben, setzen Sie sich einem erhöhten Risiko für Herzerkrankungen aus und schwächen Ihr Immunsystem. Der Ärger macht es Ihrem Körper schwerer, sich gegen physische Erkrankungen zu wehren. Außerdem setzen Sie sich psychischen Risiken aus.

Menschen, die nicht vergeben können, leiden unter Depressionen, Angstzuständen und sind gegenüber Gewalt abgestumpft. Sie haben ein höheres Risiko, drogen- oder alkoholabhängig zu werden als Menschen, die sich selbst und anderen vergeben können.[15]

Immaculée Ilibagiza, eine Studentin aus Ruanda, erlebte, wie sich ihre Nachbarn dem Massaker der Hutu an den Tutsi anschlossen. Eine Nachbarin versteckte sie in einem winzigen Badezimmer, wo sie sich mit acht anderen Frauen zusammenkauerte, während sich die Menschen draußen in einem Todesrausch befanden, der drei Millionen Tote kostete – darunter auch der größte Teil von Ilibagizas Familie.

Draußen vor dem Badezimmerfenster riefen Menschen, die sie umbringen wollten, ihren Namen. Sie glaubte nicht daran, dass sie überleben würde, und verbrachte die meiste Zeit mit Beten. Mehrere Jahre nach dem Völkermord fand Ilibagiza den Mann, der ihre Mutter und ihren Bruder ermordet hatte. Er befand sich im Gefängnis ihrer Heimatstadt. Als der Aufseher den Mörder ihrer Mutter zu ihr brachte, sagte sie zu ihm: »Ich vergebe dir.« Der Aufseher war zutiefst empört und warf ihr vor, das Andenken ihrer Familie geschändet zu haben. Sie antwortete: »Vergebung ist alles, was ich zu geben habe.« Später schrieb sie unter dem Titel *Left to Tell: Discovering God Amidst the Rwandan Holocaust* einen Bestseller über ihren persönlichen Weg zur Vergebung.[16]

Vergebung, einer der am besten erforschten Aspekte von Psychologie, Spiritualität und Gesundheit, verbessert die Funktionen des Herz-Kreislauf- und des Immunsystems, verbessert den allgemeinen Gesundheitszustand und vermindert Angstzustände und Depressionen. Menschen, die vergeben, gehen effektiver mit den Stressfaktoren in ihrem Leben um. Sie berichten über ein größeres Maß an Optimismus und sind hoffnungsvoller als Menschen, die nicht in der Lage sind loszulassen.[17]

In einer bahnbrechenden Untersuchung fand das *Stanford Forgiveness Project* heraus, dass Erwachsene, die Methoden wie Meditation, geführte Visualisierungen und eine gedankliche Neustrukturierung gelernt hatten, sodass sie sich nicht so schnell angegriffen fühlen, eher aufhören, ihren Kontrahenten Schuld zuzuweisen, und anfangen, die Situation durch die Augen des Kontrahenten zu sehen. Die Teilnehmer berichteten nach einem sechswöchigen Trainingsprogramm mit Fred Luskin über ein niedrigeres Stressniveau und höheres Wohlbefinden.[18]

Sollten Sie bereit sein, mehr darüber zu lernen, wie Vergebung zu einer täglichen Übung werden kann, empfehlen wir Ihnen den folgenden Rat von Papst Johannes Paul II.: »Sieh alles. Sieh über vieles hinweg. Verbessere dich ein wenig.«

Spaß und Freude

Leiden Sie unter dem Spaßmangelsyndrom, auch als SMS bekannt?[19]

»Spaß ist etwas sehr Grundlegendes«, sagt Steve Bhaerman (auch als Swami Beyondananda bekannt). Bhaerman beschreibt sich selbst als Mischung aus Ram Dass und Häagen-Dazs[20]. Ram Dass hieß früher Richard Alpert, war Professor an der Harvard Universität und experimentierte gemeinsam mit dem verstorbenen Timothy Leary mit LSD. Später suchte er Erleuchtung ohne die Hilfe von Drogen. Häagen-Dazs ist eine amerikanische Eiscrememarke. Der Swami und Ram Dass hinterfragen einige der »heiligen Kühe« unserer Gesellschaft, also völlig absurde Grundannahmen. Beide sind überzeugt, dass Spiritualität niemandem etwas nützt, wenn sie nicht auch Spaß macht.

Finden Sie jeden Tag etwas Lustiges. Stehen Sie im Stau? Was für eine großartige Gelegenheit, Ihrem Lieblingskomiker zuzuhören! Strecken Sie die Zunge heraus und schneiden Sie Grimassen! Wenn Sie die Gesichter der anderen Fahrer sehen, werden Sie vermutlich nicht mehr mit dem Lachen aufhören können.

Sind Sie arbeitslos? Leihen Sie sich *Tausend Clowns* aus. Dieser 1960 gedrehte Film mit Jason Robards in der Hauptrolle handelt von Murray Burns, einem arbeitslosen Komödienschreiber, der einfach zu viel Spaß am Leben hat, um sich Arbeit zu suchen. Wenn Sie sehen, wie er und sein Neffe Nick die Schule des Lebens schwänzen, müssen Sie einfach lachen. Selbst wenn Sie ganz unten angekommen sind, können Sie immer noch etwas finden, über das Sie lachen können. Oder wie Murray es formuliert: »Sie müssen sich Ihre Tage zu eigen machen und ihnen Namen geben – jedem einzelnen –, sonst vergehen die Jahre einfach so und keiner hat Ihnen wirklich gehört.«

Schlussfolgerungen

Glück kann nicht gekauft werden, es kann Ihnen weder geschenkt noch gestohlen werden, man kann ihm nicht hinterherjagen und es auch nicht als Belohnung empfangen. Paradoxerweise entzieht es sich Ihnen umso mehr, je mehr Sie es festhalten wollen.

Aber so, wie Sie den Boden in Ihrem Garten vorbereiten, damit Sie Samen säen können, aus denen eines Tages blühende Pflanzen werden, so können Sie Gewohnheiten entwickeln, die nachhaltiges Glück fördern.

Fragen für die Leser

- Können Sie sich an drei Gelegenheiten erinnern, bei denen Sie glücklich waren?
- Erinnern Sie sich an diese glücklichen Zeiten in Form von Bildern, Klängen (Worte oder Musik), Gefühlen oder Empfindungen?
- Denken Sie an das letzte Mal, dass Sie einem Menschen Güte gezeigt haben. Wann wurde Ihnen zum letzten Mal Güte zuteil? Was hat Sie glücklicher gemacht?
- Wie würden Sie sich selbst einen Fehler vergeben?
- Was würden Sie jemandem sagen, dem Sie noch nicht vergeben haben?

Teil III

Wie werde ich glücklich?

Kapitel 8 – Der Weg zum Glück

Gebt, dann wird auch euch gegeben werden. In reichem, vollem, gehäuftem, überfließendem Maß wird man euch beschenken; denn nach dem Maß, mit dem ihr messt und zuteilt, wird auch euch zugeteilt werden.[1]

Jesus Christus

Ziel dieses Kapitels ist es, Ihnen Hintergrundinformationen über und Grundlagen zur Entwicklung des natürlichen Glücks zu geben und den Boden für das 28-tägige Programm zum natürlichen Glück zu bereiten.

Obwohl der Weg zum Glück klar gekennzeichnet ist, muss man doch aufmerksam sein, um ihn zu finden. In der Vergangenheit wurden die Zeichen mit erheblich geringerem Wissen aufgeschrieben, was durch größere Geheimnistuerei kompensiert wurde. Heute werfen die Forschungsergebnisse und die neuartigen Erkenntnisse der neuen Biologie ihr enthüllendes Licht auf das Wesen des Menschen, die Evolution und das Universum.

Das Humangenomprojekt gibt den heutigen Wissenschaftlern einen Code an die Hand, mit dessen Hilfe sie interpretieren können, wie unsere Gattung funktioniert, wie sie denkt und sich verhält. Der Bauplan unserer DNA kann uns dabei helfen, das Wesen der menschlichen Spiritualität als Quelle des Glücks zu verstehen. Diese neuen Informationen offenbaren eine beweisbare Verbindung zwischen unserer biologischen Grundausstattung und unserem spirituellen Wesen.

Über das Thema Vererbung oder Erziehung wird seit Langem debattiert, aber heute haben wir ein besseres Verständnis unserer genetischen Natur. Durch die neue Wissenschaft der Epigenetik werden auch die Wirkungsweise und der Einfluss von Erziehung und Umwelt klarer. Wenn sich die im Moment noch embryonale Wissenschaft der Epigenetik weiterentwickelt, wird sie uns die Mittel an die Hand geben, den evolutionären Prozess und die Entwicklung des Bewusstseins zu beschleunigen. Fachübergreifende Ansätze, die Quantenmechanik, Gentechnik, Astrophysik, Evolutionsbiologie, Bewusstseinsforschung und Epigenetik integrieren, besitzen das Potenzial, unseren Planeten, der von Gewalt heimgesucht und von Umweltkatastrophen bedroht wird, zu heilen.

Trotz aller Statistiken, die das Gegenteil zu beweisen scheinen, bringen kurzfristige Bedürfnisbefriedigung, Konkurrenzdenken, Materialismus und Gier kein Glück hervor. Im Gegenteil: Die alten nach Macht strebenden und aggressiven Instinkte führen nur zu Leiden, Gewalt und Zerstörung. Von einem evolutionären Standpunkt aus gesehen tun wir Menschen einfach das, wozu wir seit Anbeginn an programmiert wurden.

Ist es angesichts der heutigen Situation realistisch zu glauben, dass wir unser Verhalten von Gier auf Wohltätigkeit, von Hass auf Liebe, von Egoismus auf Altruismus, von Materialismus auf Spiritualität umstellen können? Es ist ja schön und gut, darüber zu reden, sich selbstloser zu verhalten, aber wie können wir das auch in die Tat umsetzen? Unzählige Selbsthilfebücher und Artikel haben uns eine bessere Lebensqualität versprochen, aber dieses Versprechen offensichtlich nicht gehalten, da immer wieder neue erscheinen. Gibt es irgendeinen Grund für die Annahme, dass dieses Buch anders sein wird?

Wir glauben daran, und zwar aus folgenden Gründen:

- Wir sind genetisch dazu bestimmt, spirituelle Wesen zu sein, und wir werden mit Freude belohnt, wenn wir uns für Gedanken, Gefühle und Verhaltensweisen entscheiden, die Ausdruck unserer »Glücksgene« sind.
- Unsere Glücksgene sind 24 Stunden am Tag und sieben Tage die Woche aktiv, um uns die emotionalen Belohnungen zu geben, die Verhaltensweisen fördern, die sie verstärken.
- Instinkte und Gefühle, die gewisse Regulatorgene behindern, können umprogrammiert werden.
- Die Übungen in diesem Buch machen Spaß. Aus diesem Grund sind sie emotional befriedigend, was wiederum die Motivation erhöht, sie ständig zu praktizieren.
- Durch ständige Wiederholung eignen wir uns Gewohnheiten an, die das natürliche Glück fördern, was wiederum einen positiven Einfluss auf bestimmte Gene hat. (Studien belegen das!)
- Gleich, ob Sie sich von wissenschaftlichen Beweisen beeindrucken lassen oder nicht, wir glauben daran, dass die Resultate, die Sie erlangen werden, wenn Sie diese Übungen machen, Ihnen ein nachhaltiges Glücksgefühl bescheren werden. Das sollte Beweis genug für die Wirksamkeit dieses Programms sein.

Es geht um Veränderung

Nun glauben Sie vielleicht, dass Sie nur dem Vergnügen hinterherjagen und jedes Leid vermeiden müssen, um glücklich zu sein. Aber die Kernbotschaft aller großen spirituellen und religiösen Lehrer lautet, dass wir mehr können als das. So ist zum Beispiel die zentrale Botschaft von Jesus Christus, dass wir Gott und unseren Nächsten lieben sollen. Einige halten Gott für den Raum zwischen den materiellen Objekten im Universum und für den Raum zwischen den Atomen unseres Körpers.[2] Andere glauben, dass Gott die Essenz des Bewusstseins ist. Die Kernbotschaft des Buddha lautet, dass wir uns von unserem Verlangen lösen müssen, um das Leiden zu beenden. Die Botschaft anderer großer spiritueller und religiöser Lehrer ist ähnlich: Entscheide dich für das Mitgefühl mit anderen Wesen und wende dich vom Materialismus ab, dann wird das Glück dein sein.

Es ist leicht, dies zu lehren, aber es ist viel schwieriger, sein Verhalten zu ändern, wie durch das überwältigende Versagen beinahe aller Selbsthilfebücher und Ernährungsratgeber überdeutlich gezeigt wird. Es ist eine Tatsache, dass unser Glück trotz aller wissenschaftlichen und technologischen Fortschritte beständig abnimmt. So sind die Vereinigten Staaten trotz ständiger Warnungen von Gesundheitsorganisationen und Massenmedien auf dem besten Weg, als erste entwickelte Nation eine Bevölkerung zu haben, die in der Mehrzahl fettleibig ist. Das ist nicht nur eine der größten Bedrohungen für unsere Gesundheit, sondern wird auch die Lebensqualität erheblich mindern – was weniger Glück bedeutet.[3]

Es entspricht zwar der menschlichen Natur, nach Glück zu streben, aber meistens verwechseln wir Vergnügen mit Glück. Es wurde schon oft gesagt, dass die einzige Konstante im Leben der Wandel ist, und das bedeutet in diesem Fall, dass sich die Lebensumstände unablässig verändern. Wenn sich also die Umstände verändern, in denen wir Vergnügen empfinden, dann verwandelt sich das, was uns gestern noch Vergnügen bereitet hat, heute schon in Leid. Die Ereignisse, die zum Leiden führen, sind Folge einer Kettenreaktion, die mit einem zufällig entstandenen negativen Gedanken im Unterbewusstsein beginnt, worauf Anhaften an diesen Gedanken, negative Gefühle, bewusste Anhaftung, negative Gefühle, Fixierung und schließlich Leiden folgen. Die ständige Wiederholung dieser mentalen Routine kann zur Obsession werden.

Zwar ist die Geschichte der Selbsthilfebewegung ziemlich traurig, aber im Fall des Strebens nach natürlichem Glück besitzen wir einen machtvollen Helfer: die Anweisungen unserer DNA, die in jeder unserer Körperzellen enthalten sind.

Die Veränderungen, die zum Zustand des natürlichen Glücks führen, verstärken sich selbst. Jede Entscheidung in dieser Richtung wird mit einem freudigen Gefühl belohnt, das uns wiederum dazu motiviert, eine weitere positive Entscheidung zu treffen. Sie müssen dem Leben nicht entsagen, um glücklich zu sein. Sie können das Glück in allen Bereichen Ihres Lebens finden: am Arbeitsplatz, auf Partys, beim Warten in einer Schlange, im dichtesten Feierabendverkehr, im Zusammenleben mit einem Partner oder ganz für sich allein.

Spiritualität auszudrücken ist einfach. Spiritualität ist zwar ein etwas allgemeiner Oberbegriff, aber in diesem Buch definieren wir Spiritualität als Glauben an einen gütigen Gott und als tägliche Praxis, die auf einer altruistischen Ethik basiert mit Werten wie etwa Nächstenliebe und Mitgefühl. Der Lohn für diesen Ausdruck der Spiritualität ist ein Zustand beständigen natürlichen Glücks und nachhaltiger Freude.

Um sein Verhalten nachhaltig ändern zu können, muss man eine klare Vorstellung von seinen Zielen, den Hindernissen auf dem Weg und der erforderlichen Strategie haben. Die Strategie besteht darin, epigenetische Methoden anzuwenden, um jene Gene zu modifizieren, die unsere negativen Instinkte kontrollieren. Um sicherzugehen, dass dies auch auf nachhaltige Weise geschieht, müssen die epigenetischen Methoden zur Gewohnheit werden.

Unsere altruistischen Gene

Die Praxis einer selbstlosen Ethik, die von Werten wie liebevoller Güte und Mitgefühl bestimmt wird, ist den meisten von uns vertraut, aber sie geht häufig im Konkurrenzkampf um Ressourcen und Status unter, der auf den uralten Instinkten beruht. Die meisten Menschen haben einen Moralkodex oder ein Gewissen, das ihnen instinktiv sagt, was richtig und was falsch ist. Wir werden emotional bestraft, wenn wir gegen unser Gewissen handeln. In allen Kulturen der Menschheitsgeschichte geht es bei der Unterscheidung von richtig und falsch um Selbstlosigkeit in dem Sinn, dass man nicht egoistisch sein sollte. Wenn ein Verhalten anderen Schaden zufügt, gilt es als falsch; wenn es anderen Glück und Freude bringt, gilt es als richtig.

In der Ethik geht es um Handlungen und Gedanken in Bezug auf andere Wesen. Wenn wir in anderen Menschen negative oder positive Gefühle hervorrufen, werden diese Gefühle auf uns selbst zurückgeworfen. Folgerichtig besteht der effektivste Weg, natürliches Glück zu erlangen, darin, selbstlos zu handeln, da dadurch positive Gefühle in den anderen ausgelöst werden, die dann zu uns zurückkommen.

Skeptiker mögen nun einwenden, dass selbstlose Handlungen, die mit der Erwartungshaltung begangen werden, uns selbst glücklich zu machen, in Wirklichkeit egoistisch motiviert und daher nicht selbstlos sind. Aber unsere Gene sehen das anders. Die Tatsache, dass wir wissen, dass wir möglicherweise für unsere selbstlosen Taten emotional belohnt werden, ist der Mechanismus, mit dem unsere Gene uns zu einem bestimmten Verhalten motivieren. Es heißt nichts weiter, als unsere DNA-Anweisungen zu akzeptieren und damit letzten Endes auch den Willen unseres Schöpfers.

Im Verlauf der Geschichte haben philosophische Schulen unterschiedliche ethische Konzepte propagiert, die unter anderem auf Vernunft, Pflicht, Güte, Glauben oder der Förderung des Allgemeinwohls beruhen. Wir bemühen uns nach Kräften, Gründe für eine spirituelle Ethik zu finden, obwohl diese doch in unseren spirituellen Genen zu finden ist.

Heute ist Ethik immer wichtiger geworden, weil der Mensch gelernt hat, die Natur zu manipulieren und mit dem Ökosystem herumzuexperimentieren – häufig mit katastrophalen Folgen. Die Zerstörung der Regenwälder, der saure Regen, die globale Erwärmung und unzählige andere Schandtaten an der Natur verursachen Leiden für viele und bringen nur wenigen einen Nutzen.

Noch wichtiger sind aber wahrscheinlich die ethischen Entscheidungen der letzten Zeit, mit denen versucht wird, das Leben selbst neu zu strukturieren. Angesichts der neuesten bahnbrechenden Fortschritte in der Wissenschaft versuchen Politiker, Wissenschaftler und Theologen, ethische Maßstäbe in die genetische Forschung wie zum Beispiel die Stammzellenforschung, das Klonen, die Designergene oder die Geriatrie einzubringen. Konkurrenzdenken und Materialismus spielen immer noch eine wichtige Rolle bei der Gesetzgebung und den industriellen Standards, aber zunehmend gerät unser natürliches Gefühl für Moral in Konflikt mit den primitiven Instinkten unseres Unterbewusstseins, denn die moralischen Gesetze von Gut und Böse wohnen dem Menschen ebenso inne wie die alten Instinkte, die zu Konkurrenz, Angst und Gewalt führen.

Um im besten Interesse eines anderen handeln zu können, muss man entscheiden, was im Augenblick wirklich seinem Wohl dient. Sollte man zum Beispiel einen Zwölfjährigen an das Steuer eines Autos lassen, nur weil ihn das »glücklich« machen würde? Wenn Ihr Interesse darin besteht, einen anderen Menschen glücklich zu machen, müssen Sie in seinem besten Interesse handeln. Manchmal muss man sich genau überlegen, worin der Unterschied zwischen Glück und Vergnügen besteht. Jemandem etwas zu schenken, was ihm im Augenblick Vergnügen bereitet, ist nicht dasselbe, wie dazu beizutragen, dass dieser Mensch auf Dauer glücklich ist.

Freud und Leid

So wie sich Lachfalten in die Gesichter glücklicher Menschen eingraben, so hinterlassen auch wiederholte negative Gedanken und Gefühle ihre Spuren im Gehirn – was eine neurologische Motivation dafür sein sollte, positiv zu denken.

Wenn Sie geglaubt haben, ein glückliches Leben gäbe es nur ohne Leiden, so sind Sie zweifellos enttäuscht worden. Frei von Leiden zu sein, heißt noch nicht automatisch glücklich zu sein, und Freud und Leid schließen einander nicht automatisch aus.

Neurowissenschaftler haben gewisse Botenstoffe im Gehirn, die sogenannten Neurotransmitter, identifiziert, die mit bestimmten Gefühlen in Verbindung stehen. So spielen zum Beispiel Dopamin, Oxytocin und Beta-Endorphin wichtige Rollen bei Verlangen, Zufriedenheit und sexueller Anziehung. Angst, Anspannung und Traurigkeit stehen in Verbindung mit Acetylcholin und dem Stresshormon Cortisol.

Lust und Vergnügen werden häufig als plötzlich auftretender Schub positiver Gefühle erlebt. Gleich, ob sich dieses Gefühl aufgrund einer Massage, einer köstlichen Mahlzeit oder Sex einstellt, immer sind dieselben Synapsen im Gehirn daran beteiligt. Das Gehirn kann endogene Opioidpeptide wie Endorphine, Enkephaline und Dynorphine herstellen. Auf dem Höhepunkt der Lust kann es vorkommen, dass Sie jedes Zeitgefühl und jede Wahrnehmung der Umgebung verlieren. Aber niemals sehr lange, denn die Wirkung der Opioide hält nur wenige Minuten oder höchstens einige Stunden an.

Auch die Wahrnehmung von Schmerz ist eine neurochemische Erfahrung. Wenn Sie sich in den Finger schneiden, schicken die Schmerzrezeptoren Ihrer Nerven elektrische Signale durch die Nervenfasern der Wirbelsäule zum Thalamus. Der Hypothalamus kann die Ausschüttung von Opioiden veranlassen, welche die Übertragung der Signale von der Wirbelsäule blockieren, um das Schmerzempfinden zu neutralisieren.

Wenn ein Langstreckenläufer kurz davor ist, vor Erschöpfung zusammenzubrechen, ermöglicht ihm die Ausschüttung von Endorphinen und Enkephalinen, über die Schmerzgrenze hinauszugehen, wobei er etwas erfährt, was als »Runner's High«, also als Hochgefühl des Läufers, bezeichnet wird. Akupunktur zur Schmerzlinderung mag deshalb effektiv sein, weil der kleine Schmerz, der durch den Einstich der Nadeln verursacht wird, zur Ausschüttung von großen Mengen an Opioiden führt, welche die Schmerzsignale im Körper außer Kraft setzen.

Negative Gefühle neutralisieren

In den östlichen Traditionen wird seit Tausenden von Jahren geübt, unbewusste negative Gedanken, die zufällig im Verstand herumgeistern, aufzulösen. Die Loslösung von oder die Nichtidentifizierung mit negativen Gedanken ist ein wichtiges Element der buddhistischen Meditation. Um natürliche Glücksgewohnheiten entwickeln zu können, muss man zuerst bewusst wahrnehmen, welches Leid negative Gedanken und Gefühle erzeugen.

Meditation ist ein Instrument, mit dem man Gedanken, Ideen und Gefühle beobachten kann, die im Verstand auftauchen. Zunächst mag das reine aufmerksame Beobachten extrem frustrierend sein, denn der Verstand aller Menschen ist anfangs mit allem möglichen »Müll« vollgestopft. Sobald man aber beginnt, seinen Verstand aufmerksam zu beobachten, entdeckt man, dass er einem Schrank gleicht, in den all das einfach hineingestopft wurde, von dem man nicht wusste, wohin man es tun sollte. So wie das Zeug von einem überfüllten Regal herunterfliegen und einem auf den Kopf fallen kann, so kann das ununterbrochene Geplapper des Verstandes einen zunächst verrückt machen, wenn man anfängt zu meditieren.

Daher ist es besonders wichtig, sich realistische Ziele zu setzen. Es ist besser sich vorzunehmen, drei bis fünf Minuten am Tag still dazusitzen, als sich unrealistische Ziele zu setzen und sich gleich am Anfang vorzunehmen, 20 Minuten oder gar eine Stunde täglich zu meditieren. Man braucht Zeit, um sich daran zu gewöhnen, wie Meditation aussieht, wie sie sich anhört und anfühlt. So wie die meisten von uns ein paarmal umgefallen sind, als sie das Fahrradfahren gelernt haben, so werden sich die meisten auch bei der Meditation unsicher und etwas wackelig fühlen, bis sie den Bogen heraushaben.

Das 28-tägige Programm, das in Kapitel 9 ausführlich beschrieben wird, ist so gestaltet, dass Sie kleine Zeitfenster während des Tages optimal nutzen können, um neue Denkgewohnheiten zu entwickeln und zu lernen, Ihre eigenen Gefühle zu beobachten. Indem Sie einen kleinen Schritt nach dem anderen machen, können Sie sich die Fähigkeiten aneignen, die es Ihnen später ermöglichen werden, Ihre Meditations- und Achtsamkeitspraxis auszuweiten.

Kognitive Instrumente

Die Kognitionspsychologie bietet eine Reihe von Instrumenten an, mit denen man sich seiner Gedanken bewusst werden kann. Wenn Sie anfangen, die unbewussten Worte und Gedanken, die Ihnen ständig durch den Kopf schwirren, zu beobachten, können Sie diese Gedanken stoppen, indem Sie zu sich selbst sagen: »löschen, löschen!« Sie können sich auch vorstellen, die Löschtaste auf einer Computertastatur zu drücken, um dieses Wort aus Ihrem Kopf zu entfernen. In der »Neustart«-Phase des 28-tägigen Programms werden Sie einige einfache kognitive Instrumente erlernen, die Ihnen helfen werden, die Kontrolle über schädliche Denkgewohnheiten zu erlangen.

Das Fortschreiten des Leidens verhindern

Sie werden nicht nur entdecken, wie vollkommen natürlich es sein kann, das negative Denken zu beenden, sondern auch überrascht sein, wenn Sie feststellen, dass Sie nun weniger leiden. Wenn Sie die Löschtaste drücken oder sich selbst daran erinnern, einen negativen Gedanken zu »löschen«, bremsen Sie einen inneren Prozess, der zu einer ausgesprochen schlechten Grundstimmung führen kann. Schon nach einigen Tagen werden die erlernten Fähigkeiten zu positiven Denkgewohnheiten geworden sein.

Ohne diese Fähigkeit zur Gedankenkontrolle können sich Ihre Instinkte möglicherweise zu regelrechten Gefühlsexplosionen auswachsen. Wenn Sie zum Beispiel Auto fahren und jemand ohne Warnung direkt vor Ihnen einschert, könnten Sie von einer Sekunde zur anderen von einer Welle rasenden

Zornes überwältigt werden. Ohne die Fähigkeit, Gedanken anzuhalten, und ohne die Fähigkeit zur Gedankenkontrolle werden Sie möglicherweise auf eine Art und Weise reagieren, die Sie später bereuen werden.

Aber wenn Sie einen Augenblick innehalten, um nachzudenken, können Sie Ihre Gefühle neu ordnen und dem Impuls zu handeln widerstehen. Vielleicht gelingt es Ihnen sogar, sich in die Situation des anderen Fahrers hineinzuversetzen und die ganze Situation mit seinen Augen zu betrachten. Es braucht Übung, um empathisch zu empfinden und entsprechend zu handeln, aber durch diese Übung wird eine tief gehende neurochemische Veränderung in Gehirn und Körper ausgelöst. Es mag sich merkwürdig anhören, und es ist sicherlich nicht die gängige Praxis in den Vereinigten Staaten, aber wenn Sie Ihre Mitgefühlsmuskeln in Krisensituationen spielen lassen, wird sich der erhoffte Glückszustand noch schneller einstellen.

Starke Emotionen wie Wut im Interesse des Allgemeinwohls in bestimmte Bahnen zu lenken, ist eine andere Möglichkeit, Empathie und Mitgefühl für andere zum Ausdruck zu bringen. Wut kann durchaus eine positive Kraft zum Guten sein. Alle politischen und sozialen Bewegungen der Menschheitsgeschichte sind daraus entstanden, dass Menschen ihre Wut über bestehende Ungerechtigkeiten in Bahnen gelenkt haben, die zu einem Regierungswechsel, zur Erlangung von Bürger- und Menschenrechten und zur Befreiung der Unterdrückten geführt haben. Wenn Sie das nächste Mal wütend werden, stellen Sie sich selbst die Frage, ob Sie diese Wut nicht vielleicht einsetzen können, um gegen Ungerechtigkeit zu kämpfen.

Mothers against Drunk Driving (MADD), zu Deutsch etwa »Mütter gegen Trunkenheit am Steuer«, eine amerikanische

Organisation, wurde beispielsweise von Müttern gegründet, die zornig darüber waren, dass betrunkene Autofahrer ihre Kinder getötet hatten. Sie beschlossen, sich zu organisieren und Aufklärungsarbeit zu leisten.

Spirituelle Süchte

Die Lebenserfahrung zeigt uns, dass es nichts gibt, was ausschließlich gut oder ausschließlich schlecht ist, und dass es nichts Absolutes gibt, dass alles nur eine Frage des Maßes und der Umstände ist. Alles in der Natur erfüllt einen Zweck.

Da spirituelle Aktivitäten dazu führen, dass vermehrt Opioide ausgeschüttet werden, können sie süchtig machen. Das mag zwar auf den ersten Blick widersprüchlich erscheinen, aber man muss sich nur die Abendnachrichten anschauen, um zu erkennen, dass religiöse Fanatiker immer wieder Gewalt anwenden und unsägliches Leid verursachen.

Eine Sucht kann als eine Art biologischer Unfall angesehen werden, der sich im Verlauf der Suche des Menschen nach Glück ereignet. Allen Formen der Sucht liegt derselbe Mechanismus zugrunde, der einzige Unterschied liegt in der Art und Weise, wie Dopamin und andere Stoffe ausgeschüttet werden. Es ist nicht die Suche nach Vergnügen, die Menschen zu Süchtigen macht, es ist der Wunsch, den Problemen zu entfliehen, die das Leben mit sich bringt.

Eine Sucht entsteht immer dann, wenn sich eine spirituelle Verhaltensweise im Gehirn als heftiges Verlangen eingeprägt hat. Die Suchterfahrung verwandelt dauerhaft die Funktion der Nervenzellen des Gehirns und verändert die Art und Weise, wie die genetischen Informationen »gelesen« und in Proteine umgewandelt werden. Wie andere Süchtige haben auch die spirituellen Süchtigen viel Arbeit vor sich, um diese Störung zu überwinden.

Die Wahrheit des »natürlichen« Glücks

Es ist nicht weiter überraschend, dass die religiösen Erkenntnisse, die am ehesten mit den neuesten Entdeckungen der Genetiker und Neurowissenschaftler übereinstimmen, aus den philosophischen und religiösen Schulen des Ostens stammen. Der Unterschied zwischen dem westlichen Glauben einerseits und Hinduismus und Buddhismus andererseits liegt in ihrem Verständnis von der Quelle der Wahrheit. Während das Judentum, das Christentum und der Islam die Wahrheit in einem heiligen Buch suchen, lehren die religiösen und spirituellen Lehrer des Ostens die Menschen, die Wahrheit in sich selbst zu suchen.

Zwar mögen beide Ansichten Elemente der Wahrheit enthalten, aber die Botschaft dieses Buches ist, dass die Essenz des Glücklichseins und der Spiritualität in unseren Genen zu finden ist. Bevor die neuesten wissenschaftlichen Entdeckungen die Beweise dafür lieferten, beruhte diese »Wahrheit« auf subjektiven Erfahrungen, Beobachtungen, Ansichten, Vorstellungen, Mysterien und instinktivem Glauben.

Heute aber wissen wir, dass wir Freude empfinden, weil Endorphine und Enkephaline in unserem Gehirn zirkulieren.

Vielleicht spüren Sie ein ganzes Feuerwerk an Gefühlen, wenn Sie einem anderen Wesen etwas Gutes tun. Dann scheint die ganze Welt hell und freundlich zu sein. Sie fühlen sich von einer höheren Macht gesegnet. Sie fühlen sich eins mit allem und strahlen wahrscheinlich, wenn Sie neuen Menschen begegnen. Das liegt nicht nur an Ihrer Freude, sondern auch daran, dass diese neuen Menschen tatsächlich liebenswert erscheinen.

Schlussfolgerungen

Auf einer Makroskala gemessen hat sich die Evolution des Bewusstseins aufgrund der wissenschaftlichen Durchbrüche des 20. und frühen 21. Jahrhunderts erheblich beschleunigt. Das Entschlüsseln des Genoms, die Gentechnik, die Stammzellenforschung, die Entdeckung eines universellen Energiefeldes, das alle Dinge miteinander verbindet, die Relativitätstheorie und die Quantenmechanik sind nur einige dieser wissenschaftlichen Meilensteine.

Auf einer Mikroskala gemessen haben wir uns als Individuen das Wissen angeeignet, mithilfe der Epigenetik von einem unterbewussten Geisteszustand zu einem bewussten Geisteszustand fortzuentwickeln. In dieser Übergangsphase ist es möglich, negative Gedanken und Gefühle zu entschärfen und sie durch positive Gefühle und mitfühlende Handlungen zu ersetzen, wodurch wir selbst im Gegenzug mit einem glücklichen Leben belohnt werden, das die biologische Bestimmung des Menschen ist.

Fragen für die Leser

- Worin besteht Ihrer Meinung nach der Sinn des Lebens?
- Inwiefern ist Ihr persönliches Glück für den Prozess der Evolution von Bedeutung?
- Wenn der Sinn der Evolution das Überleben der Gattung ist, wäre dann nicht Mitgefühl besser für das Überleben der Menschheit als Egoismus?
- Wenn sich für Sie das 28-tägige Programm zum Glück gut anhört, welchen Grund könnte es dann geben, es nicht auch umzusetzen?

Kapitel 9 – Das 28-tägige Programm zum natürlichen Glück

Wichtiger Hinweis der Autoren: Dieses Programm ist nicht als Ersatz für eine medizinische oder psychiatrische Behandlung bei ernsthaften psychischen Störungen gedacht. Bitte nehmen Sie professionelle Hilfe in Anspruch, wenn Sie Fragen bezüglich Ihres physischen oder psychischen Gesundheitszustands haben.

Es ist schon häufig gesagt worden, dass Praxis ohne Wissen töricht ist. Aber auch das Gegenteil gilt: Wissen ohne Praxis ist nutzlos. Dieses 28-tägige Programm ist so gestaltet, dass es Ihnen leichtfallen wird, natürliche Glücksgewohnheiten in Ihren Alltag zu integrieren. Genauso wie Sie üben müssen, um Ihr Golfspiel zu verbessern oder eine neue Sprache zu erlernen, so müssen Sie auch diese Instrumente jeden Tag nutzen, bevor Sie allmähliche Fortschritte sehen werden.

Es gehört zum Allgemeinwissen, dass die Etablierung einer neuen Gewohnheit etwa 28 Tage in Anspruch nimmt – also einen ganzen Mondzyklus.[1] Selbsthilfeprogramme für Süchtige laufen meist einen ganzen Monat.

Das 28-tägige Programm zum natürlichen Glück ist in vier Phasen unterteilt, von denen jede eine Woche lang ist. Dies sind die vier Phasen:

- Erste Woche: Loslassen (Stress, Sorgen, Anspannung)
- Zweite Woche: Neustarten (Finden Sie Ihren Flow.)
- Dritte Woche: Entspannen (Genießen!)
- Vierte Woche: Feiern (Ihr Herz und Ihre Seele erwachen.)

Wie Sie mit diesem Programm arbeiten

Wenn Sie systematisch an dieses Programm herangehen möchten, sollten Sie ein Tagebuch führen, in dem Sie Ihre Eindrücke niederschreiben, die Sie während der Übungen gewinnen, die Sie ein- oder zweimal am Tag machen. Reservieren Sie eine bestimmte Zeit, um zu üben. Diese fünf oder zehn Minuten sind Ihre ganz persönliche Zeit, während der Sie niemand stören sollte. Betrachten Sie diese Zeit als Geschenk an sich selbst oder als eine Belohnung. Sie kostet nichts und hat auch keinen materiellen Wert, aber die Ergebnisse sind äußerst wertvoll. Einige wenige Minuten Seelenzeit können aus einem ganz gewöhnlichen Tag einen außergewöhnlichen machen.

Wenn Sie nicht planen möchten, sondern lieber spontan sein wollen, sollten Sie sich vorher dennoch ein oder zwei Tage lang beobachten, um die Zeiten herauszufinden, in denen Sie viel Energie und in denen Sie wenig Energie haben. Finden Sie ein oder zwei »Zeitfenster«, während derer Sie sich auf die Übungen konzentrieren können: Während Sie auf eine Konferenzschaltung warten, während Sie vor der Autowaschanlage warten, bis sie dran sind, während Sie zwischen zwei Aktivitäten wartend im Auto sitzen, wenn Sie sich nach einem Training entspannen, wenn Sie spazieren gehen oder Ähnliches. Sobald Sie einmal gelernt haben, darauf zu achten, werden Ihnen an jedem Tag mehrere »Pausen« auffallen, in denen Sie sich auf diese Übungen konzentrieren können.

Sie haben schon genug Stress im Leben. Dieses Programm soll Stress abbauen, nicht neuen hinzufügen!

Wenn Sie finden, eine Übung sei für Sie nicht geeignet, dann müssen Sie sie auch nicht ausführen. Gehen Sie weiter zur nächsten oder wiederholen Sie die vorherige. Sie werden den größten Nutzen aus diesem Programm *nach* den 28 Tagen ziehen, weil Sie dann manche der hier vorgestellten Konzepte und Instrumente in Ihren Alltag integriert haben werden und sich Verstand, Körper und Geist aufgrund der ständigen Synchronisierung neu belebt und erfrischt fühlen.

Haben Sie Geduld mit sich selbst. Bleiben Sie flexibel. Haben Sie Spaß dabei! Bitte teilen Sie uns mit, wie es Ihnen mit diesem Programm geht. Teilen Sie uns auch Ihre Fragen mit. Sie finden uns unter www.happinessgenes.com.

Das 28-tägige Programm

Erste Woche: loslassen

Während der ersten Woche beginnen Sie damit, Stress, Frustrationen und Ängste loszulassen und Verstand, Körper und Geist davon zu befreien. Diese eklektische Sammlung von Übungen verbindet alte Weisheitstechniken (Atmung, Vorstellung, Mantras) mit modernsten kognitiven Restrukturierungstechnologien. (Sie programmieren Ihre Gedanken um, wodurch sich Ihr mentales Umfeld verändert.)

Erster Tag: das universelle *Aaah!* – 30 Sekunden bis drei Minuten lang

Atmen Sie tief ein. Spüren Sie dann, wie der Atem den Körper verlässt, während Sie »Aaah!« seufzen. Das Mantra *Aaah!* ist der universelle Laut des Loslassens. Wiederholen Sie das Aaah! bei jeder Ausatmung, und spüren Sie, wie Anspannung und Stress Ihren Körper verlassen. Das Aaah! konzentriert Ihren Verstand auf den Atem. Wenn Sie tiefer in die Erfahrung des Aaah! eindringen möchten, besuchen Sie die Website www.templeofsacredsound.org und suchen Sie dort den Tempel des *Ah* auf.

Was steht auf Ihrer Nicht-zu-erledigen-Liste?

Wählen Sie eine Aufgabe aus Ihrer heutigen Noch-zu-erledigen-Liste aus, die Sie nicht erledigen wollen. Vielleicht ist sie Ihnen zu stressig oder zu langweilig, vielleicht nervt sie nur und Sie haben einfach keine Lust dazu. Natürlich sollten Sie etwas auswählen, was nicht wirklich dringend ist. Streichen Sie diese Aufgabe von Ihrer Noch-zu-erledigen-Liste und erstellen Sie eine zweite Liste: die Nicht-zu-erledigen-Liste.

Schreiben Sie die Aufgabe, die Sie von Ihrer Noch-zu-erledigen-Liste gestrichen haben, auf die Nicht-zu-erledigen-Liste.

Wenn Sie diese Aufgabe nicht erledigen, erlauben Sie sich selbst, diese Zeit zu genießen, die Sie so unverhofft gewonnen haben. Gehen Sie spazieren. Machen Sie ein Nickerchen. Lesen Sie etwas, was Sie schon lange lesen wollten. Trinken Sie eine Tasse Tee. Hören Sie Ihre Lieblingsmusik. Stellen Sie sich vor, wie Sie sich morgen an die heutige Nicht-zu-erledigen-Liste erinnern werden. *Aaah*! Fühlt sich toll an, oder?

Wenn Sie sonst nichts tun, machen Sie diese beiden Übungen 28 Tage lang täglich, sodass sie integrale Bestandteile Ihres neuen glücklicheren Lebens werden können.

Zweiter, dritter und vierter Tag: Farbatmung – 30 Sekunden bis drei Minuten lang

Gähnen Sie, strecken Sie sich und nehmen Sie eine bequeme Haltung ein. Schließen Sie die Augen und spüren Sie Ihren Körper. Wo spüren Sie Erschöpfung, Verspannungen oder Schmerzen?

Atmen Sie Wohlbefinden ein. Atem Sie *Aaah*! aus. Fragen Sie sich gedanklich: »Welche Farbe kann mir helfen, damit mein Körper sich besser fühlt?« Es gibt dabei keine richtige oder falsche Antwort. Welche Farbe Ihnen auch immer in den Sinn kommt, atmen Sie sie ein, und gestatten Sie ihr, ihren Weg zu dem Körperteil zu finden, den Sie entspannen und beruhigen möchten. Wenn Sie wieder ausatmen, spüren Sie, wie Spannung, Erschöpfung und Schmerz den Körper in einem anderen Farbton wieder verlassen.

Dies ist keine Visualisierungsübung, bei der Sie sich bewusst für eine Farbe entscheiden sollen. Dieser spontane Imaginationsprozess arbeitet mit dem kreativen Unbewussten, das ohne jede Anstrengung und ohne Ihr bewusstes Zutun funktioniert. Sie werden vielleicht überrascht sein, welche Farben Ihnen in den Sinn kommen. Sie werden wohl auch überrascht sein, dass sich die Farben bei jeder Wiederholung der Übung verändern.

Wenn Ihnen die traditionellen Visualisierungsübungen nicht behagen, ist es vermutlich einfacher, sich vorzustellen, dass Sie eine Farbe spüren. Vielleicht möchten Sie sich auch vorstellen, dass die Moleküle einer bestimmten Farbe auf die Sauerstoffmoleküle aufspringen, die Sie einatmen, und durch die Blutgefäße in den Teil des Körpers fließen, den Sie entspannt und warm fühlen möchten. Denken Sie daran, eine andere Farbe auszuatmen. *Aaah*!

Fünfter und sechster Tag: Stilleritual – fünf bis zehn Minuten lang

Zünden Sie eine Kerze an. Legen Sie sanfte Musik auf oder genießen Sie die Stille. Beobachten Sie, wie die Kerzenflamme ihre Form und Farbe verändert. Denken Sie: »Meine Zellen erneuern sich und ich erfreue mich neuer Vitalität.« Und: »Meine Zellen und Gene funktionieren perfekt.« Wenn Ihr Verstand von der Beobachtung der Flamme abschweift, wiederholen Sie diese Sätze.

Siebter Tag: Auf und davon! – zehn Minuten lang

Diese Übung kann mit einem richtigen oder einem imaginären Ballon ausgeführt werden.

Füllen Sie den Ballon mit Helium. Schreiben Sie mit einem Filzstift darauf, was Sie heute loslassen möchten: Sorgen wegen des Geldes, des Arbeitsplatzes, Ihrer Gesundheit, Ihrer Familie, eines anstehenden Umzugs, Angst vor dem Verlust Ihres Arbeitsplatzes, Angst davor, die Rechnungen nicht bezahlen zu können, Angst vor einer neuen Beziehung, Angst um eine bestehende Freundschaft, Probleme mit dem Selbstwertgefühl oder dem Gewicht und so weiter.

Gehen Sie nach draußen und lassen Sie den Ballon aufsteigen. Während er kleiner und kleiner wird, werden auch Ihre Sorgen kleiner und kleiner. Sie können sie nun loslassen.

Sie können den Ballon aber auch zum Platzen bringen. Ist es nicht toll, all diese Themen einfach mit einem Nadelstich verschwinden zu lassen?

Zweite Woche: neustarten

Vermutlich haben Sie schon einmal das Gefühl gehabt, dass Ihr Gehirn mit den vielen Informationen, denen Sie ständig ausgesetzt sind, völlig überfordert ist. Das ist tatsächlich so, denn wie ein Computer kann auch das System aus Verstand, Körper und Geist zusammenbrechen, wenn es zu viele Dinge gleichzeitig machen und zu viele Informationen verarbeiten muss. Wenn das geschehen ist, müssen Sie das System neu starten.

Die Übungen in dieser Woche fügen Übungen aus dem NLP (Neurolinguistisches Programmieren) und der Selbsthypnose zu diesem eklektischen Programm zum natürlichen Glück hinzu.

Erster Tag: Finden Sie Ihren Flow – drei bis fünf Minuten lang

Denken Sie an eine Zeit, in der Ihre Handlungen und Entscheidungen vollkommen mühelos zu geschehen schienen. Vielleicht erinnern Sie sich, dass Sie angesichts einer knappen Terminvorgabe mühelos mehrere Dinge gleichzeitig tun konnten. Oder dass Sie für ein Fest mehrere Gänge gleichzeitig gekocht haben? Dass Sie Ihre gesamte Familie problemlos und pünktlich für den Ausflug bereithatten? Erinnern Sie sich an einen perfekten Tag beim Skifahren? Beim Wellenreiten? Beim Fußballspielen? Erinnern Sie sich, wie Sie erfolgreich ein neues Produkt verkauft haben?

Schließen Sie nun die Augen. Bitten Sie Ihren Verstand, Sie zurück zu diesem Zeitpunkt zu bringen.

Schlüpfen Sie in sich selbst hinein, so wie Sie an jenem Tag gewesen sind, damit Sie wieder durch Ihre damaligen Augen schauen, mit Ihren damaligen Ohren hören und mit Ihrem damaligen Körper spüren können, was Sie damals erlebt haben.

Ballen Sie eine Hand zur Faust oder berühren Sie ein Ohrläppchen.

Erforschen Sie voller Neugierde, wie Sie die Intensität dieses Flow-Zustands noch verstärken können, indem Sie die Farben, die Sie damals gesehen haben, leuchtender machen, die Laute, die Sie mit diesem Erlebnis verbinden, lauter machen, oder vielleicht die Position des Kopfes, des Halses oder der Schultern etwas verändern.

Ballen Sie die Faust noch stärker oder verstärken Sie den Druck auf das Ohrläppchen, während der Flow-Zustand an Intensität gewinnt. Wenn er seinen Höhepunkt erreicht hat und sich wie ein Klang zu verflüchtigen beginnt, öffnen Sie die Hand oder lassen Sie das Ohrläppchen los. Schütteln Sie die Hände aus.

Um diesen Flow-Zustand wieder zu aktivieren, ballen Sie dieselbe Hand zur Faust oder berühren Sie dasselbe Ohrläppchen. Atmen Sie tief ein und sagen Sie zu sich selbst: »Führe mich zurück!« Ihr limbisches/emotionales Gehirn kann die Moleküle dieses Gefühls augenblicklich wieder aktivieren, sodass Sie den Flow jederzeit wiederfinden können.

Je mehr Sie diese Methode, die »Verankern« heißt, üben, desto effektiver wird sie, weil Sie die Verbindung zwischen Faust oder Ohrläppchen (den Anker) und dem gesprochenen positiven Wort verstärken.

Zweiter, dritter und vierter Tag: Farbatmung und Finden Sie Ihren Flow – drei bis fünf Minuten lang

Praktizieren Sie die Farbatmung. Wenn Sie vollkommen entspannt sind, machen Sie eine Faust oder berühren Sie ein Ohrläppchen. Sagen Sie zu sich selbst: »Führe mich zurück!«

Wenn Sie diese beiden Methoden kombinieren, kann es sein, dass Sie in einen veränderten Bewusstseinszustand geraten, in dem Sie ein Gefühl der Seelenverbindung mit dem Universum spüren. Ihre Sinne mögen schärfer sein als sonst. Seien Sie also nicht überrascht, wenn Farben, Klänge, Geschmacksempfindungen, Berührungen und Düfte stärker als sonst zu sein scheinen.

Fünfter und sechster Tag: Stilleritual – fünf bis zehn Minuten lang

Zünden Sie eine Kerze an. Legen Sie sanfte Musik auf oder genießen Sie die Stille. Beobachten Sie, wie die Kerzenflamme ihre Form und Farbe verändert. Denken Sie: »Mein Unbewusstes weiß, wie es meine Gene optimieren kann, damit ich optimale Gesundheit und Glück erlebe.« Wenn Ihr Verstand von der Beobachtung der Flamme abschweift, wiederholen Sie diese Sätze.

Siebter Tag: Paradoxer Neustart – ein bis zwei Minuten lang

Diese Übung mag Ihnen unlogisch erscheinen oder Ihnen gegen den Strich gehen, aber Sie werden überrascht sein, was dabei herauskommt.

Wählen Sie eine Gewohnheit aus, die Sie ändern möchten. Vielleicht möchten Sie aufhören, bei Besprechungen an den Nägeln zu kauen oder mit den Füßen zu wippen. Vielleicht möchten Sie nicht mehr dauernd Dinge fallen lassen oder allgemein so tollpatschig sein. Bestimmt haben Sie mindestens eine nervöse Angewohnheit, die Sie ändern möchten. Sie wissen besser als jeder andere, welche Angewohnheit das ist.

Entscheiden Sie sich für eine, die Sie heute ändern möchten. Dann tun Sie es einmal mit voller Absicht. Mit voller Absicht!

Das war's.

Dritte Woche: entspannen

Herzlichen Glückwunsch! Sie haben schon die Hälfte des Programms geschafft. Diese Woche werden wir ein neues Instrument hinzufügen, das Ihnen emotionale Freiheit ermöglichen soll.

In dieser Woche können Sie sich selbst belohnen, indem Sie es einmal ruhiger angehen lassen. Wir möchten schließlich nicht, dass Sie das Spaßmangelsyndrom (SMS) entwickeln.[2]

Nehmen Sie sich den Tag frei. Dieser Tag geht auf Kosten des Hauses. Sie haben ihn sich verdient.

Viel Spaß!

Erster Tag: Lachen – so viel und so oft Sie möchten

Haben Sie einen Freund, der einen großartigen Sinn für Humor besitzt? Einen Lieblingskomiker, dessen Sendung Sie während des Autofahrens hören können? Einen alten Film, bei dem Sie immer Tränen gelacht haben? Eine wöchentliche Fernsehserie, die Ihnen Spaß macht? Sie können nicht anders: Wenn Sie lachen, sind Sie einfach glücklich.

In *Anatomy of an Illness*[3] beschreibt Norman Cousins, wie er sich selbst eine tägliche Dosis klassischer Komödien verschrieb, nachdem bei ihm eine unheilbare Krankheit festgestellt worden war. Das Buch ist es wert, gelesen zu werden, ganz besonders wegen des wunderbaren Endes, bei dem der Arzt seinem Patienten sagt, dass die Krankheit verschwunden ist. Offensichtlich hat er sich gesund gelacht!

Zweiter Tag: Lassen Sie die Seele nachkommen – zehn bis 20 Minuten lang

Wie können Sie Ihr Leben so verlangsamen, dass Ihre Seele nachkommen kann?

Eine Methode der amerikanischen Ureinwohner bestand darin, dass sie 15 Kilometer wanderten, bis Körper, Verstand und Geist im Einklang waren. Wenn Sie nicht so sportlich oder so ehrgeizig sind, machen Sie einfach einen Spaziergang. Verbringen Sie Zeit im Garten, in einem nahe gelegenen Park oder an einem Strand in der Nähe. Spüren Sie Ihre Füße, während diese den Boden berühren. Die Traditionen der amerikanischen Ureinwohner, die buddhistischen und andere spirituelle Lehren betonen immer wieder, wie wichtig die Verbindung zur Natur ist, damit die Seele wirklich im Körper ankommen kann.

Stehen Sie still da. Drücken Sie die Zehen in den Boden. Konzentrieren Sie sich einige Minuten lang auf alle Empfindungen, die Sie durch die Fußsohlen spüren: grob oder glatt, kalt oder warm, trocken oder feucht. Wenn es das Wetter erlaubt, legen Sie sich hin. Entspannen Sie den Körper vom Kopf an abwärts zu den Füßen und zurück zum Kopf. Spüren Sie, wie Sie allen Kummer, alle Sorgen und allen Zorn loslassen. Bedanken Sie sich beim Geist der Erde und den Geistern von Luft und Wasser dafür, dass sie das aufnehmen, was Sie nicht mehr brauchen.

Dritter und vierter Tag: EFT (Technik der emotionalen Freiheit) – eine bis drei Minuten lang

Wenn Sie Rechtshänder sind, führen Sie diese Übung an der rechten Hand aus; sind Sie Linkshänder, an der linken.

Was mögen Sie an sich selbst nicht? Ist es etwas Körperliches? Ein bestimmtes Persönlichkeitsmerkmal? Etwas anderes?
Schlagen Sie nun mit der Handkante der linken Hand gegen die Handkante der rechten (wenn Sie Rechtshänder sind) genau zwischen der Wurzel des kleinen Fingers und dem Handgelenk. Sind Sie Linkshänder, machen Sie diese Übung genau andersherum. Sagen Sie dabei dreimal laut: »Ich akzeptiere mich, wie ich bin, auch wenn ich im Moment aus dem Gleichgewicht geraten bin.«
Stellen Sie sich nun vor einen Spiegel, schauen Sie Ihrem Spiegelbild in die Augen und sagen Sie laut zu ihm: »Ich vergebe dir für … Ich liebe und akzeptiere dich so, wie du bist.«
Schreiben Sie die Gedanken und Gefühle, die Ihnen während dieser Übung kommen, auf, damit Sie sie in ein paar Monaten wieder lesen können. Legen Sie Stift und Papier oder stellen Sie ein Aufzeichnungsgerät neben Ihr Bett, damit Sie die Träume, die Sie in dieser oder einer der nächsten Nächte haben, festhalten können.

Fünfter und sechster Tag: Stilleritual – fünf bis zehn Minuten lang

Zünden Sie eine Kerze an. Legen Sie sanfte Musik auf oder genießen Sie die Stille. Beobachten Sie, wie die Kerzenflamme ihre Form und Farbe verändert. Denken Sie: »Meine Zellen und Gene sind vollkommen gesund und im Gleichgewicht.« Und: »Ich schicke frohe Gefühle und Gedanken in meine Gene und Zellen.« Wenn Ihr Verstand von der Beobachtung der Flamme abschweift, wiederholen Sie diese Sätze.

Siebter Tag: Freizeit

Nehmen Sie sich den Tag frei. Tun Sie etwas, das Ihnen Spaß macht. Ihre Zellen und Gene werden es Ihnen danken.

Vierte Woche: feiern

In der letzten Woche des 28-tägigen Programms werden Sie jeden Tag die Zeit finden, Ihre neuen Erkenntnisse und Ihren Heilungsprozess zu feiern und sich darüber zu freuen, am Leben zu sein. Schreiben Sie eine persönliche Betrachtung oder ein Gebet auf, wofür Sie eine uralte Vorlage benutzen können.

Gregg Braden studierte die Werke vieler Meister der großen spirituellen Welttraditionen und entdeckte dabei die verborgene Vorlage (das »verlorene Geheimnis«), mit der man eine Botschaft Ihrer Seele so formulieren kann, dass sie vom Universum auch »gelesen« werden kann. Wir laden Sie ein, diese Betrachtung oder dieses Gebet auch noch nach Vollendung dieses Programms zu einem Teil Ihres Alltags zu machen.

Erster und zweiter Tag: Betrachtung oder Gebet – 20 Minuten bis eine Stunde lang

»Ob es ihnen nun bewusst war oder nicht, aber anscheinend wussten die Menschen längst vergangener Zeiten, wie man Kontakt zu dem Energiefeld aufnimmt, das alles miteinander verbindet«, sagte Gregg Braden, der Autor von *Secrets of the Lost Mode of Prayer*[4] zu Laurie Nadel. »Wenn wir dieses Feld auf eine Weise ansprechen können, die es versteht, haben wir plötzlich die Möglichkeit, den genetischen Bauplan zu ändern.«[5]

Dieses Format ist seit 5000 Jahren bekannt. Und es funktioniert!
Jedes Computerprogramm hat drei Grundkomponenten:

1. Initialisierungsanweisungen: Diese rufen alle Dateien ab, die für die Ausführung des Programms benötigt werden.
2. Ausführungsanweisungen: Diese führen die eigentliche Arbeit wie zum Beispiel Kalkulationen aus.
3. Schluss- oder Fertigstellungsanweisungen: Diese bringen alles zusammen und schließen das Programm ab.

Wenn Sie sich die großen Gebete der Vergangenheit anschauen, werden Sie feststellen, dass Sie sie in diese drei Teile eines Computerprogramms unterteilen können.
Nehmen wir zum Beispiel das Vaterunser, das auch als »das große Gebet« bezeichnet wird.
Wenn wir uns anschauen, wie es aufgebaut ist, kommen wir aus dem Staunen nicht mehr heraus. Die ersten Aussagen lauten: »Vater unser, der Du bist im Himmel, geheiligt werde Dein Name ...« In diesem ersten Teil bitten wir um nichts. Dies ist die Initialisierungsanweisung, die eine Öffnung der Gefühle bewirkt. Wir ehren die große Gegenwart und erzeugen in unserem Körper ein Gefühl, das uns für diese Gegenwart öffnet. Wie ehren den Namen Gottes in dieser Anfangs- oder Initialisierungsaussage.
Im zweiten Teil beginnt die eigentliche Arbeit: »Unser täglich Brot gib uns heute. Und vergib uns unsere Schuld, wie auch wir vergeben unseren Schuldigern ...« Diese Sätze entsprechen den Arbeitsanweisungen eines Computerprogramms.

Mit den Schluss- oder Fertigstellungsanweisungen verlassen wir die Arbeitsanweisungen und treffen eine weitere Aussage. Wir sagen nämlich: »Denn Dein ist das Reich und die Kraft und die Herrlichkeit in Ewigkeit.« Gefolgt von »Amin« auf Aramäisch oder dem christlichen »Amen«. Dies ist das Schlusswort.

Alle großen Gebete der Welt folgen diesem Format.

Bringen Sie heute einige Zeit damit zu, einmal darüber nachzudenken, was Ihnen heilig ist. Worin finden Sie Sinn? Was verleiht Ihrem Leben Tiefe? Ob Sie nun an Gott, Götter, das Universum oder eine Höhere Macht glauben, sicher können Sie über die Bedeutung von Schönheit, Liebe, Dankbarkeit, Vergebung oder wie es sich anfühlt, bedingungslos umsorgt zu werden, nachsinnen.

Schreiben Sie mithilfe von Bradens dreigliedrigem Format Ihre persönliche Betrachtung oder Ihr persönliches Gebet auf und lesen Sie es laut vor. Lassen Sie sich dabei viel Zeit. Erlauben Sie Ihrem Herzen und Ihrer Seele, zu Ihnen zu sprechen.

Dritter Tag: Einfach so – den ganzen Tag lang

Zelebrieren Sie heute Ihr Leben. Beginnen Sie den Tag, indem Sie ein paar Minuten still dasitzen. Stellen Sie sich diesen schönen Tag vor, malen Sie sich aus, wie er sein wird. Sehen, hören und fühlen Sie, wie er sein wird. Tun Sie etwas ganz Besonderes für sich selbst. Kontaktieren Sie einen Freund, dem es nicht so gut geht. Helfen Sie jemandem, den Sie nicht kennen. Verbringen Sie eine Stunde in der Stille. Lesen Sie ein Buch, das Sie inspiriert. Falls Sie eine Lieblingsbeschäftigung haben – Yoga, Tanzen,

Rudern oder eine Fahrt ins Blaue –, machen Sie sie. Lassen Sie Verstand, Körper und Geist heute von Dankbarkeit durchflutet werden.

Warum?

Einfach, weil Sie es sind – und weil Sie es können!

Vierter Tag: Finden Sie heraus, was Ihr Herz will – fünf bis zehn Minuten lang

Wenn Sie das Gefühl haben, immer nur herumzurennen, und abends vollkommen erschöpft ins Bett fallen, um ein paar Stunden zu schlafen, bevor sich derselbe Wahnsinn am nächsten Tag wiederholt, haben Sie wahrscheinlich das Gefühl, Ihr Leben sei zwar voll – aber nicht erfüllt. Das mag ein Zeichen dafür sein, dass Sie immer nur das tun, was Sie tun *sollten*, statt das zu tun, was Sie tun *möchten*.

Schließen Sie die Augen. Mithilfe der Farbatmung, Ihrer persönlichen Betrachtung oder Ihrem persönlichen Gebet bringen Sie Ihren Verstand zur Ruhe. Wenn Sie feststellen, dass Ihre Gedanken immer noch rasen, stellen Sie sich vor, dass jeder Gedanke, jede Vorstellung und jeder Kommentar einem Fisch gleicht, der in einem riesigen Aquarium an Ihnen vorbeischwimmt. Vielleicht stellen Sie ja überrascht fest, dass die »Verstandes-Fische« anfangen, langsamer zu schwimmen, und dass der Abstand zwischen ihnen größer wird. Vergessen Sie das »Aaah!« nicht.

Stellen Sie sich vor, Ihre Aufmerksamkeit sei wie ein Mauszeiger auf einem Bildschirm. Bewegen Sie diesen Cursor zu Ihrem Herzen. Spüren Sie es. Hören Sie ihm zu. Beobachten Sie die Bilder, die spontan vor Ihrem geistigen Auge entstehen. Fragen Sie Ihr Herz, was es möchte – was Sie möchten.

Wenn die Antworten Ihres Herzens Sie verwirren, fragen Sie es: »Was möchtest du wirklich?« Schreiben Sie Ihre Eindrücke auf, damit Sie sie später noch einmal lesen können.

Fünfter und sechster Tag: Stilleritual – fünf bis zehn Minuten lang

Zünden Sie eine Kerze an. Legen Sie sanfte Musik auf oder genießen Sie die Stille. Beobachten Sie, wie die Kerzenflamme ihre Form und Farbe verändert. Denken Sie: »Meine Freude hilft meinen Genen.« Und: »Ich zelebriere meine Entscheidung, mich bewusst weiterzuentwickeln.« Wenn Ihr Verstand von der Beobachtung der Flamme abschweift, wiederholen Sie diese Sätze.

Siebter Tag: paradoxes Ritual

Heute können Sie dieses faszinierende Paradoxon zelebrieren: Je mehr Sie das weggeben, was Sie lieben, desto glücklicher werden Sie sein. Leeren Sie heute Ihr Herz, dann wird es voller werden, als Sie je zu träumen wagten. Versuchen Sie einmal, das Glück zu fassen und es ganz für sich zu behalten. Das gleicht dem Versuch, den Wind zu fangen und in die Tasche zu stecken. Das Glück wird Ihnen dabei wie der Wind nur durch die Finger rinnen.

Aber je mehr Sie weggeben, was Sie lieben und was Sie glücklich macht, desto glücklicher werden Sie sein.

Zu Milton Erickson, einem der großen Psychiater des 20. Jahrhunderts, kam eine Frau, die so deprimiert war, dass sie sich umbringen wollte. Erickson fragte sie, was sie mehr als alles andere auf der Welt liebte. Als sie antwortete, ihre Leidenschaft bestünde darin, Veilchen zu züchten, riet er ihr, diese zu verschenken – an Nachbarn, Gemeindemitglieder, Schüler, Kranke oder Bedürftige. Dann sagte er, sie solle in einem Monat wiederkommen, wenn sie sich dann immer noch umbringen wolle. Er sah sie nie wieder. Etwa 20 Jahre später las er eine Todesanzeige in der Lokalzeitung. »Die Veilchenfrau«, wie sie genannt wurde, war weit über 80 Jahre alt geworden und in der ganzen Gemeinde geschätzt und geehrt worden, weil sie die von ihr gezüchteten Veilchen verschenkt hatte. Mehrere Hundert Menschen kamen zu ihrem Begräbnis, weil die unverhofft geschenkten Veilchen ihnen so viel bedeutet hatten.

Sie müssen aber nicht erst bis zum Äußersten getrieben werden, bevor Sie anfangen, Ihr Glück zu verschenken. Sie müssen auch kein Gärtner sein. Twittern Sie Ihre Botschaft. Singen Sie. Verschicken Sie eine elektronische Grußkarte. Schreiben Sie eine Postkarte. Backen Sie Kekse und nehmen Sie sie mit zur Arbeit oder geben Sie Ihren Kindern Kekse für Mitschüler und Lehrer mit.

Diese Übung funktioniert selbst, wenn sich die Welt am Abgrund einer Katastrophe zu befinden scheint oder wenn es Ihnen persönlich sehr schlecht geht. Selbst in unvorstellbar furchtbaren Umständen – beispielsweise in einem Krieg – gibt es Menschen wie jenen bosnischen Cellisten, der auf dem Marktplatz von Sarajewo sein Instrument spielte. Im Hintergrund konnte er das Knattern von Maschinengewehren und explodierende Bomben hören. Aber er spielte weiter – Tag für Tag am selben Ort um dieselbe Zeit. Jahrelang.[6] Als er gefragt wurde, warum er das tat, antwortete er schlicht: »Weil die Welt nichts so dringend braucht wie Musik.«

Finden Sie Ihre Musik, finden Sie das Lied, das aus Ihnen hervorbricht, wenn Sie aus vollem Herzen leben, und singen Sie es so gut Sie können. Wir brauchen es!

Schlussbetrachtung

Falls Sie Probleme mit irgendeinem Aspekt dieses Programms hatten, schauen Sie im nächsten Kapitel nach, weil es Ihnen zusätzliche spezifische Methoden und Übungen liefern wird, um gute Glücksgewohnheiten zu entwickeln und aufrechtzuerhalten.

Sie müssen dieses Programm nicht fortsetzen, obwohl wir hoffen, dass Sie einige dieser Techniken in Ihr persönliches Wohlfühlprogramm integrieren werden. Sie können jederzeit auf dieses Programm zurückgreifen.

Hat es Ihnen etwas gebracht? Sollten wir irgendetwas daran ändern? Sollten wir einige Übungen durch andere ersetzen? Sie in einer anderen Reihenfolge aufführen? Welche Übungen könnten Ihrer Erfahrung nach wirksamer sein? Welche haben Ihnen gar nicht gefallen?

Bitte lassen Sie es uns wissen. Wir freuen uns darauf, von Ihnen zu hören. Sie finden uns unter www.happinessgenes.com.

Kapitel 10 – Glücksgewohnheiten etablieren

Das 28-tägige Programm soll eine praktische, benutzerfreundliche und zeiteffektive Methode sein, mit deren Hilfe Sie Gewohnheiten etablieren können, die Glück und Wohlbefinden zu einem normalen Bestandteil Ihres Alltags machen werden. Die ersten Kapitel haben die kognitiven Grundlagen für diese Übungen gelegt. Wie die epigenetische Forschung zeigt, müssen Ihre Gene nicht auch automatisch Ihr Schicksal sein. Sie können sich dafür entscheiden, Ihre Überzeugungen, Vorstellungen, Gefühle und Verhaltensweisen zu ändern.

Die Epigenetik erforscht die Auswirkungen, welche die Umwelt auf bestimmte Gene hat, die aufgrund von Veränderungen der Umwelt an- oder ausgeschaltet werden können. Mit Umwelt meinen wir hier nicht einfach nur die äußere physische Umwelt – zum Beispiel Temperatur, Umweltgifte, Feuchtigkeit oder Trockenheit –, sondern auch die innere Umwelt.

So wie die Luft, die Sie einatmen, und die Nahrung, die Sie essen, das Verhalten bestimmter Gene positiv oder negativ beeinflussen können, so können die Überzeugungen, die Sie durch den ständigen inneren Dialog permanent verstärken, die Bilder, die Sie vor Ihrem geistigen Auge sehen, und die instinktiven Bewegungen, mit denen Sie auf Menschen, Orte und Dinge zugehen oder sich von ihnen abwenden, Veränderungen in den Genen auslösen.

Ein grundlegender Unterschied zwischen innerer und äußerer Umwelt ist aber, dass Sie vieles von dem, was »da draußen« vor sich geht, nicht beeinflussen können. Wenn eine Baufirma die Straße vor Ihrem Haus aufreißt, um Glasfaserkabel zu verlegen, können Sie nichts am Baulärm ändern, aber Sie können ändern, wie Sie auf den Lärm reagieren. Statt frustriert und genervt zu sein, wodurch in Ihrem Körper ein ganzer Schwall Stresshormone ausgeschüttet wird, können Sie mental den Hintergrundlärm ausschalten, indem Sie Musik hören oder sich auf die Arbeit am Computer konzentrieren. Indem Sie Ihre Reaktion verändern, verhindern Sie die chemischen Veränderungen, die dazu führen, dass bestimmte Gene an- oder ausgeschaltet werden.

In der Ornish-Studie, die Männer mit Prostatakrebs untersuchte, führte ein Programm bestehend aus spazieren gehen, gesunder Ernährung und Meditation dazu, dass über 500 Krebsgene abgeschaltet wurden, sodass sie nicht mehr »ausgedrückt« oder aktiviert werden konnten.

Bei der Untersuchung der zwölf Selbstmörder wurde entdeckt, dass jenes Gen, das den Fluss der Stresshormone reguliert, beschädigt war, sodass diese Personen ständig mit Stresshormonen überschwemmt wurden, bis sie nicht länger damit fertig wurden. Beide Untersuchungen haben bewiesen, dass die innere Umwelt einen tief greifenden Einfluss auf das Verhalten der Gene haben kann.

Neue Gewohnheiten etablieren

Gewohnheitsmäßige Verhaltensweisen laufen automatisch ab. Sie müssen nicht darüber nachdenken, welche fünf Dinge Sie zuerst tun, nachdem Sie ins Auto gestiegen sind. Diese Abfolge haben Sie bereits in der Fahrschule gelernt. Nach einigen Jahren ist sie so automatisch geworden, dass Sie vermutlich nur mit einigem Nachdenken überhaupt darauf kommen, was Sie tun. Dies ist ein typisches Beispiel für eine Alltagsgewohnheit, für eine routinemäßig ablaufende Aktivität, die Sie ohne bewusste Anstrengung erledigen.

Wie Sie wissen, sind gewisse Gewohnheiten sehr effizient, wie zum Beispiel die, die es Ihnen ermöglicht, sicher Auto zu fahren. Andere wie Nägelkauen oder Rauchen sind entweder nutzlos oder sogar ungesund. Allen Gewohnheiten ist aber gemein, dass sie erlernte Verhaltensweisen sind. Sie wurden nicht damit geboren!

Jeder Lernprozess verläuft in vier Phasen:

1. Unbewusste Inkompetenz: Sie können etwas Bestimmtes nicht und wissen nicht, dass Sie es nicht können.
2. Bewusste Inkompetenz: Sie erkennen, dass Sie etwas Bestimmtes nicht können, und machen die ersten Schritte, um es zu lernen.
3. Bewusste Kompetenz: Sie wissen, was Sie tun müssen, aber Sie müssen noch darüber nachdenken. Es geschieht noch nicht automatisch.
4. Unbewusste Kompetenz: Sie müssen nicht mehr darüber nachdenken, wie Sie etwas Bestimmtes tun, weil Ihr Körper und Ihr Verstand alle dafür notwendigen Schritte in einem fließenden Prozess integriert haben. Tatsächlich hätten Sie Mühe zu erklären, wie Sie etwas Bestimmtes tun.

Kognitive Gewohnheiten (manchmal auch als »innere« oder »mentale Gewohnheiten« bezeichnet) sind Überzeugungen und Glaubenssätze, die Sie durch ständige Wiederholung während des inneren Dialogs verstärken. Gefühlsmäßige Reaktionen, die immer wieder auftreten, führen dazu, dass Sie bestimmte Überzeugungen in Bezug auf sich selbst oder das Leben erschaffen.

Wenn Sie zum Beispiel Angst vor Fahrstühlen haben und jedes Mal ein flaues Gefühl in der Magengrube bekommen, wenn Sie sich einen Fahrstuhl auch nur vorstellen, erklärt Ihnen Ihr Verstand dieses Gefühl mit bestimmten Glaubenssätzen wie »Fahrstühle sind gefährlich. Komm bloß nicht in ihre Nähe. Niemals!«. Vielleicht sind Sie als Kind einmal in einem Fahrstuhl stecken geblieben oder haben einen Film gesehen, in dem Menschen in einem Fahrstuhl stecken geblieben sind, und dabei große Angst verspürt. Unabhängig davon, was der Auslöser auch gewesen sein mag: Ihre emotionalen und physischen Reaktionen (auch kinästhetische Reaktionen genannt) sind stärker als der logische Verstand.

Ihr Unterbewusstsein ist der Motor Ihrer Persönlichkeit

Nach Sigmund Freud besteht die Psyche aus zwei Teilen: dem Bewussten und dem Unbewussten. Der bewusste Verstand ist der logische Denker. Wenn Sie denken »Das bin ich«, denken Sie vermutlich an Ihren bewussten Verstand, den Sie für Ihr Selbst halten. Aber die Psyche gleicht einem Eisberg, von dem der bewusste Verstand nur die Spitze darstellt. Dies ist der sichtbare Teil, aber er repräsentiert nur einen kleinen Teil des

Ganzen. Der größte Teil der Psyche liegt unterhalb der Oberfläche. Beim Eisberg befindet sich der weitaus größte Teil unter Wasser. Beim Verstand befindet sich der größte Teil unterhalb Ihrer Wahrnehmungsschwelle. Deshalb wird er ja auch un- oder unterbewusst genannt.

Der bewusste Verstand sagt: »Ich sollte keine Angst vor dem Fahrstuhl haben.« Aber der unbewusste Verstand zieht die Notbremse, sodass alles augenblicklich zum Stillstand kommt. Tief in Ihnen schreit etwas: »Hilfe! Bloß nicht in die Nähe des Fahrstuhls kommen!«

Auf welchen Teil hören Sie wohl?

Genau richtig, denn der unbewusste Verstand ist viel stärker. Ganz gleich, was Ihr bewusster Verstand Ihnen auch sagen mag, wenn Ihr unbewusster Verstand auf die Bremse oder aufs Gas tritt, tun Sie, was er Ihnen sagt.

Ob Sie nun glücklich sind oder nicht, hängt von einer Reihe von Stressfaktoren und verborgenen Themenkomplexen ab, die vermutlich längst zu gewohnheitsmäßigen Denk- und Fühlweisen geworden sind. Wenn Sie Ihren Arbeitsplatz verlieren und Schwierigkeiten haben, einen neuen zu finden, erinnern Sie sich vermutlich an ähnliche Vorkommnisse in der Vergangenheit, als die Dinge nicht so liefen, wie Sie es ihrer Meinung nach sollten. Und bevor Sie sichs versehen, denken Sie: »Nichts klappt jemals so, wie ich es will.« Kurz darauf folgt diesem Glaubenssatz ein Gefühl der Traurigkeit und Niederlage. Schon bald sind Sie überzeugt: »Ich werde niemals glücklich sein.«

Ob Sie es nun glauben oder nicht, diese Gedanken, die Ihr Verstand unterschwellig ständig wiederholt, können genauso giftig sein wie drei Packungen Zigaretten am Tag. Derartige kognitive Gewohnheiten verhindern nicht nur, dass Sie glücklich sind oder sich auf neue Möglichkeiten freuen können, sie erhöhen auch das Niveau der ausgeschütteten Stresshormone und erschweren es Ihrem Gehirn, gesunde Neurotransmitter zu produzieren. Wenn Sie diesen schädlichen inneren Dialog weiterführen, kann das erhöhte Stressniveau Ihr Immunsystem beschädigen und dadurch verhindern, dass genau die Gene, die für Ihr Glücksempfinden wichtig sind, aktiviert werden.

Aber die gute Nachricht ist, dass jede erlernte Gewohnheit auch wieder verlernt werden kann. Sie müssen lernen, eine solche Gewohnheit zu finden, sie zu identifizieren und jeden Tag einige bewusstseinsverändernde Übungen machen – aber Sie können sie ändern! Die Gefühle und Glaubenssätze, die Gift für Ihr Wohlbefinden sind, können aufgegeben werden und Sie können Ihren Verstand neu programmieren.

Kennen Sie die alte Scherzfrage: »Wie kommt man zur Carnegie Hall?«

Die Antwort: »üben, üben, üben!«

Hypnose und Selbsthypnose

Hypnose ist eine Behandlungsmethode für Verstand und Körper, die Tausende von Jahren alt ist. Der Begriff »Hypnose« selbst stammt von den alten Griechen, deren Gott des Schlafes *Hypnos* hieß.

Obwohl Hypnose häufig als Taschenspielertrick betrachtet wird, unterscheidet sich die therapeutische Hypnose stark von der Hypnose zu Unterhaltungszwecken. In beiden Fällen wird Hypnose eingesetzt, um einen tiefen Entspannungszustand hervorzurufen, in dem das Unbewusste zugänglicher für Suggestionen ist. Ein Bühnenhypnotiseur übt Suggestionen aus, die für den freiwilligen Teilnehmer harmlos, für das Publikum aber äußerst erheiternd sind. Die Absicht des Hypnotiseurs und des Freiwilligen besteht darin, das Publikum zu unterhalten.

Die therapeutische Hypnose hingegen findet in einem geschützten Rahmen statt, und die Absicht des Hypnotiseurs ist es, dem Patienten zu helfen, die Heilkräfte des unbewussten Verstandes zu aktivieren, um einen Glaubenssatz, eine bestimmte emotionale Struktur oder eine Verhaltensweise aufzulösen.

Es gibt viele Ebenen des hypnotischen Zustands. So fällt Ihnen zum Beispiel beim Fahren auf der Autobahn auf, dass Sie die Ausfahrt verpasst haben. Sie sind gut gefahren, aber Ihr Verstand war mit etwas anderem beschäftigt. Tatsächlich waren Sie in einem hypnotischen Zustand. Andere Beispiele dafür sind: Tagträumereien, ein Buch lesen oder Fernsehen schauen. Selbst Worte können einen hypnotischen Effekt ausüben. Sie können Ihre Vorstellungskraft anregen und einen Geisteszustand hervorrufen, in dem Sie empfänglicher für Suggestionen sind. Auch Meditation und Gebet sind Formen des hypnotischen Zustands. Mit anderen Worten: Immer wenn Sie etwas tun, dessen Sie sich nicht bewusst sind, befinden Sie sich in einem hypnotischen Zustand.

Selbsthypnose ist nichts weiter als eine selbst herbeigeführte Form der Hypnose. Sie können Hypnose tatsächlich bei jeder Aktivität anwenden, die von Ihren eigenen Anstrengungen abhängig ist oder die Sie mit dem Verstand beeinflussen können. Manchmal ist es so einfach, dass die Resultate wie ein Wunder wirken, aber es funktioniert auf so beständige Weise, dass es erklärt, vorhergesagt und wiederholt werden kann. Es geht um Biologie, nicht um Magie. Sie lernen einfach, den bewussten

Verstand darauf zu konzentrieren, sich tief zu entspannen, während sie Ihrem unbewussten Verstand suggerieren, dass Sie einen natürlichen Glückszustand erfahren können.

Mit genügend Praxis werden Sie in der Lage sein, sich selbst eine posthypnotische Suggestion zu geben, welche die erwünschten Ergebnisse auch noch lange nach der Selbsthypnosesitzung hervorbringen wird. Der Gebrauch von posthypnotischen Suggestionen kann äußerst machtvoll sein. Wenn Sie nur reine Willenskraft einsetzen, um eine Gewohnheit oder eine Verhaltensweise zu ändern, benutzen Sie nur etwa zehn Prozent Ihres Verstandes. Aber wenn Sie den unbewussten Verstand darauf programmieren, den Verstand zu verändern und diese Veränderung beizubehalten, zapfen Sie die verborgene Macht jener 90 Prozent des Geistes an, die unterhalb Ihrer Wahrnehmungsschwelle liegen.

Der unbewusste Verstand philosophiert nicht und denkt auch nicht logisch. Er akzeptiert nur das, was er direkt erfährt – wozu auch das gehört, was Sie sich vorstellen. Wenn wir Sie nun bitten, sich eine saftige gelbe Zitrone vorzustellen, sie in die Hand zu nehmen, eine Scheibe davon abzuschneiden und in den Mund zu stecken ... Was passiert? Hat sich der Speichelfluss im Mund erhöht?

Die Speicheldrüsen sind Teil des autonomen Nervensystems, was bedeutet, dass sie sich außerhalb der Kontrolle Ihres Bewusstseins befinden. Versuchen Sie sich einzureden, dass der Speichel fließt, und möglicherweise wird Ihr Mund austrocknen. Aber wenn das autonome Nervensystem eine so machtvolle Suggestion wie die von der Zitrone erhält, fließt der Speichel einfach ganz von selbst. Obwohl sich gar keine Zitrone in Ihrem Mund befunden hat, glaubte Ihr Unbewusstes, dass die Zitrone real war, und hat die Speicheldrüsen innerhalb von Nanosekunden aktiviert.

Das ist, kurz gesagt, der Kern der Hypnose. Hypnose ist direkt und einfach. Es geht lediglich darum, sich etwas so deutlich vorzustellen, dass der Körper es für wahr hält. Dabei sind Sie die ganze Zeit über vollkommen entspannt.

Aspekte der Glücksgewohnheiten

Ziele

Der erste Schritt besteht darin, genau zu definieren, was Sie eigentlich erreichen möchten. Wenn Sie einfach sagen »Ich möchte auf natürliche Weise glücklich sein«, dann leuchtet das vielleicht Ihrem bewussten Verstand ein, aber mit einer so allgemein gehaltenen Formulierung kommen Sie bei Ihrem unbewussten Verstand nicht weit. Um ihn wirklich zu beeinflussen, muss die Aussage klar und eindeutig sein. Wenn Sie daher Ihre Suggestionen formulieren, sollten Sie sich über die Verhaltensweisen im Klaren sein, die Sie entwickeln wollen, um Ihr Ziel zu erreichen.

Suggestionen

Die Macht der Suggestion hat großen Einfluss auf Ihr Verhalten, Ihre Überzeugungen, Einstellungen und Wertvorstellungen. Wir sind so gebaut, dass wir die Informationen, die durch die fünf Sinne zu uns kommen, ständig überwachen und stets wachsam sind, um Chancen oder – besonders auf der unbewussten Ebene – Gefahren zu entdecken.

Ein Großteil der Informationen, die uns wichtig sind, ist suggestiver Natur. Kurz gesagt: Wir sind so gebaut, dass wir auf Suggestionen reagieren. Die Suggestionen, von denen hier die Rede ist, rufen keine freiwillige Reaktion hervor, sondern eine unfreiwillige, da sie hypnotischer Natur sind. Die Wirksamkeit von Suggestionen ist in jedem Bereich der Medizin und des menschlichen Verhaltens immer wieder bewiesen worden.

Das beste Beispiel dafür ist der Gebrauch von Placebos. Damit der Placeboeffekt eintreten kann, muss man daran glauben, dass man tatsächlich behandelt wird. Eine stärkere Suggestion ruft dann auch einen stärkeren Placeboeffekt hervor.

Ein anderes ausgezeichnetes Beispiel für die praktische Anwendbarkeit von Suggestionen ist die Werbung. Die meisten Menschen sagen, dass sie sich durch Werbung nicht beeinflussen lassen, aber irgendjemanden muss es beeinflussen, da nach einer Werbekampagne die Verkaufszahlen regelmäßig in die Höhe schnellen.

Um zu veranschaulichen, wie groß die Rolle ist, die Suggestionen in fast allen Bereichen des Verhaltens spielen, sollten wir uns das Beispiel der pawlowschen Hunde vor Augen führen. Als Pawlow eine Klingel ertönen ließ, was als Signal für die bevorstehende Fütterung gedacht war, fingen die Hunde an, mehr Speichel zu produzieren. Damit hatte Pawlow die klassische Konditionierung entdeckt, die eine konditionierte Reaktion auf eine Suggestion darstellt. Jeder von uns kennt seine eigene Version des pawlowschen Lehrstücks.

In der Selbsthypnose wird der unbewusste Verstand durch die Suggerierung eines Zieles empfänglicher für neue Gewohnheiten. Aber obwohl wir für die Macht der Suggestion empfänglich sind, besteht doch die Hauptfunktion des Unbewussten darin, uns zu beschützen. Daher wird es Suggestionen ablehnen, die es als gefährlich oder als nicht in unserem besten Interesse liegend erachtet. Wenn Sie zum Beispiel unbewusst glauben, dass es im Interesse der Gesundheit nötig ist, Fleisch zu essen, wird eine Suggestion, mit deren Hilfe Sie Ihre Essgewohnheiten auf vegetarische Kost umstellen wollen, nicht wirksam sein.

Affirmationen

Suggestionen können auch Affirmationen beinhalten, die entweder laut ausgesprochen oder gedacht werden können oder die man sich bildhaft vorstellen kann. Sie werden entweder auf Visualisierungen oder verbale Suggestionen reagieren, je nachdem ob Ihr Verstand Bilder oder Worte vorzieht. Jeder Mensch ist anders und nicht jeder kann problemlos etwas visualisieren. Experimentieren Sie, um herauszufinden, ob Ihnen bildhafte Vorstellungen oder gesprochene Affirmationen eher zusagen. Denken Sie immer daran: Es gibt kein richtig oder falsch! Sie müssen einfach die Methode finden, die für *Sie* am besten ist. Und mit »der besten« meinen wir die Methode, bei der Sie sich am wohlsten fühlen.

Versuchen Sie nicht etwas zu visualisieren, wenn Sie besser auf gesprochene Affirmationen reagieren. Kritisieren Sie sich nicht, falls Ihr Verstand eine Visualisierung vorzieht. Ganz gleich, welche Methode Sie auch bevorzugen mögen, wenn Sie sich entspannen und sich suggerieren, dass Sie glücklich sind, wird Ihr Unbewusstes darauf reagieren, indem es neue Gewohnheiten etabliert, die diesen Glauben unterstützen. Obwohl es eine Vereinfachung zu sein scheint, kann Hypnose in Ihnen die Überzeugung wecken, dass Sie glücklich sind – wodurch Sie dann tatsächlich glücklicher werden. Jede Arbeit mit dem Unbewussten muss in einem entspannten Zustand stattfinden und sollte keinesfalls durchgeführt werden, wenn Sie angespannt sind. Sie können die Wirkung der Selbsthypnose mit einem Lächeln noch verstärken. Das ist eine posthypnotische Suggestion, an die sich jeder erinnern kann.

Posthypnotische Suggestionen

Das machtvollste Instrument der Selbsthypnose ist die posthypnotische Suggestion. Wenn der bewusste Verstand im hypnotischen Zustand seine Fähigkeit verliert, kritische Entscheidungen zu fällen, kann das Unbewusste während dieser Zeit die Suggestion als wahr akzeptieren.

Eine starke Suggestion wirkt auch noch nach, nachdem der hypnotische Zustand beendet ist und der bewusste Verstand die Suggestion als Teil seines Entscheidungsprozesses akzeptiert hat. Je tiefer der hypnotische Zustand, desto einfacher ist es, dem Unbewussten eine Suggestion einzupflanzen. Je häufiger Sie die Suggestion als Realität erfahren, desto öfter wird sie tatsächlich während des Wachzustands zur Realität werden.

Posthypnotische Schlüsselreize (Trigger)

Ein Schlüsselreiz löst eine Reaktion auf eine posthypnotische Suggestion aus, die während der selbst induzierten Hypnose ins Unbewusste eingepflanzt wurde. Dies kann ein Wort, eine

Berührung, ein Ton, ein Bild, ein Geruch, ein Geschmack oder ein Gefühl sein. Je stärker die eingepflanzte Suggestion ist, desto größer wird die Wirkung des Schlüsselreizes sein. Sie können eine posthypnotische Suggestion kreieren, mit der Sie auf einen positiven Schlüsselreiz reagieren, den Sie Ihrem unbewussten Verstand eingepflanzt haben.

Wenn Sie die hypnotische Induktion anwenden – die detailliert in Anhang II beschrieben wird –, wobei Sie von zehn bis null rückwärts zählen, suggerieren Sie sich dabei, dass Sie vollkommen entspannt sein werden, wenn Sie bei null angekommen sind, und dass Sie sich an einem Ort befinden, an dem Ihr Verstand zur Ruhe kommen kann. Dieser Ort mag aus Ihrer Erinnerung stammen, er kann neu sein oder er kann einfach ein Ort in Ihrem Inneren sein, an dem Sie positive Erfahrungen machen können. Schöne Orte in der Natur wie Gärten oder Strände sind bei dieser Methode besonders beliebt.

Sobald Sie einmal in den hypnotischen Zustand eingetreten sind, geben Sie sich selbst den Befehl, Daumen und Zeigefinger aneinanderzulegen (oder Sie benutzen ein Wort oder eine Berührung, die für Sie von Bedeutung sind). Dies wird Ihr Schlüsselreiz sein, der Sie daran erinnern wird, wie ruhig und entspannt Sie sich in diesem Augenblick gefühlt haben. Jedes Mal, wenn Sie Selbsthypnose üben und Ihren Trigger verstärken, wird er stärker in Ihrem Unbewussten wirksam. Jedes Mal, wenn Sie Ihre Suggestion durch einen Schlüsselreiz aktivieren, wird sie besser funktionieren und Ihr unbewusster Verstand wird effektiver darauf reagieren.

Wenn Sie nach drei Wochen noch keine Verbesserungen sehen, sollten Sie einen professionellen Hypnotherapeuten oder einen in Hypnose ausgebildeten Psychologen aufsuchen. Manchmal ist man selbst einfach zu nahe am Problem dran, sodass man den Wald vor lauter Bäumen nicht sehen kann. Es ist schwierig, Selbsthypnose aus einem Buch zu lernen, weil man die einzelnen Schritte immer wieder nachlesen und wiederholen muss, obwohl man doch die Augen geschlossen haben sollte. Effektiver ist es, wenn jemand Ihnen verbale Anweisungen gibt und Sie nur seiner Stimme zu folgen brauchen. Die besten Ergebnisse stellen sich ein, wenn die Suggestionen natürlich und mühelos erscheinen.

Eine andere Möglichkeit besteht darin, der eigenen Stimme zu folgen, die Sie vorher aufnehmen und dann abspielen. Die Zeit vor dem Schlafengehen ist sehr gut geeignet, um Suggestionen zu hören. Sagen Sie Ihre Suggestionen direkt vor dem Einschlafen auf oder visualisieren Sie Ihre bildhafte Suggestion. Auf diese Weise bringen Sie sie in den unbewussten Verstand, der damit arbeiten wird, während Sie schlafen.

Geist-Körper-Interventionen und Epigenetik

Bis die neuen Forschungsergebnisse der Epigenetik veröffentlicht wurden, glaubten die meisten Wissenschaftler, dass der menschliche Körper eine biochemische Maschine wäre, die von seinen Genen programmiert wurde, und dass menschliche Begabungen wie musische oder intellektuelle Fähigkeiten, der Gesundheitszustand, die Anfälligkeit für Krankheiten und Depressionen und so weiter genetisch einprogrammiert waren. Aber heute hat sich, angeregt durch das Humangenomprojekt und die neue Wissenschaft der Epigenetik, ein radikal neues Verständnis entwickelt.

Heute wird anerkannt, dass unsere Umwelt – genauer gesagt unsere Wahrnehmung (Interpretation) der Umwelt – die Expression unserer Gene durch einen Prozess, der als epigenetische Energie bezeichnet wird, beeinflusst. Die neue Sichtweise der menschlichen Biologie berücksichtigt die Rolle von Verstand und Geist bei allen Heilungsprozessen, denn wenn wir unsere Wahrnehmung und unsere Überzeugungen verändern, senden wir den Zellen vollkommen andere Botschaften und programmieren sie neu. Dies mag auch erklären, warum manche Menschen Spontanheilungen erleben oder von Behinderungen genesen, die als permanent betrachtet worden waren.

Spirituelle Gewohnheiten entwickeln

Wie schon in den vorangegangenen Kapiteln beschrieben versuchen die populären Selbsthilfebücher uns das Konzept zu verkaufen, dass wir durch reine Willenskraft allein ungesunde Gewohnheiten überwinden und gesündere annehmen können. Aber das trifft nicht zu, denn wenn man tatsächlich die Willenskraft einsetzen könnte, müsste man sich seiner Gewohnheiten ständig bewusst sein, weil in dem Augenblick, in dem die Aufmerksamkeit nachlässt, der unbewusste Verstand automatisch seine alten Programme laufen lassen würde. Der unbewusste Verstand kann mit einem Aufnahmegerät verglichen werden, das genetische und umweltbedingte Einflüsse ohne Aufsicht des bewussten Verstandes aufzeichnet.

Während der bewusste Verstand denkt, kreativ ist und Entscheidungen trifft, funktioniert der unbewusste Verstand wie ein Supercomputer, der mit einer Datenbank vorprogrammierter Verhaltensweisen gefüllt ist.

Einige dieser Programme sind genetischen Ursprungs wie zum Beispiel die Instinkte, aber andere beruhen auf Erziehung und die durch unsere Erfahrungen entstandenen Glaubenssätze. Der unbewusste Verstand wird nicht zum Nachdenken oder für schöpferische Aktivitäten gebraucht, er reagiert einfach auf einen Reiz. Wird ein Reiz aus der Umwelt wahrgenommen, reagiert der unbewusste Verstand mit einer gespeicherten Reaktion, ohne darüber nachzudenken.

Folglich trifft er auch keine Unterscheidung, ob ein Programm nun gut oder schlecht ist. Der unbewusste Verstand besitzt eine viel größere Macht als der bewusste Verstand, der Informationen verarbeitet. Neurowissenschaftler haben herausgefunden, dass der bewusste Verstand nur etwa an fünf Prozent unserer kognitiven Tätigkeiten beteiligt ist, während der Anteil des unbewussten Verstandes bei etwa 95 Prozent liegt. Daher spielt es auch keine Rolle, wie fest man sich vornimmt, die schädlichen Instinkte und Gewohnheiten zu ändern, die im Unbewussten gespeichert sind, man muss das Unbewusste mit den erwünschten neuen Gewohnheiten neu programmieren.

Es gibt im Grunde zwei Möglichkeiten, alte Gewohnheiten zu ändern. Zum einen können wir bewusster werden und uns weniger auf automatisierte unbewusste Programme verlassen. Indem wir bewusster werden, eignen wir uns eine größere Kontrolle über unser Bewusstsein an und können so neue Gewohnheiten entwickeln.

Stress und Gesundheit

Das in Kapitel 9 beschriebene 28-tägige Programm hat bestimmte gesunde Nebenwirkungen wie zum Beispiel eine Zunahme der Spiritualität, eine Verbesserung der Grundstimmung und eine nachhaltig optimistischere Grundeinstellung gegenüber dem Leben. Studien haben ergeben, dass sich dabei auch die Expression jener Gene verändert, die für das Glücklichsein eine entscheidende Rolle spielen. Verstand und Körper kommen nachhaltig zusammen, um größere Freude zu erzeugen.

Stress wird dadurch definiert, wie der Körper auf Veränderungen reagiert. Stress in der Definition, die Hans Selye schon in den 1930er-Jahren aufstellte, ist weder gut noch schlecht. *Eustress* ist positiver Stress, der zum Beispiel entsteht, wenn man eine Gehaltserhöhung bekommt, seinen Geburtstag feiert oder in sein Traumhaus einzieht. *Disstress* ist ungesunder Stress. Disstress kann zu einer Verschlechterung der Immunreaktion führen, den Blutdruck erhöhen, Kopfschmerzen und eine Vielzahl von Magen-Darm-Problemen hervorrufen. Es heißt, etwa 85 Prozent der Arztbesuche in den Vereinigten Staaten seien auf diese Form von Stress zurückzuführen.

Das Stresshormon Cortisol hat dieselbe chemische Vorstufe wie DHEA. Dehydroepiandrosteron, das am häufigsten vorkommende Hormon, ist an vielen vitalen Funktionen beteiligt, zum Beispiel an Langlebigkeit und Zellwiederherstellung. Sowohl Cortisol als auch DHEA werden von den Nebennieren ausgeschüttet. Wenn die Nebennieren aber das Überlebenshormon Cortisol produzieren, wird die Produktion von DHEA gedrosselt, was sich negativ auf den Gesundheitszustand auswirkt.

Außerdem löst die Reaktion des Körpers auf Stress eine Vielzahl chemischer Reaktionen aus, die bewirken, dass sich viele Hormone und Neurotransmitter als Reaktion auf die Stressimpulse verändern. Daher ist Stressmanagement für Glück und Gesundheit von entscheidender Bedeutung. Praktisch alle Übungen in unserem Programm, mit dem Glücksgewohnheiten entwickelt werden sollen, wie Achtsamkeit und Entspannungsreaktion – von Agape gar nicht zu reden –, sind natürliche Entspanner. Tatsächlich könnte man sagen, dass wir unsere Zellen auf epigenetischem Wege so umbauen, dass sie natürliches Glück und gute Gesundheit erzeugen.

Den Boden bereiten

Im Folgenden stellen wir Ihnen eine Reihe von Übungen vor, die den unbewussten Verstand vorbereiten sollen, damit sich die erwünschten Ergebnisse schneller zeigen. So wie ein Gärtner den Boden vorbereitet, bevor er die Samen sät, so helfen diese Übungen, den unbewussten Verstand empfänglicher für neue Ideen, emotionale Strukturen und Verhaltensweisen zu machen, die zu neuen Gewohnheiten nachhaltigen Glücks führen werden.

Überblick

Während der ersten zwei Wochen führen Sie diese vier Akte einmal täglich aus:

- Akte der Achtsamkeit
- Akte des Mitgefühls
- Akte der Liebe (Agape)
- Akte der Entspannungsreaktion

In der dritten Woche führen Sie diese vier Akte täglich zweimal aus:

- Versetzen Sie sich zehn Minuten am Tag in Selbsthypnose.
- Üben Sie fünf Minuten am Tag verbale Suggestionen.

In der vierten Woche:

- Tun Sie viermal in der Woche etwas Selbstloses.
- Versetzen Sie sich jeden Tag 15 Minuten lang in Selbsthypnose.
- Üben Sie jeden Tag verbale Suggestionen.
- Machen Sie einmal in der Woche eine posthypnotische Suggestion.
- Sagen Sie viermal in der Woche Affirmationen auf.

Achtsamkeit

Das Üben von Achtsamkeit wird Ihnen helfen, sich mentaler Gewohnheiten bewusst zu werden, die im unbewussten Verstand verborgen liegen. Diese Methode, die Verstand und Körper gleichermaßen einschließt, wird häufig als »im gegenwärtigen Augenblick leben« bezeichnet. Um etwas zu verändern, müssen Sie sich zunächst bewusst werden, was Sie denken und fühlen. Während des ganzen Programms wird das Üben von Achtsamkeit darüber entscheiden, ob Sie Meisterschaft über Ihre verborgenen Glaubenssätze und automatischen Strukturen erlangen, die Sie möglicherweise zurückhalten.

Achtsamkeit ist eine natürliche geistige Fähigkeit, die jedem Menschen ungeachtet seines kulturellen oder ethnischen Hintergrundes zugänglich ist. Achtsamkeit erfordert keinen religiösen Glauben oder kein wissenschaftliches Studium, sie ist eine praktische, natürliche Methode, mittels derer man sich von Augenblick zu Augenblick seines Lebens bewusst werden kann. Die Übung von Achtsamkeit bedeutet nichts weiter, als sich seiner Gedanken, Gefühle und Umgebung im gegenwärtigen Augenblick gewahr zu sein, ohne über sie zu urteilen.

Aus Sicht des östlichen Bewusstseins gleicht der westliche Bewusstseinszustand einem endlosen Traum, der einen daran hindert, aufzuwachen und die Fülle des Lebens zu erfahren. Durch das tägliche Üben von Achtsamkeit kann man aus diesem »Traumleben« erwachen und am Leben teilnehmen, das sich von Augenblick zu Augenblick entfaltet. Dank der Macht der Achtsamkeit werden Sie sich Ihres unbewussten Verstandes, Ihrer Glaubenssätze und Instinkte bewusst, sodass Sie Ihre Aufmerksamkeit besser konzentrieren können.

Dieser Zustand der »rechten Konzentration« ist jener Zustand, in dem Weltrekorde aufgestellt und visionäre Konzepte entwickelt werden und in dem Sie sich auf dem Höhepunkt Ihrer Leistungsfähigkeit befinden. Ein Ziel der Achtsamkeitspraxis besteht darin, den Verstand von überflüssigen Gedanken und Gefühlen zu säubern, damit Sie sich vollkommen auf die epigenetischen Übungen des 28-tägigen Programms konzentrieren können.

Wenn Sie nicht im gegenwärtigen Augenblick leben, befinden sich Ihre Gedanken entweder in der Vergangenheit oder in der Zukunft. Sie denken vielleicht, Leben im Augenblick sei ein Weg, vor den eigenen Problemen davonzulaufen, aber das Gegenteil ist wahr. Achtsamkeit kann Ihnen helfen, Ihre Probleme klarer zu erkennen, sodass Sie sie tatsächlich lösen können.

Denken Sie nur an die kreativsten und produktivsten Menschen, die Sie kennen. Ein Element ihres Erfolges ist sicherlich, dass sie Ablenkungen ignorieren und sich vollkommen auf die vor ihnen liegende Aufgabe konzentrieren können.

Achtsamkeit sollte mehrmals am Tag geübt werden, damit die zufälligen Gedanken, die in Ihrem Kopf herumschwirren, anfangen sich zu beruhigen. Dies ist eine großartige Methode, um mehr Energie zu erlangen und ein nachhaltiges Glücksniveau zu erreichen.

Eine Ausrede, die Amerikaner häufig benutzen, um zu rechtfertigen, warum sie keine Achtsamkeit praktizieren, ist, dass sie nicht genug Zeit dafür haben. Tatsächlich wird aber das Üben von Achtsamkeit für ein paar Minuten am Tag den Kopf klären, sodass der Verstand länger produktiver sein kann als vorher. Achtsamkeit wird Ihre Effizienz erhöhen.

Aber wie die Selbsthypnose und die anderen Übungen des 28-tägigen Programms muss man auch Achtsamkeit jeden Tag üben.

Wundern Sie sich nicht, wenn Sie entdecken, dass Sie am Ende eines Tages mehr Energie haben als vorher. Das liegt daran, dass das Üben von Achtsamkeit den Kopf von unproduktiven Gedanken und negativen Gefühlen befreit, die Ihnen ständig Energie rauben. Vielleicht merken Sie ja, dass Sie nach etwa zehn Tagen des Übens effektiver funktionieren, weil Sie keine Energie mehr an Ängste, Fantasien oder unterschwelligen Groll verschwenden. Und selbst am Ende eines geschäftigen Arbeitstages behält Ihr Verstand seine Klarheit und Konzentrationsfähigkeit.

Grundlagen der Achtsamkeit

Der Atem ist die Verbindung zu einem achtsamen Bewusstseinszustand. Wenn Sie still dasitzen und sich auf den Atem konzentrieren, werden Sie feststellen, dass Ihre Gedanken am Anfang leicht abschweifen. Wenn Sie merken, dass Sie an etwas anderes als an den Atem denken, konzentrieren Sie sich einfach wieder darauf. Je länger Sie sich auf den Atem konzentrieren können, desto zentrierter und fokussierter wird Ihr Verstand werden.

Der Atem ist gleichsam das Metronom des Lebens, denn er reagiert auf jede Veränderung des körperlichen Gleichgewichts. Er bestimmt den Rhythmus Ihres Körpers und er ist stets vorhanden. Da der Atem immer bei Ihnen ist, können Sie Achtsamkeit an jedem Ort üben: zu Hause, in der Natur oder während Sie im Supermarkt in der Schlange stehen.

Der Atem ist die Brücke zum Geist. Atmen Sie einige Atemzüge lang ganz normal. Dehnen Sie dann die Ausatmung so aus, dass mehr Luft aus den Lungen herausgedrückt wird. Dadurch wird die nächste Einatmung umso tiefer sein. Beobachten Sie den Atem während der vollen Länge jedes Atemzugs, also während der gesamten Einatmung und der gesamten Ausatmung. Versuchen Sie nicht, den Atem zu kontrollieren, seien Sie sich seiner einfach nur bewusst. Wenn die Atmung flacher wird, lassen Sie sie flacher werden. Wenn sie schneller oder langsamer wird, lassen Sie es geschehen. Der Atem reguliert sich selbst. Versuchen Sie nicht, ihn zu etwas zu zwingen oder ihn zu verändern, spüren Sie ihn einfach und seien Sie sich seiner bewusst.

Die Praxis des Mitgefühls

Zahlreiche philosophische Richtungen und alle Weltreligionen betrachten Mitgefühl als eine der großen Tugenden. Im zweiten Brief an die Korinther in der christlichen Bibel wird Gott als »Vater des Erbarmens und der Gott allen Trostes« bezeichnet.[1]

Das Leben Jesu verkörpert für Christen die Essenz des Mitgefühls. Das Beispiel Christi soll die Christen inspirieren, ihre eigenen Wünsche hintanzustellen und sich anderen Wesen gegenüber mitfühlend zu verhalten. Im Gleichnis vom guten Samariter beschreibt Jesus seinen Jüngern das Ideal mitfühlenden Verhaltens.

Mitgefühl, das stärker als reine Empathie ist, erzeugt den aktiven Wunsch, das Leiden anderer zu lindern. Häufig, aber nicht immer, ist Mitgefühl das Schlüsselelement des Altruismus, der sich in gesellschaftlichen Zusammenhängen zeigt. In Begriffen der Ethik verkörpern die verschiedenen Ausdrucksformen der sogenannten *Goldenen Regel* das Prinzip des Mitgefühls: »Behandle andere so, wie du von ihnen behandelt werden willst.«[2]

Praktisch betrachtet kann Mitgefühl zu einem bewussten Verhalten werden, das natürliches Glück augenblicklich in Ihr Leben bringen kann. Der Schlüssel, um Mitgefühl ins tägliche Leben zu integrieren, ist, es zu einer Gewohnheit werden zu lassen.

Nachdem Sie einen Akt des Mitgefühls einmal am Tag ausgeführt und die emotionale Belohnung, die daraus erwächst, gespürt haben, werden Sie überall Möglichkeiten entdecken, mitfühlender zu handeln. Nachdem Sie subjektiv erfahren haben, dass praktiziertes Mitgefühl Sie glücklich macht, können Sie sich auch die in diesem Buch zitierten wissenschaftlichen Studien anschauen, die zeigen, dass Menschen, die mitfühlend handeln, deutlich mehr DHEA ausschütten, also jenes Hormon, das dem Alterungsprozess entgegenwirkt, und weniger Cortisol, das Stresshormon.

Übungen, um Mitgefühl zu entwickeln

Empathie einüben

Der erste Schritt in der Entwicklung von Mitgefühl besteht darin, Empathie für andere Menschen zu empfinden. Versuchen Sie diese Übung: Stellen Sie sich vor, dass ein von Ihnen geliebter Mensch körperlich oder psychisch leidet. Versuchen

Sie sich dann vorzustellen, welchen Schmerz er empfindet. Sehen, hören und spüren Sie den Schmerz des anderen mit all Ihren Sinnen. Nachdem Sie mit dieser Übung vertraut sind, dehnen Sie sie auf andere Menschen aus, denen Sie nicht nahestehen.

Einheitsdenken einüben

Statt sich auf die Unterschiede zwischen sich selbst und anderen zu konzentrieren, richten Sie Ihren Fokus auf die Ähnlichkeiten. Zwar mag sich die äußere Erscheinung unterscheiden, aber Ihre Bedürfnisse und Wünsche werden von Milliarden anderer Menschen geteilt.

Affirmationen

Wählen Sie eine der folgenden Aussagen aus und wenden Sie sie in ihrem Leben an. Wiederholen Sie diese Aussage eine Woche lang mindestens fünfmal am Tag.

»Dieser Mensch strebt genau wie ich nach Glück.«

»Dieser Mensch möchte genau wie ich Leiden vermeiden.«

»Dieser Mensch hat genau wie ich Trauer, Einsamkeit und Verzweiflung erlebt.«

»Dieser Mensch versucht genau wie ich, seine Bedürfnisse zu befriedigen.«

»Dieser Mensch möchte genau wie ich, Mitgefühl zeigen.«

Freiheit von Leid einüben

Sobald Sie Empathie für einen anderen Menschen empfinden und seine Menschlichkeit und sein Leiden anerkannt haben, besteht der nächste Schritt darin, sich zu wünschen, er möge frei von Leiden sein. Dieser Wunsch ist der Kern des

Mitgefühls. Denken Sie darüber nach, wie glücklich Sie wären, wenn ein anderer Mensch Ihnen wünschen würde, Sie mögen frei von Leiden sein, und dementsprechend handeln würde.

Güte praktizieren
Entscheiden Sie sich jeden Tag für eine kleine Tat, die darauf abzielt, das Leiden eines anderen Menschen zu lindern. Haben Sie immer ein Lächeln, ein freundliches Wort oder ein offenes Ohr parat oder machen Sie einen Botengang für jemanden. Machen Sie daraus eine tägliche Praxis. Schließlich wird diese Übung die Grundlage aller Entscheidungen sein, die Sie im Alltag treffen.

Mitgefühl für jene einüben, die uns Böses tun
Der letzte Schritt in diesen Übungen, mit denen wir Mitgefühl entwickeln wollen, besteht darin, nicht nur das Leiden jener Menschen lindern zu wollen, die wir lieben oder mögen, sondern auch das derjenigen, die uns schlecht behandeln. Denken Sie über einen solchen Menschen nach. Wer könnte das sein: Ihr Chef? Der Autofahrer, der Sie beim Überholen geschnitten hat? Oder ein Mitglied Ihrer Familie? Hat Ihnen jemand die Schuld an etwas gegeben, für das Sie nichts konnten? Was auch immer es gewesen sein mag, denken Sie ein paar Minuten über die Lebensgeschichte dieses Menschen nach. Was hat er als Kind gelernt? Versuchen Sie die Stimmung und den Geisteszustand dieses Menschen zu spüren – und den Schmerz, den er durchgemacht haben muss, um Sie so zu behandeln. Erkennen Sie an, dass dieser Mensch sein Bestes versucht hat – so wie Sie auch. Auch Sie haben schon

einmal einen Menschen schlecht behandelt, weil Sie einen harten Tag oder eine schlechte Woche hatten. Mitgefühl und Vergebung sind notwendige Bestandteile des natürlichen Glücks.

Liebe (Agape)

Heute wird der Begriff »Liebe« in allen möglichen Bedeutungen gebraucht. Zum Beispiel: »Ich liebe meinen Hund«, »Ich liebe mein Auto«, »Ich liebe meinen Mann«, »Ich liebe Kartoffelpüree« und so weiter. Aber als das Neue Testament auf Altgriechisch geschrieben wurde, kannte die griechische Sprache vier deutlich unterscheidbare Worte für Liebe: *agape*, *eros*, *philia* und *storge*.

Agape ist das Wort, das im Neuen Testament vorwiegend für Liebe verwendet wird. Der Begriff wurde von den frühen Christen gebraucht, um die aufopferungsvolle Liebe Gottes zu den Menschen zu bezeichnen, und bezeichnet die Art der Liebe, die Jesus lehrte. Wenn es heißt »Gott ist Liebe«, dann verwendet das griechische Neue Testament das Worte *agapao*, um die Liebe Gottes zu beschreiben.

Andere griechische Wörter für die verschiedenen Formen der Liebe sind: *Eros*, die romantische oder lustorientierte Form der Hollywood-Liebe, die wie die meisten Vergnügungen ganz von den Umständen abhängt. Das Wort *eros* kommt im Neuen Testament nicht vor. *Philia* bezeichnet die freundschaftliche Liebe unter Freunden und unter Gefährten. *Philia* kann angenehm sein, ist aber nicht beständig, da auch sie von den wechselnden Umständen und den sich verändernden Wahrnehmungen und Erwartungen der Beteiligten abhängig ist. Leider kennt wahrscheinlich jeder von uns eine Freundschaft, die wegen zeitlichem oder räumlichem Abstand verblasste oder sich aufgrund unbedachter Äußerungen oder einer falschen Interpretation des Verhaltens des anderen aufgelöst hat.

Storge ist die Liebe zur Familie, die auf einem genetisch bedingten Überlebensinstinkt beruht. Zwar kann sie durchaus eine Schutzfunktion erfüllen, wie in dem Sprichwort »Blut ist dicker als Wasser« deutlich wird, aber sie kann durch Interessenskonflikte oder Konkurrenzverhalten beschädigt werden.

Im Gegensatz zu diesen drei Formen der Liebe wird *Agape* nicht durch Umstände oder unterschiedliche Wahrnehmungen eingeschränkt. *Agape* kann sich darüber erheben, weil sie auf einer bewussten Entscheidung beruht, nämlich der Entscheidung, aktiv für das Wohlergehen eines anderen Menschen zu sorgen. Da *Agape* keine Reflexhandlung ist und auch nicht auf einem Erwiderungsgefühl beruht, das entsteht, nur weil jemand nett zu einem ist, kann *Agape* auch in einer feindseligen Umgebung praktiziert werden, der es völlig an Wärme und Geborgenheit mangelt. Jesu Aufforderung, unsere Feinde zu lieben, soll das grenzenlose Wesen des christlichen Engagements für das Wohlergehen der Mitmenschen verdeutlichen.[3]

Das Neue Testament ist voller Beispiele, die das Wesen von *Agape* veranschaulichen, und voller Lehrreden, welche die Jünger dazu bewegen sollen, ihr Herz durch *Agape* formen zu lassen. Hier sind ein paar Beispiele, welche die aktive Natur von *Agape* illustrieren:

- Johannes 3,16: Obwohl Gott weiß, dass die sündhaften Menschen seinen Sohn umbringen werden, er aber auch weiß, dass sie ohne ihn verloren sind, zeigt Gott seine Liebe (Agape) zu ihnen, indem er seinen Sohn zu ihnen schickt.
- Johannes 14, 15,23: Jene, die Jesus lieben, werden die Lehren Jesu befolgen.
- Johannes 3,17: Wenn ein Mensch materiellen Besitz hat und die Liebe Gottes in ihm weilt, dann wird er für seinen Bruder sorgen, der in Not ist.[4]

Das aktive Wesen der *Agape* ermöglicht es uns nicht nur, uns über unsere Umstände zu erheben, es inspiriert auch Leidenschaft und Freundschaft. Wenn ein Ehepartner mit *Agape* im Herzen zu seinem Gefährten spricht und sich dementsprechend verhält, erzeugt dies jene liebevolle Atmosphäre, in der Eros und Philia gedeihen. Auch wenn der aktive Partner seinen Gefährten als lieblos oder gemein empfindet, können weitere Probleme vermieden werden, wenn er mit *Agape* reagiert, denn die Macht der *Agape* führt dazu, dass die anderen Formen der Liebe wachsen und gedeihen können. Jesus lehrte seine Jünger, dass die Welt daran erkennen wird, dass sie seine Schüler sind, weil sie einander mit *Agape* behandeln.[5]

Die Entspannungsreaktion

Das wichtigste Element, das wir unbedingt brauchen, um mit dem Unbewussten kommunizieren zu können, ist die Tiefenentspannung. Die Entspannungsreaktion, wie sie Herbert Benson am *Benson-Harvey-Mind-Body Medical Institute* am *Massachusetts General Hospital* in Boston lehrt, ist leicht verständlich und kann von jedermann jederzeit angewendet werden. Die nationale Gesundheitsbehörde der Vereinigten Staaten hat sie ausführlich erforscht und als wirksame Methode zur Stressverminderung empfohlen.

Herbert Benson und sein Forschungsteam von der Universität Harvard haben im Lauf von über 30 Jahren Tausende von Untersuchungen über Meditation und Entspannung durchgeführt. Mit der Erlaubnis seiner Heiligkeit des Dalai Lama hat Benson eine Gruppe tibetischer Mönche untersucht, die in nasse, eiskalte Tücher gewickelt in Meditation versunken in einer Höhle saßen, in der die Temperatur etwa sieben Grad unter Null betrug. In einem erstaunlichen Film kann man sehen, wie die Mönche meditieren, bis die Tücher vor Hitze dampfen, die sie in ihrem Körper erzeugen. Wenn es je Zweifel daran gegeben hat, dass der Geist körperliche Veränderungen bewirken kann, dann hat diese Pilotstudie sie wohl beiseitegeräumt.

Im Folgenden geben wir Herbert Bensons Entspannungstechnik kurz zusammengefasst wieder: »Atmen Sie ein paarmal tief ein und aus. Schließen Sie die Augen und überlegen Sie sich ein Wort, das Sie mit Entspannung und innerem Frieden verbinden. Manche Menschen entscheiden sich für einen Begriff aus einem Gebet, andere ziehen ein Wort wie ›entspannen‹ vor. Wiederholen Sie das Wort langsam, während

Sie weiteratmen. Entspannen Sie sich während des Atmens. (Richtig gehört: Es ist so einfach, dass selbst ein Höhlenmensch es könnte.) Wenn Sie die Augen wieder öffnen und sich genüsslich strecken, werden Sie sich so entspannt fühlen, als wenn Sie ein ausgedehntes Mittagsschläfchen gehalten hätten. Verstand, Körper und Geist sind erfrischt.«

Autogene Entspannung

Die autogene Entspannung, die auch als progressive Muskelentspannung bezeichnet wird, ist ein Verfahren, bei dem Körper und Geist eine vollkommene Entspannungserfahrung machen. Während man einen Teil des Körpers nach dem anderen an- und entspannt, wiederholt man das Wort »entspannen«.

Machen Sie es sich so bequem wie möglich. Sie können sitzen oder sich hinlegen. Atmen Sie ein, füllen Sie die Lungen so weit, dass Sie es noch als angenehm empfinden, und konzentrieren Sie sich auf einen Gegenstand, der sich vor Ihnen befindet. Atmen Sie langsam aus. Füllen Sie die Lungen erneut. Entspannen Sie dann die Augen und atmen Sie langsam weiter. Entspannen Sie alle Muskeln des Körpers auf methodische Weise von den Füßen bis zum Kopf. Spüren Sie, wie sich zuerst die Füße entspannen, dann wie die Spannung aus Ihren Unterschenkeln weicht. Entspannen Sie anschließend die Muskeln im ganzen unteren Teil des Körpers. Machen Sie dann mit der Brust, den Armen und dem Hals weiter. Es dauert normalerweise 10–20 Minuten, bis eine vollkommene Entspannung eingetreten ist.

Noch einige abschließende Gedanken

In diesem Programm verwenden wir Übungen, die gründlich erforscht und für wirksam befunden worden sind. Einige werden Ihnen sofort zusagen, während Sie mit anderen zunächst möglicherweise Schwierigkeiten haben werden. Zwingen Sie sich nicht, die Übungen zu machen, bei denen Sie sich nicht wohlfühlen. Denken Sie daran, dass nicht alles bei allen jederzeit funktioniert – nicht einmal Aspirin.

Bestimmte Methoden sprechen gewisse Menschen an, während dieselben Methoden für andere eher frustrierend sind. Wenn Sie die Übungen in diesem Buch achtsam praktizieren, besteht eine gute Chance, dass sie Ihnen helfen werden, neue Gewohnheiten in Bezug auf glücklichere Gedanken, Gefühle und Verhaltensweisen zu entwickeln.

Obwohl diese Übungen so gestaltet sind, dass sie innerhalb eines Monats sichtbare Ergebnisse hervorbringen sollten, kann es bei Ihnen länger dauern, bis Sie eine Verbesserung wahrnehmen. Es kann aber auch sein, dass Verstand, Körper und Geist schon vom ersten Tag an positiv reagieren. Es gibt keine zeitliche Beschränkung. Wir bitten Sie daher, Geduld zu haben, mit den Übungen in verschiedenen Kombinationen zu experimentieren und diejenigen herauszufinden, die für Sie am besten funktionieren.

Wir bitten Sie um eine Rückmeldung, damit wir das Programm verbessern können. Bitte teilen Sie uns mit, was für Sie wirklich gut funktioniert hat und was man noch verbessern könnte. Wir brauchen Ihre Hilfe, um dieses Programm weiter zu verbessern. Sie erreichen uns unter info@happinessgenes.com oder über Twitter unter @happinessgenes.

Ausklang – Willkommen zur Revolution

Wenn Sie bis hierhin gekommen sind oder möglicherweise das Ende zuerst gelesen haben, dann sind Sie jetzt Teil einer stillen Revolution – vielleicht ohne sich dessen bewusst zu sein.

Ja, Sie haben ganz richtig gelesen.

Aber Sie müssen sich keine Sorgen machen. Niemand wird dabei sterben – außer vielleicht einigen alten Vorstellungen, die keine Daseinsberechtigung mehr haben.

Wir sprechen hier von einer Revolution in der Evolution – einer biologischen, spirituellen und intellektuellen Evolution. Der Begriff *Evolution* bezeichnet einen Prozess allmählicher Veränderungen. Der Begriff *Revolution* bezeichnet eine plötzliche Veränderung des Status quo hin zu einer neuen Lebensweise.

In den letzten fünf Jahren hat eine erstaunliche Vielzahl neuer Entdeckungen den Zugang der Menschheit zu neuen Informationen beschleunigt. Mit diesen Informationen erhalten wir auch die Möglichkeit, unser gesamtes Wissensspektrum zu erweitern. Wenn wir neuartige Methoden entdecken, wie wir diese neuen Informationen dann umsetzen können, können wir auch künftigen Generationen helfen. Nie zuvor in der Geschichte der Menschheit hat dieses Tor zur bewussten Evolution offen gestanden.

Unser Dank gilt den Wissenschaftlern, die diese Revolution in der Evolution anführen. Aber auch Sie, die Leser, haben dabei eine wichtige Rolle zu spielen.

Stellen Sie die gängigen Antworten infrage. Für Ihr persönliches Wachstum und Ihre intellektuelle Entwicklung ist es weitaus wichtiger, Antworten zu hinterfragen, als Fragen zu beantworten.

Öffnen Sie Ihren Geist. Ihr Geist ist wie ein Fallschirm. Er funktioniert nur, wenn er geöffnet wird.

Vielleicht hört sich das jetzt etwas platt an, aber es ist dennoch wahr. Sie müssen nichts in dieser kontrovers geführten Debatte glauben oder ablehnen, um von den neuen Forschungsarbeiten und den sich daraus entwickelnden Konzepten zu profitieren. Sie müssen allerdings offen für die Möglichkeit sein, dass es in diesem Bereich etwas gibt, das Ihnen zu einem glücklicheren, gesünderen Leben verhelfen kann.

Suchen Sie nach der Wahrheit. Ob Sie dieses Buch aus wissenschaftlicher Neugier oder spirituellem Interesse gelesen haben, spielt also keine Rolle. Der Geist der Wissenschaft und der Geist der Spiritualität zeichnen sich dadurch aus, dass sie nach Wahrheit suchen. Der Begriff *Genialität* bezeichnet die Fähigkeit, sich zwei scheinbar widersprüchliche Konzepte vorzustellen, ohne eines davon ausschließen zu wollen, um »Recht« zu haben.

Wir hoffen aufrichtig, dass wir zumindest einige Ihrer Fragen beantworten konnten. Wir sind uns bewusst, dass die Epigenetik ein schwieriges Thema ist und dass Sie nach dem

Lesen dieses Buches möglicherweise verwirrter sein werden als vorher. Aber auch wenn sie unangenehm sein mag, so wird Sie die Verwirrung doch motivieren, nach weiteren Informationen zu suchen. Und irgendwann werden Sie möglicherweise auch entdecken, dass Sie auf einer höheren Ebene verwirrt sind – und wegen wichtigerer Dinge.

Anhang I – Verhaltenswissenschaften und Epigenetik

In diesem Buch geht es um die verschiedenen Elemente von Verhaltensgenetik und Spiritualität.

Der Sinn unserer Forschungen bestand darin, die Verbindung zwischen den spirituellen Genen und dem natürlichen Glücksgefühl aufzudecken. Dabei deckten wir auch die genetischen und umweltbedingten Hemmnisse auf, die das natürliche Glück verhindern und Leiden und Gewalt möglich machen. Damit Sie diese Hemmnisse auf Ihrem Weg zum natürlichen Glück aus dem Weg schaffen können, haben wir Ihnen in Kapitel 9 ein Programm epigenetischer Methoden vorgestellt.

Da die daran beteiligten Elemente nicht allgemein bekannt sind, soll dieser Anhang jenen, die daran interessiert sind, einen tieferen Einblick ermöglichen.

Genetik

Die Genetik befasst sich mit physischen Eigenschaften und dem in der DNA gespeicherten Code, der den Bauplan eines jeden Organismus bereitstellt. Es ist unmöglich, den Einfluss der Genetik auf unserem Planeten zu hoch einzuschätzen. Jedes Lebewesen benötigt DNA, um zu leben, und alle Lebewesen – natürlich auch die Menschen – teilen bestimmte DNA-Sequenzen miteinander. Die erstaunlichen Übereinstimmungen in unserer DNA und der anderer Lebewesen deuten darauf hin, dass alle Lebewesen ihren Ursprung auf eine einzige Quelle zurückführen können. Die Gene eines Organismus bestimmen, wie er aussieht, funktioniert und sich fortpflanzt. Weil die gesamte Biologie auf den Genen aufgebaut ist, bildet die Genetik die Grundlage für viele andere Wissenschaften, darunter Landwirtschaft und Medizin.

Das Gen ist die Grundeinheit vererbter Eigenschaften und in den Zellen aller lebender Organismen zu finden – von den Bakterien bis zu den Menschen. Ein Gen besteht aus DNA-Segmenten, also aus Molekülen, welche die langen Stränge bilden, die als Chromosomen bezeichnet werden. Die Informationen, die verschlüsselt in der DNA-Struktur eines Gens enthalten sind, regulieren die Herstellung von Proteinen, den molekularen Arbeitspferden, die alle lebenerhaltenden Aktivitäten innerhalb der Zellen ausführen.

Genexpression ist ein Begriff, der darauf hinweist, dass die Gene nicht ständig aktiv sind. Da jede Zelle des Körpers eine ganze Reihe genetischer Anweisungen enthält, die uns ausmachen, sind nur bestimme Gene gleichzeitig aktiv und wirken in einer bestimmten Gewebeart. Die Gene, die diese

Funktionen beeinträchtigen könnten, werden dann abgeschaltet, wie Sie das Licht ausschalten, wenn Sie aus dem Zimmer gehen.

Die Genexpression wird durch Hormone kontrolliert, die im Blutkreislauf zirkulieren und auf bestimmte Gewebe einwirken. Daher kann man sagen, dass Hormone Hauptschaltern der Genregulierung im ganzen Körper gleichen. Wie dieser Prozess die Wirkungsweise der Gene beeinflusst, ist nicht bekannt, aber schon leichte hormonelle Veränderungen können Stärke und Ausmaß unserer Spiritualität beeinflussen.

Bei den Organismen, die sich auf geschlechtliche Weise fortpflanzen, erben die Nachkommen die Hälfte ihrer Gene von jedem Elternteil und kombinieren diese beiden Gensätze miteinander. Daraus entsteht dann eine neue Genkombination, sodass jedes Individuum sowohl einzigartig ist als auch dieselben Gene wie die Eltern besitzt. Die geschlechtliche Fortpflanzung stellt also sicher, dass die Grundmerkmale einer bestimmten Art über Generationen hinweg überwiegend gleich bleiben. Allerdings kommen ständig Mutationen vor – also plötzliche Veränderungen der DNA. Dadurch entstehen Genvariationen, die weiter vererbt werden. Die meisten Mutationen sind neutral oder »still« und beeinflussen die Funktionsweise der Proteine nicht.

Gelegentlich kommt es aber vor, dass eine Mutation einen Organismus schädigt oder seine Leistungsfähigkeit verbessert. Im Laufe der Evolutionsgeschichte übernehmen diese Mutationen dann die wichtige Rolle, den Organismen bislang nicht existierende Proteine hinzuzufügen. Daher sind Mutationen die Triebkraft hinter der genetischen Vielfalt und bei der Entstehung neuer, leistungsfähigerer Arten, die sich besser an Veränderungen der Umwelt – wie Klimaveränderungen, Nahrungsknappheit, neue Krankheiten – sowie an Veränderungen in den Glaubenssystemen und des Verhaltens anpassen können. Studien haben bestätigt, dass sich das menschliche Genom immer noch weiterentwickelt. Einige Gene werden dupliziert und übernehmen neue Funktionen, während andere ihre Funktionalität verlieren. Die dynamische Natur des menschlichen Genoms deutet darauf hin, dass sich auch unsere Gene weiterentwickeln.

Vererbung

Gegenwärtig gibt es keine stichhaltigen Beweise für die Vererbbarkeit von Verhaltensweisen und Charaktereigenschaften. Zwar existieren zahlreiche Studien und Meinungen zu diesem Thema, aber die besten Hinweise lassen sich wohl im wissenschaftlichen Vergleich eineiiger Zwillinge finden. Wenn Sie persönlich eineiige Zwillinge kennen, wissen Sie vermutlich, dass diese eine erstaunliche äußere Ähnlichkeit aufweisen und auch bestimmte Eigenarten gemein haben, dass ihre Persönlichkeiten sich aber nicht notwendigerweise gleichen. Wissenschaftler haben eineiige Zwillinge über viele Jahre hinweg untersucht, um den Einfluss von Vererbung und Erziehung herauszufinden. Zudem sind Untersuchungen an eineiigen Zwillingen durchgeführt worden, die nach der Geburt getrennt wurden und in verschiedenen Familien aufwuchsen.

Eine neuere Untersuchung zum Thema genetisch bestimmte Glücklichkeit, in deren Rahmen eineiige Zwillinge untersucht wurden, wurde von David Lykken durchgeführt und in seinem Buch *Happiness* veröffentlicht.[1] Lykken schreibt, dass sich mit einiger Wahrscheinlichkeit 60 Prozent der eineiigen Zwillinge, die nach der Geburt getrennt wurden, als glücklich beschreiben würden.

Künftige genetische Untersuchungen werden möglicherweise genetische Veranlagungen für bestimmte Verhaltensweisen nachweisen. So scheint zum Beispiel eine bestimmte Variante in einem Rezeptor des Neurotransmitters Dopamin damit in Verbindung zu stehen, dass eine Person ständig auf der Suche nach etwas Neuem ist, und eine Variante in einem Transportgen für Serotonin wird mit Angstzuständen in Verbindung gebracht.

Ein Merkmal der menschlichen Individualität, das heftig umstritten ist, ist die Intelligenz. Ein bedeutendes Hindernis zu einer Klärung offenbart sich schon in der Uneinigkeit darüber, wie Intelligenz zu definieren ist und wie man sie messen soll. Dieses emotional aufgeladene Thema erregt immer mehr Interesse, da es eine starke vererbbare Komponente zu geben scheint. Gegenwärtig ist aber noch keine spezifische DNA-Variante nachgewiesen worden, die einen Einfluss auf den Intelligenzquotienten haben könnte, aber es wird von denen, die sich näher mit diesem Thema befassen, erwartet, dass man in der Zukunft mehrere solcher Varianten entdecken wird.

Die Möglichkeit einer genetischen Spiritualität ist gegenwärtig ein viel diskutiertes Thema, das durch die immens große Berichterstattung in den Medien anlässlich der Veröffentlichung eines Buches mit dem Titel *The God Gene*[2] noch verstärkt wurde.

Dean Hamer, der Autor dieses Buches, setzte Persönlichkeitstests ein, um zu beweisen, dass eine Eigenschaft namens »Selbsttranszendenz« in Familien vererbt wird und zum Beispiel vermehrt bei Zwillingen auftritt. Diese Eigenschaft begünstigt den Glauben an etwas, das nicht bewiesen werden kann, und tritt vor allem bei erfahrenen Mediatoren auf. Da die Vererbung bei Charaktereigenschaften normalerweise einen gewissen Einfluss hat, war diese Entdeckung nicht weiter ungewöhnlich. Aber Hamer behauptete, dass eine Genvariante namens VMAT2 eine Rolle bei einer hohen Bewertung auf der Selbsttranszendenzskala spielte.

Francis Collins, der Leiter des Humangenomprojekts, hat in seinem Buch *The Language of God*[3] allerdings darauf hingewiesen, dass keines der Ergebnisse Hamers in der wissenschaftlichen Fachliteratur einer Prüfung unterzogen worden ist. Die meisten Experten begegnen Hamers Buch ohnehin mit erheblicher Skepsis.

Collins zufolge spielt die Vererbung unzweifelhaft eine Rolle bei vielen Charaktereigenschaften, aber Umwelteinflüsse und darunter besonders die frühkindlichen Erfahrungen sowie der freie Wille haben ebenfalls einen großen Einfluss darauf. Vermutlich werden die Wissenschaftler der Zukunft immer mehr molekulare Details über die vererbbaren Faktoren finden, die unserer Persönlichkeit zugrunde liegen, aber das sollte uns nicht dazu verleiten, ihren quantitativen Einfluss zu überschätzen, meint er.

Dies scheint die gegenwärtige Position der herrschenden Wissenschaft zum Thema Genetik und Spiritualität zu sein, aber es gibt handfeste Beweise dafür, dass die Menschen während der gesamten Menschheitsgeschichte eine spirituelle

Natur und eine unstillbare Sehnsucht nach Gott gehabt haben. Tatsächlich ist es das Hauptanliegen von Collins' Buch, Beweise für die Existenz Gottes vorzulegen. Es ist offensichtlich, dass wir eine Sehnsucht nach Gott verspüren und dass wir emotionale Belohnungen für jede spirituelle Handlung – wie das Vollbringen einer guten Tat oder mitfühlendes Verhalten – erhalten. Es mag für einige Wissenschaftler ja gut und schön sein, auf die Entdeckung spezifischer Gene zu warten, die für unsere Spiritualität verantwortlich sind, aber die meisten ziehen es vor, die Möglichkeit des natürlichen Glücks jetzt zu akzeptieren.

Das menschliche Verhalten

Der Begriff *Verhalten* bezieht sich auf die Aktionen oder Reaktionen eines Organismus in seiner Beziehung zur Umwelt. Verhalten kann bewusst oder unbewusst, offen oder versteckt, freiwillig oder unfreiwillig sein. Das menschliche Verhalten kann durch eine Vielzahl von Umständen beeinflusst werden, zum Beispiel durch Kultur, Gefühle, Ethik, Autoritäten, Hypnose, Zwang und/oder Genetik. Verhaltensweisen oder Charaktereigenschaften vorherzusagen, ist komplexer, als man gemeinhin denkt. Versuche, das Verhalten vorherzusagen oder zu ändern, sind von unzähligen Fehlschlägen gekennzeichnet.

Shakespeare hat versucht, es zu beschreiben; Freud, Jung und andere Psychiater haben versucht es zu erklären, aber alle sind gescheitert. Heute bieten Kolumnisten ihre Ratschläge feil, wie man am besten das Verhalten anderer Menschen oder sein eigenes korrigiert, vorhersagt oder ändert. Unzählige Selbsthilfebücher sagen uns, wie wir es tun sollen. Programme zur Gewichtsreduktion lehren, wie man sein Essverhalten ändert. Ehepartner versuchen ständig das Verhalten ihrer Partner zu ändern, religiöse Lehrer halten Predigten darüber, und Jesus ist vermutlich der bekannteste Vertreter der Verhaltensänderung hin zum Besseren. Doch trotz all der Bemühungen all dieser Menschen ist das Wesen der Verhaltensgenetik bis heute weitgehend unbekannt geblieben.

Unter Verhaltensweise verstehen wir die Art und Weise, wie Individuen, Organismen oder Gruppen auf bestimmte Umstände reagieren. Beispiele für solche Verhaltensweisen sind der Hund, der einem Ball nachläuft, oder Kinder, die so tun, als würden sie die anderen mit Spielzeugpistolen erschießen. Zu den Verhaltensweisen gehören aber auch die Reaktionen Ihres Körpers auf biologische Veränderungen, zum Beispiel, wenn Sie gestresst sind. Verhaltensweisen können bewusst, unbewusst, instinktiv oder genetisch bedingt sein oder auf Gewohnheit beruhen. Verhaltensweisen gehen über die physische Ausdrucksform hinaus, da auch Gefühle und Stimmungen dazugehören.

Handlungen und Emotionen sind zwar Formen des Verhaltens, aber es gibt normalerweise keine Ursache, die für sich allein genommen ein Verhalten erklärt. So gibt es zum Beispiel nicht nur eine Ursache für Depressionen oder Angstzustände. Selbst das Denken an sich ist ein Verhalten, und die Art von Denken, die auf den Erwerb von Wissen ausgerichtet ist, nennt man Intelligenz.

Das Humangenomprojekt

Im April 2003 hatte das Humangenomprojekt (HGP), ein mit öffentlichen Geldern finanziertes Konsortium akademischer Wissenschaftler unter der Leitung von Francis Collins, Lage und Struktur der circa 25 000 Gene in den menschlichen Zellen identifiziert. Dies wurde als eine der größten Leistungen der modernen Wissenschaft gefeiert. Man kann diese Leistung mit den größten menschlichen Leistungen aller Zeiten vergleichen wie zum Beispiel mit der ersten Mondlandung, aber sie hat weitaus größere Bedeutung.

Zu den genetischen Anwendungsmöglichkeiten, die durch das HGP möglich geworden sind, zählen unter anderem:

- Die Entwicklung von Medikamenten und der Gentherapie
- Die Identifizierung von Bakterien und Viren, um maßgeschneiderte Behandlungsmethoden zu entwickeln
- Die Identifizierung der Gene, die bestimmte Funktionen kontrollieren, und wie diese ab- und ausgeschaltet werden
- Gentherapie
- Ein neues Verständnis der Ursachen von Krebs
- Genmanipulation
- Diagnostische und Behandlungsmethoden für genetische Defekte

Um dieses Projekt in der richtigen Perspektive sehen zu können, müssen Sie sich eine Bibliothek mit 25 000 Büchern vorstellen, in denen nicht nur die biologischen Baupläne eines jeden Lebewesens enthalten sind, sondern auch die Lösungsansätze für Krankheiten, von denen die Menschen seit Jahrhunderten geplagt werden. Allerdings können Sie die Bücher nicht lesen, weil sie in einem Ihnen unbekannten Code aus lediglich vier Wörtern geschrieben sind, die sich auf geheimnisvolle Weise ständig wiederholen. Die Geheimnisse des Lebens auf der Erde sind seit dem Anbeginn der Zeit in diesen Büchern enthalten gewesen.

Die Bücher sind Ihre Gene, in denen die Informationen enthalten sind, die Sie aufgebaut haben, und die Bibliothek ist das menschliche Genom. Die Gen-Sequenzierung besteht darin, die Reihenfolge der vier Buchstaben herauszufinden, aus denen die Sprache der DNA besteht. Das wiederum ist der erste Schritt, um die Bücher der Bibliothek lesen zu können.

Das amerikanische *Human Genome Project*, das 1990 initiiert wurde, stellte eine 13-jährige Anstrengung dar, die vom Energieministerium der Vereinigten Staaten und den nationalen Gesundheitsbehörden koordiniert wurde. Die Ziele des Projekts waren:

- alle 20 000 bis 25 000 Gene der menschlichen DNA zu identifizieren,
- die Reihenfolge der drei Milliarden chemischen Basenpaare zu bestimmen, aus denen die menschliche DNA besteht,
- die so gewonnenen Informationen in Datenbanken zu speichern,
- die Instrumente der Datenanalyse zu verbessern,
- verwandte Technologien dem privaten Sektor zu übertragen und
- die ethischen, rechtlichen und gesellschaftlichen Themen (ELSI) anzusprechen, die sich aus diesem Projekt ergeben.

Die Enträtselung des Genoms

Mit dem Begriff *Genom* wird die gesamte DNA eines Organismus bezeichnet – die Gene eingeschlossen. Gene tragen die Informationen in sich, um alle Proteine aufzubauen, die ein Organismus benötigt. Diese Proteine bestimmen unter anderem, wie der Organismus aussieht, wie gut der Körper Nahrung verdaut oder Infektionen abwehrt und manchmal sogar, wie er sich verhält.

Die DNA ist aus vier ähnlichen Chemikalien aufgebaut, die Basen genannt werden und mit A, T, C und G abgekürzt werden. Diese Basen wiederholen sich Millionen oder Milliarden Mal innerhalb eines Genoms. So hat das menschliche Genom beispielsweise drei Milliarden Basenpaare.

Die genaue Reihenfolge der As, Ts, Cs und Gs ist von entscheidender Bedeutung. Die Reihenfolge ist Grundlage der Vielfalt des Lebens. Sie bestimmt, ob ein Organismus menschlich ist oder einer anderen Gattung angehört wie zum Beispiel Hefe, Reis oder Fruchtfliege. All diese Organismen haben ihre eigenen Genome und stehen im Fokus von eigenen Genomprojekten. Da alle Organismen aufgrund der Ähnlichkeiten der DNA-Sequenz miteinander verwandt sind, führen Erkenntnisse, die aus der Erforschung nicht menschlicher Genome gewonnen werden, häufig zu neuen Erkenntnissen im Bereich der menschlichen Biologie.

Verhaltensgenetik

Der Begriff *Verhaltensgenetik* bezeichnet jenes Teilgebiet der Biologie, das den Einfluss der Genetik auf das Verhalten erforscht. Auf diesem Gebiet überschneiden sich Genetik, Verhaltensbiologie und Psychologie. Klassischerweise erforschen Verhaltensgenetiker die Vererbbarkeit von Verhaltensmerkmalen.

Francis Galton (1822–1911) war der erste Wissenschaftler, der Vererbung und menschliches Verhalten systematisch erforschte. Der Begriff *Genetik* tauchte erst 1909 auf, also zwei Jahre vor Galtons Tod. Aber mit oder ohne einen offiziellen Namen war die Erforschung der Vererbung immer schon im Grunde die Erforschung biologischer Variationen. Die Verhaltensgenetik ist ein relativ neues Gebiet und versucht sowohl die genetischen als auch die Umwelteinflüsse zu verstehen, die zu individuellen Abweichungen im menschlichen Verhalten führen. Dies ist aus den folgenden Gründen nicht immer leicht:

Es ist häufig schwierig, das zu untersuchende Verhalten überhaupt zu definieren. Die Intelligenz ist dafür ein klassisches Beispiel. Ist Intelligenz die Fähigkeit, ein bestimmtes Problem zu lösen? Ist es die Fähigkeit, sich erfolgreich in der Welt zurechtzufinden? Oder die Fähigkeit, bei einem Intelligenztest gut abzuschneiden?

Im Spätsommer 1999 veröffentlichte ein Molekularbiologe der Universität Princeton die Ergebnisse einer beeindruckenden Untersuchung, in deren Verlauf er die Lernfähigkeit von Mäusen verbesserte, indem er ihnen ein Gen einpflanzte, das den Code für ein Protein in den Hirnzellen enthielt, das mit der Gedächtnisleistung assoziiert wird. Da die Mäuse mit den Implantaten bei den traditionellen Lerntests bessere Leistungen erzielten als die Kontrollgruppe, bezeichnete die Presse dieses Gen als »kluges Gen« oder als »IQ-Gen«, als ob eine verbesserte Gedächtnisleistung das zentrale oder sogar einzige Kriterium für Intelligenz wäre. In Wahrheit gibt es keine allgemeingültige Definition von Intelligenz – selbst unter jenen Menschen, die sie von Berufs wegen erforschen.

Nachdem er im Rahmen seiner Forschungen eine Definition erstellt hat, muss der Forscher immer noch das Verhalten mit anerkannten Standards für Verlässlichkeit und Beweiskraft messen. Das ist bei Charaktereigenschaften wie Schüchternheit oder Durchsetzungsvermögen, die gegenwärtig intensiv erforscht werden, besonders schwierig. Manchmal kommt es zu einem interessanten Zusammentreffen von Definition und Messbarkeit wie bei den Intelligenztests, wo das Testergebnis die Eigenschaft definiert, die der Test messen soll. Das ist in etwa so, als würde man die fußballerische Fähigkeit an der Anzahl der erzielten Tore messen. Eine große Anzahl mag zwar auf die Fähigkeit hinweisen, aber sie definiert nicht, worin diese Fähigkeit genau besteht.

Verhaltensweisen umfassen wie alle komplexen Eigenschaften immer mehrere Gene, was die Suche nach den genetischen Anteilen noch verkompliziert.

Wie bei anderen genetischen Studien erfordert auch die Erforschung der Gene und des Verhaltens eine vergleichende Analyse von Familien und Populationen, um jene, die eine bestimmte Eigenschaft aufweisen, mit denen zu vergleichen, die dies nicht tun.

Das Ergebnis ist häufig eine Aussage über Erblichkeit, eine statistische Konstruktion, die das Ausmaß der Variation in einer Population schätzt, das auf genetische Faktoren zurückzuführen ist. Die Aussagekraft dieser Zahlen ist allerdings sehr begrenzt, da sie nur für die untersuchte Population und nur für die zur Zeit der Untersuchung vorherrschende Umgebung Gültigkeit hat. Verändern sich die Population oder die Umgebung, wird sich höchstwahrscheinlich auch die Aussage über Erblichkeit verändern. Am wichtigsten ist aber, dass Aussagen über Erblichkeit keine Grundlage für Vorhersagen sein können, wie diese Eigenschaft in einem beliebigen Individuum zum Ausdruck kommen wird.

Die folgenden Aussagen deuten darauf hin, dass das Verhalten eine biologische Grundlage hat:

- *Das Verhalten ist häufig artspezifisch.* Gewisse Verhaltensweisen sind so charakteristisch, dass Biologen sie verwenden, um nahe miteinander verwandte Arten voneinander zu unterscheiden.
- *Ein bestimmtes Verhalten wird innerhalb derselben Gattung unverändert weitergegeben.* Man kann ein Verhalten in aufeinanderfolgenden Generationen eines Organismus reproduzieren. Man denke nur an das instinktive Bringverhalten eines Labradors oder die klassische Hütehaltung eines Border Collies.
- *Verhaltensweisen ändern sich als Reaktion auf Veränderungen in den biologischen Strukturen oder Prozessen.* So kann zum Beispiel eine Hirnverletzung einen höflichen, zurückhaltenden Menschen in einen unflätigen, aggressiven Grobian verwandeln. Wir verändern routinemäßig die Verhaltensauffälligkeiten von psychisch Kranken mit Medikamenten, welche die Chemie des Gehirns verändern.
- *Bei den Menschen zeigen bestimmte Familien dieselben Verhaltensweisen.* So gibt es zum Beispiel eine eindeutige Häufung von psychischen Erkrankungen in bestimmten Familien.

- *Das Verhalten hat eine evolutionäre Geschichte, die in verwandten Gattungen weiterbesteht.* Die Schimpansen sind unsere engsten Verwandten, die sich von uns nur durch zwei Prozent der DNA unterscheiden. Wir teilen bestimmte Verhaltensweisen mit ihnen, die für hochgradig soziale Säugetiere charakteristisch sind, darunter Aufzucht, Zusammenarbeit, Selbstlosigkeit und selbst einige Gesichtsausdrücke. Die Gene sind der evolutionäre Klebstoff, der das gesamte Leben in einer einzigen Geschichte zusammenhält, die circa 3,5 Milliarden Jahre weit zurückreicht. Bestimmte fortbestehende Verhaltensweisen sind Teil dieser Geschichte, die in der Sprache des universellen Informationsmoleküls der Natur – der DNA – geschrieben sind.

Wie sich Gene auf das Verhalten auswirken

Zu den traditionellen Untersuchungsmethoden der Verhaltensgenetik gehört die Erforschung von Zwillingen und Adoptivkindern. Durch diese Methoden sollen biologische von Umwelteinflüssen unterschieden werden. In letzter Zeit haben die Wissenschaftler aber auch nach DNA-Teilen geforscht, die mit bestimmten Verhaltensweisen in Verbindung gebracht werden. Dieser Ansatz ist bis heute sehr effektiv darin gewesen, die potenzielle Lage von Genen zu bestimmen, die mit Psychosen wie Schizophrenie oder manisch-depressiven Erkrankungen in Zusammenhang stehen. Aber bisher hat es hier keine entscheidenden Durchbrüche gegeben, weil noch keine Gene eindeutig identifiziert werden konnten, die mit bestimmten Krankheiten assoziiert werden.

Die Suche nach Genen, die mit bestimmten Merkmalen wie zum Beispiel der sexuellen Orientierung oder grundlegenden Charaktereigenschaften in Zusammenhang stehen, ist sogar noch frustrierender gewesen.

Im Allgemeinen ist es leichter, einen Zusammenhang zwischen Biologie und Verhalten bei chromosomalen und Einzelgen-Störungen festzustellen als bei gewöhnlichen, aber komplexeren Verhaltensweisen, die für Experten wie Laien gleichermaßen von Interesse sind. Daher liefern die Ersteren auf einer gleitenden Gewissheitsskala mehr Informationen für unser Verständnis des menschlichen Verhaltens. Am anderen Ende der Skala befinden sich die nur schwer definierbaren Charaktereigenschaften, während in der Mitte Merkmale wie Schizophrenie und manisch-depressive Störungen angesiedelt sind, also organische Erkrankungen, deren biologische Ursachen zwar unbekannt, aber unbestreitbar vorhanden sind, und deren unvorhersehbarer Ausbruch uns etwas über die Bedeutung von Umwelteinflüssen aufzeigen kann und uns gleichzeitig unsere Unwissenheit vor Augen führt.

Forscher auf dem Gebiet der Verhaltensgenetik haben Beweise für die genetische Grundlage von zahlreichen Verhaltensweisen vorgelegt, darunter Homosexualität, Aggressivität, Impulsivität, Fürsorglichkeit und neuerdings auch Spiritualität. Das wachsende Interesse von Wissenschaftlern und Laien hat zu einer Wiedergeburt des verhaltensgenetischen Determinismus geführt – also dem Glauben, dass die Genetik der bestimmende Faktor des Verhaltens ist.

Aber kein einzelnes Gen kann für ein bestimmtes Verhalten verantwortlich gemacht werden. Verhaltensweisen sind komplexe Eigenarten, bei denen verschiedene Gene eine Rolle spielen, die wiederum von einer Vielzahl von Faktoren beeinflusst werden. Diese Tatsache wird häufig von den Medien übersehen, die wissenschaftliche Durchbrüche über die Wirkungsweise von Genen aufbauschen, was unglücklicherweise für die Öffentlichkeit sehr irreführend sein kann.

So behauptete 1999 beispielsweise eine Untersuchung, dass die erhöhte Expression eines bestimmten Gens in Mäusen zu erhöhter Lernfähigkeit führen würde. Die Boulevardpresse nannte dieses Gen daraufhin das »Lern-Gen« oder »das kluge Gen«. Was die Presse allerdings nicht erwähnte, war, dass die Verbesserung der Lernfähigkeit, die in dieser Studie beobachtet worden war, nur kurzfristig wirksam war und nur wenige Stunden oder gelegentlich auch mehrere Tage lang anhielt.

Ein Gen als »kluges Gen« zu bezeichnen, vermittelt der Öffentlichkeit ein falsches Bild davon, wie viel die Wissenschaft heute tatsächlich über die genetischen Grundlagen einer so komplexen Eigenschaft wie Intelligenz weiß. Sobald die Neuigkeiten über das »kluge Gen« an die Öffentlichkeit gedrungen waren, wurde plötzlich über Designer-Babys diskutiert und über die Möglichkeit, Embryos gentechnisch zu manipulieren, um sie mit Intelligenz und anderen wünschenswerten Eigenschaften auszustatten, obwohl in Wahrheit der Weg von den Genen zu Proteinen zur Entwicklung einer bestimmten Eigenschaft weiterhin ein Mysterium bleibt.

Bei Verhaltensweisen und -störungen oder physischen Eigenschaften sind die Gene nur ein Aspekt unter vielen, weil eine Vielzahl von genetischen und Umweltfaktoren an der Entwicklung einer Eigenschaft beteiligt ist. Nur weil eine genetische Variante vorhanden ist, heißt das noch nicht, dass sich ein bestimmtes Merkmal auch tatsächlich entwickeln wird. Das Vorhandensein bestimmter genetischer Faktoren kann andere genetische Faktoren unterdrücken oder verstärken. Gene werden an- und abgeschaltet, und andere Faktoren können bewirken, dass ein Gen abgeschaltet bleibt. Außerdem kann das Protein, das von einem Gen codiert wird, auf eine Weise modifiziert werden, dass seine Fähigkeit, seine normale zelluläre Funktion auszuführen, beeinträchtigt wird.

Die Diskussion über die Verhaltensgenetik des Menschen ist sowohl von Aufregung als auch durch Kontroversen gekennzeichnet. Sie hat dem gegenwärtigen Sensationsjournalismus mehr Stoff geliefert als jedes andere Teilgebiet der Wissenschaft. Häufig wird in den Medien berichtet, dass Forscher »das Gen« entdeckt haben, das für Aggressivität, Intelligenz, Kriminalität, Homosexualität, weibliche Intuition und sogar für das Gottesempfinden verantwortlich sein soll. Derartige Berichte suggerieren, dass es eine direkte Beziehung zwischen einem einzelnen Gen und bestimmten Charaktereigenschaften oder -störungen gibt. Aber wie bereits erwähnt ist es eine Tatsache, dass kein einzelnes Gen automatisch zu einer bestimmten Verhaltensweise führt.

Die Erkenntnis, dass sowohl genetische als auch Umwelteinflüsse das menschliche Verhalten beeinflussen, ist mit dem Konzept der natürlichen Auslese Darwins kompatibel und stellt das menschliche Verhalten in einen Zusammenhang mit dem evolutionären Prozess. Aber die Verhaltensgenetik unterscheidet sich von der Evolutionspsychologie insofern, als sie sich auf die individuellen Unterschiede konzentriert, die durch genetische Einflüsse bewirkt werden, statt auf das generelle Verhalten einer ganzen Gattung.

Die Genome verschiedener Gattungen unterscheiden sich nur sehr wenig voneinander. So gleichen sich das Genom einer Maus und das eines Menschen fast vollständig. Die Gensequenzen von Mensch und Schimpanse weisen eine Übereinstimmung von 99,4 Prozent auf. Die Unterschiede liegen vor allem im Aktivitätsniveau der Gene. So sind beispielsweise bestimmte Gene, welche die Gehirnfunktion beeinflussen, beim Menschen weitaus aktiver, als es die entsprechenden Gene beim Schimpansen sind. Das reicht bereits aus, um die großen Unterschiede im Verhalten und in der Erscheinung von Mensch und Schimpanse zu erklären.

Es gibt eine interessante Erklärung, warum die Genome unterschiedlicher Arten so viele Gemeinsamkeiten aufweisen. Bestimmte Wissenschaftler sind der Ansicht, dass alle Arten von einem einzigen einfachen Organismus abstammen, der vor Äonen existiert haben könnte. Später entwickelten sich verschiedene Arten von dieser Originalart wie Zweige, die aus einem Baumstamm herauswachsen. In jeder neuen Gattung wird ein Teil der DNA seiner Vorgänger bewahrt. Dieser Prozess des langsamen Wandels wird Evolution genannt, und zu den Mechanismen, durch die neue Gattungen entstehen, gehören Mutation, natürliche Auslese und die sogenannte Gendrift.

Unter Mutation verstehen wir Veränderungen in der DNA eines Gens, wodurch die genetische Botschaft, die in diesem Gen codiert ist, verändert wird. Mutationen können sich jederzeit in jedem Teil eines Gens jeder Zelle ereignen. Sie können zum Beispiel durch Strahlung, Unterernährung, den Alterungsprozess oder physische Zelltraumata ausgelöst werden, obwohl die meisten Mutationen lediglich durch einfache Fehler bei der Zellteilung entstehen.

Verhalten entsteht durch die genetische Codierung, die in allen Körperzellen aufgrund elektrischer und chemischer Abläufe vor sich geht, aber besonders in denen des Nervensystems, des Gehirns, der Wirbelsäule und der Nerven im ganzen Körper. Vereinfacht gesagt resultiert ein Verhalten aus der andauernden Aktivität sehr vieler Gene, die durch Umwelteinflüsse und epigenetische Faktoren aktiviert werden.

Die Blutgruppe, einige einfache Stoffwechselvorgänge und einige wenige physische Merkmale resultieren aus dem Wirken eines einzigen Gens – und zwar unabhängig von der Umwelt. Die meisten körperlichen Merkmale wie Größe, Blutdruck, Gewicht und die Verdauungsaktivität resultieren aus der Aktivität vieler Gene, deren Aktivität sich je nach den Umweltbedingungen unterscheidet. Das gilt auch für alle komplexen Verhaltensweisen. Jede Verhaltensweise wird durch viele Gene beeinflusst, die mit zahlreichen Umwelteinflüssen interagieren.

Die allgemeine Auffassung lautet, dass ein Gen ein Verhaltensmerkmal bestimmt. Punkt und aus! Aber die Annahme, dass die Entwicklung eines Organismus ausschließlich von genetischen Faktoren bestimmt wird, ist falsch. Die Wissenschaft hat gerade erst damit begonnen, die komplexe Beziehung zwischen der Genetik, der Umwelt und den menschlichen Gewohnheiten, Neigungen und Süchten zu erforschen.

Evolutionspsychologie

Ein weiteres Teilgebiet der Verhaltensgenetik ist der Auffassung, dass die Psychologie im Licht der Evolution besser verstanden werden kann. Die Evolutionspsychologie im Besonderen hat die These aufgestellt, dass das Gehirn viele funktionale

Mechanismen umfasst, die als psychologische Adaptionen oder evolvierte psychologische Mechanismen (EPM) bezeichnet werden, die im Rahmen der natürlichen Auslese entstanden sind. Unbestrittene Beispiele für evolvierte psychologische Mechanismen sind unter anderem das Seh- und Hörvermögen, das Gedächtnis, die motorische Kontrolle und die räumliche Wahrnehmung. Die meisten Evolutionspsychologen behaupten, dass EPMs in einer Gattung mit der Ausnahme von geschlechts- oder altersspezifischen universell vorhanden sind.

Der Gedanke, dass ein Organismus aus einer Reihe von Teilen besteht, die verschiedene Funktionen erfüllen (sprich, dass sie lebende Dinge oder in einem gewissen Sinn Maschinen sind), geht mindestens auf Aristoteles zurück. Dieser Gedanke ist die Grundlage der modernen Medizin und Biologie. William Paley, der auf den Werken vieler anderer aufbaute, vertrat die Ansicht, dass Organismen Maschinen sind, die so gestaltet wurden, dass sie in bestimmten Umgebungen funktionieren. Paley glaubte, dass dieser Beweis für eine Konstruktion gleichzeitig auch der Beweis für einen Konstrukteur sei – Gott.[4] Darwin scheint von Paleys Behauptung beeindruckt gewesen zu sein, dass Organismen für bestimmte Umgebungen geschaffen wurden.

Die Evolutionspsychologie basiert auf der Annahme, dass die Wahrnehmung wie das Herz, die Lungen, die Leber, die Nieren und das Immunsystem eine funktionale Struktur besitzt, die eine genetische Grundlage hat und sich daher im Rahmen der natürlichen Auslese entwickelt hat. Wie andere Organe und Gewebe sollte diese funktionale Struktur von allen Mitgliedern einer Gattung geteilt werden und daher wichtige Probleme beim Überleben und der Fortpflanzung lösen.

Die Evolutionspsychologen versuchen die kognitiven Prozesse zu verstehen, indem sie jene Überlebens- und Fortpflanzungsfunktionen erforschen, die sie im Laufe der Entwicklungsgeschichte erfüllt haben. Dieser Ansatz ist zwar noch unbewiesen, aber durchaus vernünftig und mit dem Gedanken kompatibel, dass die Evolution der Plan Gottes ist.

Soziobiologie

In den letzten Jahrzehnten hat sich ein weiteres Teilgebiet der Genetik entwickelt, das die Theorie erforscht, dass nicht nur körperliche Merkmale, sondern auch Verhaltensweisen vererbt werden. Die Verhaltensgenetiker haben erforscht, auf welche Weise die Gene das Verhalten beeinflussen, und in neuester Zeit haben sie auch die Rolle der Biologie im Sozialverhalten untersucht. Dieses Teilgebiet, das Soziobiologie genannt wird, wurde 1975 offiziell begründet, als der amerikanische Evolutionsbiologe Edward O. Wilson das Buch *Sociobiology: The New Synthesis*[5] veröffentlichte. In diesem Buch vertritt Wilson die Ansicht, dass die Gene einen Großteil des menschlichen und tierischen Verhaltens beeinflussen und dass diese Charakteristiken ebenfalls der natürlichen Auslese unterworfen sind.

Die Soziobiologen untersuchen auch Verhaltenweisen von Tieren, die man altruistisch, also selbstlos oder fürsorglich, nennen könnte. Wenn beispielsweise Vögel auf dem Boden nisten und einer von ihnen ein Raubtier bemerkt, fängt er an zu kreischen und lenkt damit die Aufmerksamkeit des

Raubtiers auf sich. Ein solches Verhalten scheint den Gesetzen der natürlichen Auslese zu widersprechen, aber tatsächlich sind die Vögel genetisch für ein solches Verhalten ausgestattet. Dies lässt sich auch am Beispiel der Arbeitsbienen aufzeigen, die Nahrung sammeln, das Bienenvolk verteidigen und für die Jungen sorgen, obwohl sie selbst unfruchtbar sind und keine Nachkommen hervorbringen können. Da die natürliche Auslese jene belohnt, die sich am erfolgreichsten fortpflanzen, stellt sich die Frage, wieso eine unfruchtbare Arbeitsbiene dermaßen für andere sorgt.

Wissenschaftler haben heute erkannt, dass die unfruchtbaren Arbeiter bei sozialen Insekten wie Bienen, Wespen und Ameisen genetisch näher miteinander verwandt sind als in anderen Organismen. Daher bewahren sie ihre eigenen Gene besser dadurch, dass sie für ihre Gefährten sorgen und sie beschützen, als wenn sie sich selbst fortpflanzen würden. Folglich hat sich ihr selbstloses Verhalten im Rahmen der natürlichen Auslese entwickelt. Auch andere Studien über das Verhalten von Affen und Schimpansen zeigen ein ähnliches altruistisches Verhalten auf.

Zwar sind ähnliche Studien am Menschen noch nicht abgeschlossen, aber man geht davon aus, dass man zu ähnlichen Ergebnissen wie bei den Tierstudien kommen wird. Es muss zwar noch bewiesen werden, aber es erscheint plausibel, dass das selbstlose Verhalten von Menschen – vermutlich eine Komponente unserer spirituellen Gene – ein Ergebnis der natürlichen Auslese ist und daher dem Überleben der ganzen Art dient.

Die Soziobiologie wird häufig als Teilgebiet der Biologie und Soziologie betrachtet, obwohl sie Methoden aus vielen wissenschaftlichen Disziplinen anwendet, zum Beispiel aus der Evolutionszoologie, Archäologie, Populationsgenetik und einigen anderen. Innerhalb des Studiengebietes menschlicher Gesellschaften ist die Soziobiologie am ehesten mit der menschlichen Ökologie und der Evolutionspsychologie verwandt.

Die Soziobiologie wurde pauschal dafür kritisiert, dass sie behauptete – ohne überzeugende Beweise dafür zu liefern –, die Gene würden eine entscheidende Rolle im menschlichen Verhalten spielen, und dass sie daraus schloss, dass wir nur wenig tun können, um Dinge wie die menschliche Aggressivität zu eliminieren. Die Soziobiologen glauben, dass das tierische oder menschliche Verhalten durch kulturelle oder Umweltfaktoren allein nicht hinreichend erklärt werden kann. Diese Annahme würde dann die These stützen, dass das spirituelle Verhalten genetische Ursachen hat. Sie behaupten, dass man Verhaltensweisen nur dann vollständig verstehen kann, wenn man sie mit Blick auf ihre evolutionären Ursprünge untersucht. Darwins Theorie der natürlichen Auslese zufolge haben ererbte Verhaltensmechanismen, die einem Organismus eine größere Chance auf Überleben und Fortpflanzung sichern, eher in den heutigen Organismen überlebt.

Es kann nun argumentiert werden, dass sich das spirituelle Schutzverhalten wahrscheinlich im Lauf der Zeit entwickelt hat, weil es der Gattung das Überleben sicherte. Im Laufe der Zeit sind dann jene Individuen ausgestorben, die ein solches Schutzverhalten nicht zeigten. So könnten sich spirituelle Verhaltensweisen auf ähnliche Weise entwickelt haben wie andere Arten der nicht verhaltensbedingten Anpassung.

Verhaltensgenetik und Spiritualität

Wie man aus den eben erwähnten Ansichten unschwer erkennen kann, hängt es ganz davon ab, mit wem man spricht, wenn es darum geht, genetisches Verhalten vorherzusagen oder zu erklären. Dieses umstrittene Gebiet, das sich ja noch in den Kinderschuhen befindet, hat noch einen langen Weg vor sich. Es ist zu hoffen, dass die Arbeiten, die vom Humangenomprojekt durchgeführt wurden, weitere Forschungen anregen werden, um Antworten darauf zu finden, wie wir uns verhalten, wie wir denken und fühlen, und Methoden zu entwickeln, wie Krankheiten erfolgreich behandelt werden und wie wir die Lebensqualität erhöhen können.

Aber im Augenblick können wir über die Ursachen und den Nutzen einer universellen Spiritualität des Menschen nur spekulieren. Wir können aber wohl davon ausgehen, dass Spiritualität eine für das Überleben günstige Verhaltensweise ist, da wir ein spirituelles Wesen besitzen und immer noch hier sind. Wir können zudem erkennen, dass unter wechselnden Umweltbedingungen der selbstlose Aspekt der Spiritualität nicht immer ausgeübt wird, zum Beispiel wenn es um knappe Ressourcen oder um eine höhere Position geht. Aber wenn sich die Umweltbedingungen wieder verändern und der Konkurrenzkampf vorbei ist, kommt der Altruismus wieder an die Oberfläche – zumindest in homogenen Gesellschaften.

Als Überleben das Höchste war, was ein Mensch erreichen konnte, stand ethisches Verhalten nicht auf der Prioritätenliste. Als sich aber das menschliche Bewusstsein entwickelte und sich dank neuer landwirtschaftlicher Methoden die Ernährungssituation verbesserte, war der Mensch eher in der Lage, die ihm innewohnende Veranlagung für Liebe und Mitgefühl auch in größeren Gesellschaften zum Ausdruck zu bringen.

Langfristig gesehen ist es vorstellbar, dass ein Leben nach den Prinzipien einer humanistischen Ethik, die Ausdruck unserer spirituellen Gene ist, die einzige Möglichkeit des Überlebens für die Menschheit darstellt. Aber bis dahin wird das relativ langsame Tempo der Evolution nie mit den immer schneller voranschreitenden Veränderungen unserer Umwelt Schritt halten können. Und unser spirituelles genetisch bedingtes Verhalten wird nicht in der Lage sein, unsere prähistorischen menschlichen Instinkte und Gene in Schach zu halten, die immer wieder Gewalt erzeugen. Das gilt so lange, bis unser spirituelles Wesen zu einer höheren genetischen Priorität geworden ist, oder bis wir es mit einer neuen Wissenschaft wie der Epigenetik beschleunigen können.

Epigenetik

Was spielt die größere Rolle in der Bestimmung dessen, was wir sind und was wir werden? Unsere Gene oder die Umwelt? Seit Jahrhunderten wird darüber debattiert, ob nun die Vererbung oder die Erziehung dafür verantwortlich ist, wie wir aussehen und handeln. Nun hat in letzter Zeit ein wissenschaftliches Teilgebiet namens Epigenetik gezeigt, dass wir das eine nicht wirklich vom anderen trennen können.

»Wir können nicht länger darüber streiten, ob nun die Gene oder die Umwelt größeren Einfluss auf unsere Entwicklung und Gesundheit haben, da beide untrennbar miteinander verbunden sind«, behauptet Randy Jirtle, ein Genetikwissenschaftler an der medizinischen Fakultät der Duke University. Jirtle leitete vor Kurzem eine Konferenz über Epigenetik, die von der Duke University und dem *National Institute of Environmental Health Sciences* (NIEHS) organisiert worden war.

Der Körper »liest« die Gene und führt deren Anweisungen aus, wodurch man wird, wer man ist. Die Epigenetik hat sich der Erforschung jener Faktoren gewidmet, die beeinflussen, auf welche Weise die Gene gelesen werden können, ohne den genetischen Code selbst zu verändern. Jirtle zufolge können Nähr- oder Giftstoffe und andere Umwelteinflüsse derartige epigenetische Veränderungen hervorbringen. Das ist einer der Gründe, warum beispielsweise eineiige Zwillinge, die doch dieselben Gene teilen, so verschieden sein können.

Epigenetische Einflüsse können lang anhaltende Wirkungen haben. Selbst eine schlechte Ernährung während der Schwangerschaft kann das Risiko für viele Krankheiten später im Leben vergrößern. David Barker von der *Oregon Health and Science University* in Portland, Oregon, sagt: »Untersuchungen haben überall auf der Welt ergeben, dass Menschen mit einem niedrigen Geburtsgewicht ein deutlich erhöhtes Risiko haben, Erkrankungen der Herzkranzgefäße, Hirnschlag, Typ-2-Diabetes, Bluthochdruck oder Osteoporose zu bekommen.«

Forschungen haben gezeigt, dass diese epigenetischen Veränderungen sogar von einer Generation an die nächste vererbt werden können. Die Wissenschaft ist dabei herauszufinden, auf welche Weise Umwelteinflüsse diese dauerhaften Veränderungen hervorbringen. Eine der bedeutenderen

Möglichkeiten, ein Gen zu verändern, wird Methylierung genannt. Diese findet statt, wenn eine Gruppe von Atomen, welche die Wissenschaft als Methylgruppe bezeichnet, chemisch von einem Gen angezogen wird. Frederick Tyson, Programmleiter bei NIEHS und Mitorganisator der Konferenz führt aus: »Die Hinzufügung einer Methylgruppe bringt das Gen zum ›Verstummen‹.« Mit anderen Worten: Wenn ein Gen eine Methylgruppe angezogen hat, kann der Körper es nicht mehr lesen, obwohl sich der genetische Code kein bisschen verändert hat.

Die Forschungsprogramme der NIEHS zielen nun darauf ab, mehr über jene Umweltfaktoren herauszufinden, welche die Gene beeinflussen und das Risiko für bestimmte Krankheiten erhöhen. Die Forscher untersuchen eine ganze Reihe von Substanzen, darunter auch Pestizide und Schwermetalle, um herauszufinden, welche von ihnen Gene verändern können und welche Gene sie verändern können. Mindestens ein Dutzend Medikamente, die epigenetische Veränderungen beeinflussen sollen, werden derzeit erprobt. Weitere befinden sich in der Entwicklung.

Im Mai 2009 ließ die *Food and Drug Administration* ein Medikament zu, das die Methylierung beeinflusst, um eine seltene Knochenmarkserkrankung zu behandeln, die zu Leukämie führen kann. Wenn die Forscher mehr über Gene herausfinden und verstehen, von welchen Umweltfaktoren sie beeinflusst werden können, werden sie in der Lage sein, neue Ansätze zur Vorbeugung und Behandlung von Krankheiten zu entwickeln.

Auf individueller Grundlage können epigenetische Geist-Körper-Methoden eingesetzt werden, um jene Gene abzuschalten, die für negative Gedanken und Instinkte verantwortlich sind. Der Plan zum natürlichen Glück, der in Kapitel 9 beschrieben wird, setzt derartige epigenetische Methoden ein.

Das Gewissen und die spirituellen Gene

Unter Gewissen verstehen wir eine moralische Instanz, die zu Gefühlen der Reue und des Bedauerns führt, wenn wir etwas tun, was gegen die uns innewohnenden Moralvorstellungen verstößt. Derartige Gefühle entstehen nicht auf intellektuellem Wege, obwohl sie dazu führen mögen, dass wir »unser Gewissen erforschen« und uns diese Moralvorstellungen ins Gedächtnis rufen oder uns möglicherweise vornehmen, derartiges Verhalten nicht wieder zuzulassen.

Es scheint plausibel zu sein, dass das Gewissen ein Ausdruck der spirituellen Gene ist. Es ist ein grundlegender spiritueller Auftrag, dass wir dem Guten folgen und das Böse meiden. Dieses Konzept ist kompatibel mit jenem genetischen Verhaltensmechanismus der Evolutionsbiologie und der Soziobiologie, den wir eben beschrieben haben. Was könnte förderlicher für soziales Verhalten sein, als auf gute (humane) Weise zu handeln?

Aber obwohl der genetische Mechanismus uns dazu drängt, dem Guten zu folgen und das Böse zu meiden, wird das, was wir als gut oder schlecht empfinden, jenseits aller moralischen Gesetze von unseren Lebenserfahrungen, der Umwelt, kulturellen und anderen Einflüssen geprägt. Das Gewissen kann verschiedene Menschen in durchaus unterschiedliche Richtungen drängen – je nach ihren Glaubenssystemen. Das scheint darauf hinzuweisen, dass das Gewissen zwar vermutlich genetisch angelegt ist, seine spezifische Ausprägung aber wie die Sprache als Teil der Kultur erlernt wird. So mag es ein Mensch als seine moralische Pflicht ansehen, in den Krieg zu ziehen, während sich ein anderer von seinem Gewissen gedrängt fühlt, jede kriegerische Auseinandersetzung unter allen Umständen zu meiden.

Das Gewissen wird in den meisten Religionen als vernunftgesteuerte Urteilsfähigkeit angesehen, durch die ein Mensch die moralische Qualität einer konkreten Tat einschätzen kann, die er begehen wird oder bereits begangen hat. Gehorsam gegenüber dem eigenen Gewissen wurde von vielen Dissidenten als ihr gottgebenes Recht betrachtet. So soll Martin Luther angeblich als Rechtfertigung dafür, dass er nicht mit dem katholischen Dogma und gewissen Lehren übereinstimmte, gesagt haben: »Hier stehe ich und kann nicht anders!«

Schließlich erkannte die Kirche das Gewissen an und gestand ein, dass der Mensch das Recht hat, nach seinem Gewissen zu handeln, und die Freiheit besitzt, selbst bestimmte moralische Entscheidungen zu treffen. Er darf nicht gezwungen werden, gegen sein Gewissen zu handeln, auch darf er nicht daran gehindert werden, seinem Gewissen zu folgen. Das gilt besonders in religiösen Angelegenheiten. Viele Religionen betrachten das Gewissen als ebenso wichtig oder sogar noch wichtiger als den Gehorsam gegenüber weltlichen Autoritäten. Das kann häufig zu moralischen Konflikten führen. »Gehorche ich den kirchlichen, militärischen oder politischen Führern oder folge ich meinem eigenen Gefühl für das, was richtig und falsch ist?«

Da unsere spirituelle Natur ebenso genetisch bedingt ist wie unser Glaube an Gott, sollte die Ethik wichtiger sein als jede menschliche Autorität. Wie heißt es doch so schön: Jeder sollte nach seiner eigenen Fasson selig werden.

Genetische Prioritäten

Unser Verhalten wird maßgeblich durch unsere Gene und Instinkte beeinflusst, welche die einem lebenden Organismus innewohnenden Veranlagungen für ein bestimmtes Verhalten darstellen. Instinkte sind ererbte Reaktionsmuster auf bestimmte Reize oder biologische Notwendigkeiten. Beim Menschen kann man sie bei bestimmten Verhaltensweisen wie den Emotionen, dem Geschlechtstrieb und anderen Körperfunktionen am leichtesten beobachten, da diese größtenteils biologisch festgelegt sind. Instinkte ermöglichen Reaktionen auf äußere Reize, wodurch ein Organismus zu einer bestimmten Handlung bewegt wird – es sei denn, die Instinkte werden durch Denken oder Überzeugungen außer Kraft gesetzt. Unsere Instinkte haben aber die Priorität, wenn es um biologische Notwendigkeiten wie Überleben, Sicherheit und Fortpflanzung geht.

So kann zum Beispiel die Art und Weise, wie Veränderungen der Umwelt wahrgenommen werden, darüber entscheiden, ob das Überleben zum Thema wird oder nicht. Wenn eine Veränderung der Umwelt als Bedrohung einer biologischen Notwendigkeit – wie Überleben – wahrgenommen wird, hat diese Wahrnehmung normalerweise die höchste Priorität für unser Verhalten. Andere Prioritäten würden aufgrund anderer biologischer Notwendigkeiten festgesetzt werden, in manchen Fällen auch aufgrund von Überzeugungen.

Welche Prioritäten dann das Verhalten bestimmen, wird danach entschieden, welches Thema auf der Prioritätenliste zuerst erledigt werden muss, bevor das nächsthöhere an seine Stelle treten kann. So muss zum Beispiel das physische Überleben (Nahrung, Wasser, Schlaf und so weiter) gesichert sein, bevor die nächste Priorität nach Sicherheit (zum Beispiel Schutz) zur motivierenden Antriebskraft werden kann. Diese instinktiven Prioritäten erklären einen Großteil des menschlichen Verhaltens durch alle Zeitalter hindurch.

So lebten zum Beispiel unsere prähistorischen Vorfahren in einem Umfeld, in dem das Überleben der alleinige Fokus und damit der wichtigste Faktor war, dem alle anderen genetisch bestimmten Instinkte untergeordnet werden mussten. Mit dem Aufkommen der Landwirtschaft wurde die Nahrungsversorgung vorhersehbarer und Sicherheit rückte an die oberste Stelle der Prioritätenskala. Als sich der Mensch in Gemeinschaften organisiert hatte, wurde Sicherheit weniger wichtig, und er wandte seine Aufmerksamkeit der Selbsttransformation zu. Die menschliche Spiritualität drückte sich als Glaube an einen Gott aus, der verlangte, dass der Mensch mitfühlend, ehrlich und gerecht leben solle. Daraus entwickelte sich ein Gewissen, das den Menschen für seine »bösen« Taten bestrafte.

Man kann darüber diskutieren, ob alle Lebewesen vollkommen von ihren Instinkten beherrscht werden. Aber instinktive Verhaltensweisen scheinen vollkommen natürlich hervorzutreten. Unklar ist wohl, welche Rolle das genetische Erbe, die allgemeine Konditionierung und das Umfeld, in dem ein Individuum lebt, spielen. Instinkt ist überwiegend präintellektuell, während Intuition eher als transintellektuell zu bezeichnen ist.

Abraham Maslow entwickelte in den 40er- und 50er-Jahren des 20. Jahrhunderts die sogenannte Bedürfnis-Pyramide.[6] Diese Theorie hat bis heute ihre Gültigkeit behalten, weil man mit ihrer Hilfe verstehen kann, was Menschen motiviert. Maslow entwickelte sein Modell aufgrund von Untersuchungen bekannter Persönlichkeiten und der Auswertung von Statistiken. Seine Pyramide ist eine weitere Methode, die menschlichen Instinkte zu beschreiben. Aber selbst wenn unsere höchste Priorität – das Überleben – gefährdet ist, drückt sich unsere Spiritualität in einem Hilferuf an Gott aus. Wir rufen Gott nämlich dann besonders häufig an, wenn wir wahrnehmen, dass wir uns ernsthaft in Gefahr befinden. Ein bekanntes Sprichwort beschreibt das Phänomen, dass auch angeblich nicht religiöse Menschen plötzlich Gott anrufen. Es lautet: »Im Schützengraben gibt es keine Atheisten.«

Die Rangfolge genetischer Prioritäten

Allgemein lässt sich sagen, dass jede Priorität erfüllt sein muss, bevor die nächstniedrigere an die Reihe kommt. Jede dieser Prioritäten hängt von der subjektiven Wahrnehmung des Einzelnen ab. Deshalb können starke Überzeugungen einen Instinkt ausschalten, wie man zurzeit an den Selbstmordattentätern sehen kann.

1. Überleben
Dazu gehören Luft, Nahrung, Schlaf, Sex und andere biologische Erfordernisse, die nötig sind, um zu überleben und den Erhalt der Art durch Fortpflanzung zu sichern.

2. Sicherheit
Ist das Überleben gewährleistet, wird Sicherheit zur neuen Priorität. Dazu gehören das Suchen nach sicheren Umständen, Stabilität, Macht und Schutz.

3. Zugehörigkeitsgefühl
Nachdem die ersten beiden Prioritäten Überleben und Sicherheit weitgehend erfüllt worden sind, wird das Zusammengehörigkeitsgefühl als nächste Priorität aktiviert. Dies gilt für Individuen und Gruppen, für Freunde, Geliebte, Ehepartner, Kinder, liebevolle Beziehungen allgemein, für Gemeinschaften und Mitgliedschaften in Vereinen und Kirchen.

4. Selbstverwirklichung
Nachdem die grundlegenden biologischen Bedürfnisse erfüllt sind, wird die genetische Grundlage der Selbstverwirklichung aktiviert. Selbstverwirklichung bedeutet im Grunde, all das zu werden, was man sich wünscht und wozu man in der Lage ist. Materielle Selbstverwirklichung schließt auch Selbstvertrauen, Kompetenz, Erfolg, Macht, Ruhm, Unabhängigkeit und Freiheit mit ein. Wenn ein Mensch aufgrund seiner Lebenserfahrung reift, wird die spirituelle Selbsterfüllung und damit Liebe, Mitgefühl, Dienen und Hoffnung emotional erfüllender. Das übermäßige Streben nach Spiritualität kann auch durch bestimmte genetische Mutationen beeinflusst sein.

5. Selbsttranszendenz

Nachdem die Selbstverwirklichung weitgehend erfüllt ist, eröffnet sich der Weg der Selbsttranszendenz. Das Selbst wird überwunden, um ein Gefühl des Einsseins mit der Welt zu bekommen. Universelles Mitgefühl wird vollkommen natürlich und die Gipfelerfahrungen der Verschmelzung mit dem Schöpfer bringen Augenblicke der Ekstase und Glückseligkeit mit sich.

Es mag sich merkwürdig anhören, dass die Menschen genetisch darauf programmiert sind, alle bisherigen, auf dem Ego basierenden Bedürfnisse des Überlebens und der materiellen Selbstverwirklichung zu durchleben, nur um dann die Richtung zu wechseln und die Individualität zu überwinden, um eins mit der Welt zu werden. Dieser Wandel mag nicht logisch sein, aber wir wissen aufgrund der Gefühle, die den spirituellen Ausdruck begleiten, dass der Mensch tatsächlich so aufgebaut ist.

Merkmale der Selbsttranszendenz sind unter anderem

- bedingungsloses Mitgefühl,
- bedingungslose Liebe,
- innerer Friede, der weder vom Bekannten noch vom Unbekannten bedroht werden kann,
- ein Gefühl des Einsseins,
- Losgelöstheit von materiellen Dingen und weltlichen Begierden,
- Leben im Augenblick,
- Gipfelerfahrungen mit Gefühlen der Ekstase, Liebe und Freude,
- ein Gespür für die Einheit des Universums und all seiner Teile.

Spiritualität und das Böse

Jeden Tag berichten die Medien über schreckliche und traurige Ereignisse, die überall auf der Welt geschehen und die uns tief erschüttern. Dann fragen wir uns häufig, wie derartige Dinge überhaupt passieren können. Ist die Menschheit daran schuld oder ist hier das Böse im Spiel?

Bevor wir verstehen können, *warum* das Böse existiert, müssen wir verstehen, *was* das Böse ist. Die meisten Wörter antworten mit Synonymen wie moralisch falsch, Leid verursachend, Bösartigkeit, Sünde oder Verderbtheit. Hier sind einige Erklärungsversuche und die Antworten der verschiedenen Religionen.

Das Böse ist

1. ein Fehler, der von grundsätzlich guten, anständigen Menschen gemacht wurde;
2. eine natürliche Reaktion unserer grundlegend sündhaften Natur;
3. das Resultat des Einflusses des Teufels auf im Grunde schwache Menschen;
4. eine Illusion;
5. ein Fehler aus einem vergangenen Leben;
6. nicht existent;
7. der Beweis dafür, dass es keinen Gott gibt.

Die erste Antwort stammt aus dem Judentum, demzufolge das Böse im Grunde nichts weiter als ein Fehler der Menschen ist, denen die Freiheit gewährt wurde, zwischen Gut und Böse, Leben und Tod, Segen und Fluch zu wählen, und die tragischerweise manchmal eine falsche Entscheidung treffen.

Das Christentum, der Islam und der Zoroastrismus geben die erste, zweite oder dritte Antwort. Christus musste wegen des sündhaften Wesens der Menschen sterben. Weil er die Sünden der Menschheit auf sich genommen hat, ist er für die Erlösung der Christen von entscheidender Bedeutung. Für Muslime gilt überwiegend die erste oder dritte Antwort, denn die Menschen sind nicht nur gut, sondern auch hochmütig. Daher werden sie leicht vom Teufel verführt und vergessen, wohin sie gehören.

Für Hinduismus und Buddhismus gelten die Antworten 4, 5 und 6. Das Böse ist nur eine jener vielen Illusionen, denen wir verfallen sind, weil unser spirituelles Verständnis so gering ist. Atheisten entscheiden sich häufig für 7. Tatsächlich ist die Existenz des Bösen in der Welt der Hauptgrund dafür, dass sie nicht an Gott glauben und keine Religion haben.

Polytheistische Religionen wie der Hinduismus vertreten die Auffassung, dass das Böse von den bösen Göttern und Göttinnen stammt und das Gute von den guten Göttern und Göttinnen. Die monotheistischen Religionen müssen das Böse so erklären, dass seine Existenz nicht im Widerspruch zum Glauben an einen allmächtigen Gott steht, der unendlich gut ist. Denn wenn Gott die Welt vom Bösen befreien könnte, es aber nicht tut, ist er nicht unendlich gut. Wenn er die Welt vom Bösen befreien möchte, es aber nicht kann, ist er nicht allmächtig. Daher lautet die Antwort des Christentums für gewöhnlich, dass das Böse nicht von Gott stammt, sondern durch die Entscheidungen und Handlungen der Wesen entstanden ist, die er erschaffen hat.

Vor dem Entstehen der modernen Genetik-Wissenschaft stand uns nur ein unzureichendes Wissen zur Verfügung, um verhältnismäßig objektive Gründe für die Existenz des Bösen zu finden. Daher sind die Erklärungen der Vergangenheit stark von der jeweiligen Quelle – meistens einer religiösen – beeinflusst worden, welche entscheidend für die Meinungsbildung war.

Der Einfluss der Umwelt auf die spirituelle Programmierung

Vom Standpunkt der Genetik aus gesehen lassen sich böses Verhalten und seine Ursachen nur im Zusammenhang mit genetischen Prioritäten und dem existierenden persönlichen Umfeld erklären. Unter bestimmten Umständen ist die gewalttätige Reaktion einer hochgradig ethischen Person eine biologische und psychologische Instinktreaktion – zum Beispiel wenn diese Person keinen Ausweg mehr sieht und sich bedroht fühlt.

Das Töten von Menschen – außer in einer Selbstverteidigungssituation – wird von beinahe allen Religionen und der großen Mehrheit der Menschen verurteilt. In Kriegszeiten wird das Töten ungeachtet des tatsächlichen Grundes aber nicht nur gutgeheißen, sondern häufig sogar gefeiert. »Der Zweck heiligt die Mittel!«

Obwohl die Lehren einiger Kirchen den Menschen dazu drängen, seine böse Natur zu gestehen, ist es eine Tatsache, dass der Mensch nichts für seine Natur kann, da sie einfach Teil seiner ursprünglichen Ausstattung ist, die in der DNA angelegt ist.

In grauer Vorzeit war der Kampf ums Überleben wichtiger als eine humanistische Ethik. Tatsächlich gab es überhaupt keine Ethik. Selbst in einigen nicht ganz so alten Schriften wie beispielsweise dem Alten Testament lehnt sich der Mensch ständig gegen die Gesetze Gottes auf, um seine eigenen Interessen durchzusetzen. In der heutigen Zeit, in der Überleben und Sicherheit nicht mehr eine so wichtige Rolle spielen, wurde scherzhaft gesagt, dass die Menschen sich eine bessere Ethik leisten können. Unsere moderne Gesellschaft, die uns Zugang zu größeren Ressourcen und besserer Bildung bietet, hat der Spiritualität mehr Freiheit gegeben, sich auszudrücken.

Heute entwickelt sich die Spiritualität weiter und wird mehr und mehr ausgedrückt, aber gleichzeitig verändert sich die Umwelt noch schneller. Da Verhalten das Resultat der Wechselbeziehung von genetischen und Umwelteinflüssen ist, wird das Verhalten gewalttätiger, wenn die Umwelt feindlicher wird. Wenn beispielsweise eine Gruppe glaubt, dass ihre Sicherheit gefährdet ist, kann diese latente Gewalttätigkeit offen ausbrechen und sogar zu kriegerischen Auseinandersetzungen führen. Mit anderen Worten: Der Mensch fällt in jene Instinkte zurück, die höchste Priorität haben, wenn er seine Umwelt als feindlich wahrnimmt.

In der heutigen Welt scheinen Gewalt und Ungerechtigkeit der Sorge um die Sicherheit von Einzelnen, Gruppen, Ländern und so weiter zu entspringen. Wenn zum Beispiel die Interessen eines Landes die Sicherheit eines anderen zu gefährden scheinen, werden höhere genetische Prioritäten aktiviert. Die einzig realistische Möglichkeit, den Frieden zu erhalten, besteht darin, eine spirituelle Ethik des Einsseins und des Mitgefühls zu propagieren. Obwohl das noch in weiter Ferne zu liegen scheint, zeigt sich die Möglichkeit, dass dies Realität werden könnte, doch in den Akten großer Güte in einer feindlichen Umwelt.

Wir vertreten in diesem Buch die Ansicht, dass das evolutionäre Design unseres Schöpfers folgende Konzepte beinhaltet:

- Die Menschen sind nicht von Natur aus sündhaft, da dies im Widerspruch zu einem gütigen Schöpfer stehen würde. Dank des evolutionären Designs unseres Schöpfers sind wir Menschen so ausgestattet, dass wir uns an eine sich verändernde Umwelt anpassen können. Weil sich aber die Umwelt schneller verändert hat, als wir uns im Rahmen des Evolutionsprozesses anpassen konnten, sind gewisse Instinkte heute nicht mehr funktional.
- Alle Menschen werden mit praktisch identischen Genen für Überleben, Sicherheit, Liebe und Verbundenheit, Selbstverwirklichung und Selbsttranszendenz geboren. In welcher Reihenfolge diese Instinkte ausgedrückt werden, hängt ganz von der Umwelt und den herrschenden Glaubenssystemen ab.
- Das Böse ist ein Verhalten, das von einem anderen als Übergriff auf seine Rechte wahrgenommen wird.
- Das Böse ist nur dann böse, wenn der Täter weiß, dass es böse ist.
- Einander widersprechende Interpretationen des Willen Gottes können zu Bösem und zu Gewalt führen.
- Die einander widersprechenden religiösen Überzeugungen sind seit Langem eine Ursache des Bösen.
- Böses entsteht häufig dadurch, dass genetische Prioritäten durch eine sich wandelnde Umwelt infrage gestellt werden.
- Das Verhalten aller normalen Menschen geschieht nicht vorsätzlich, sondern ist eine Reaktion auf die genetische Programmierung und die Umwelt.

- Eine humanitäre Ethik mit Liebe, Mitgefühl, tätiger Nächstenliebe und so weiter ist ein Ausdruck unserer spirituellen Gene.
- Das höchste Ziel jedes menschlichen Verhaltens ist es, angenehme Gefühle haben zu wollen und Schmerz zu vermeiden.
- Unser Schöpfer gestaltete unser genetisch bedingtes Verhalten und sorgte dafür, dass wir durch angenehme Gefühle motiviert werden.
- Es gibt immer die Möglichkeit einzigartiger Verhaltensweisen, die aufgrund von Mutationen und Defekten auftreten.

Ausklang

Wenn es stimmt, dass wir mit spirituellen Genen ausgestattet sind, die den Glauben an eine übernatürliche Macht und eine spirituelle Ethik hervorbringen, welche Antwort geben wir dann auf die Frage, warum das Böse und die Gewalt auch weiterhin in unserer Welt existieren? Die uralte Frage nach dem Ursprung der Gewalt in der Welt ist im Verlauf der Geschichte immer wieder von Theologen, Philosophen, Aktivisten und Autoritäten aller Art gestellt worden, ohne jemals eine allgemeingültige Antwort hervorzubringen.

Könnte es sein, dass der Grund, warum das Böse in einer spirituellen Welt existiert, darin liegt, dass es das Resultat einer Prioritätenrangfolge menschlicher Instinkte ist?

Anhang II – Selbsthypnotische Induktion

Nehmen Sie die folgenden Anweisungen auf, und spielen Sie sie anschließend ab, damit Sie sich in einen hypnotischen Zustand hinein entspannen können. Um sich selbst zu hypnotisieren, sollten Sie sich vorstellen, dass Sie sich selbst diese Anweisungen geben. (Sprechen Sie die in Klammern gesetzten Worte nicht laut aus.)
Nehmen Sie eine bequeme Sitzhaltung ein, und sorgen Sie dafür, dass man Sie nicht stören kann.

Schließe die Augen und mache die Atemübung, die du in Kapitel 10 als Achtsamkeitsübung praktiziert hast. Konzentriere dich auf den Atem, spüre wie der Atem in das linke Nasenloch einströmt und aus dem rechten wieder ausströmt. Atme normal und sei dir deiner Atmung bewusst.

- Atme ein und zähle dabei 1. Atme aus und zähle 2 (zwei Sekunden Pause).
- Atme ein und zähle 3. Atme aus und zähle 4 (zwei Sekunden Pause).
- Atme ein und zähle 5. Atme aus und zähle 6 (zwei Sekunden Pause).
- Atme ein und zähle 7. Atme aus und zähle 8 (zwei Sekunden Pause).
- Atme ein und zähle 9. Atme aus und zähle 10 (zwei Sekunden Pause).

Ich bin jetzt still, während du diese Atemübung noch einmal wiederholst (15 Sekunden Pause).

Höre nun auf zu zählen, und konzentriere dich auf meine Stimme, während du weiter rhythmisch atmest.

Erlaube deinem Körper, alle Anspannung loszulassen, und stell dir vor, die Anspannung schmilzt, während du dich auf einen Körperteil nach dem anderen konzentrierst.

- Erlaube deinen Füßen und Knöcheln sich zu entspannen, und beobachte, wie sie darauf reagieren. (Warte zwei Sekunden.)
- Stell dir vor, deine Beine seien vollkommen entspannt. (Warte zwei Sekunden.)
- Spüre, wie die Anspannung deines Körpers sich löst, und spüre, wie sich dein Bauch entspannt. (Warte zwei Sekunden.)
- Spüre, wie die Entspannung von deinem Bauch in die Brust strömt. (Warte zwei Sekunden.)
- Spüre, wie sich deine Arme entspannen und ganz locker werden. (Warte zwei Sekunden.)
- Stelle dir schließlich vor, wie sich alle Anspannung in deinem Hals auflöst, sodass nun dein ganzer Körper entspannt ist und sich jeder Stress und jede Anspannung aufgelöst haben. Du befindest dich jetzt in einem tiefen Entspannungszustand. (Warte drei Sekunden.)

Gleich wirst du von 5 an rückwärts zählen und dir deinen Lieblingsort vorstellen. Dieser kann überall sein. Überall dort, wo es schön und ruhig ist, wo du dich ganz entspannen kannst und Frieden findest. (Warte drei Sekunden.)

Dieser Ort kann ein schöner Garten sein, wo du angenehme Düfte riechst, die durch die laue Luft schweben. Du wirst von der Sonne gewärmt und bist ganz allein mit der Schönheit der Natur. (Warte drei Sekunden.)

Dieser Ort kann aber auch ein Sandstrand sein, an dem sich die blauen Wellen brechen, und Wasserläufer vor den Wellen davonlaufen. Du kannst verschiedene Düfte riechen, den Klang der Brandung hören und den Sand zwischen deinen Zehen spüren. (Warte zwei Sekunden.)

Fang nun an, von 5 an rückwärtszuzählen, um an deinen Lieblingsort zu gelangen.

5 Du entspannst dich noch tiefer.
4 Du fühlst dich noch friedvoller.
3 Spüre, wie wohl dir ist. Bald bist du an deinem Lieblingsort.
2 Dein Atem geht gleichmäßig.
1 Du bist fast da.
0 Wie schön, hier zu sein. (Warte zwei Sekunden.)

Du bist so froh, an deinem Lieblingsort zu sein, wo du dich entspannen kannst und keine Sorgen hast. Du hörst die Geräusche, riechst die Düfte und nimmst vielleicht sogar deinen Lieblingsgeschmack wahr. (Warte fünf Sekunden.)

Höre auf meine Stimme und glaube daran, dass dich die Suggestionen, die ich dir gebe, glücklicher und gesünder machen werden. Folge den Suggestionen, ohne dich auch nur im Geringsten anzustrengen.

- Stelle dir die Nachteile deiner gegenwärtigen materialistischen Verhaltensweisen vor. (Warte zwei Sekunden.)
- Erkenne, wie sehr sie dich stressen und wie sehr sie deine Gesundheit gefährden. (Warte zwei Sekunden.)

- Stelle dir vor, wie deine egoistische Einstellung dich in den Augen der anderen erscheinen lässt. (Warte zwei Sekunden.)
- Stelle dir vor, wie viel Energie du benötigst, um den Tag mit all deinen negativen Gedanken zu bewerkstelligen. (Warte zwei Sekunden.)
- Du spürst, wie machtlos du bist, diese zufälligen Gedanken zu kontrollieren, die den Stress verursachen. (Warte zwei Sekunden.)
- Stelle dir nun vor, wie du dich fühlen würdest, wenn du inneren Frieden gefunden hättest. (Warte zwei Sekunden.)
- Stelle dir vor, dass du dich gesünder fühlst und über mehr Energie verfügst. (Warte zwei Sekunden.)
- Stelle dir vor, dass du dich nun auch an Situationen erfreuen kannst, die du vorher kaum ertragen konntest. (Warte zwei Sekunden.)
- Stelle dir vor, wie sehr sich deine Beziehungen verbessern. (Warte zwei Sekunden.)
- Stelle dir vor, wie wunderbar es sich anfühlt, anderen gegenüber mitfühlend zu sein. (Warte zwei Sekunden.)

Du möchtest die ungesunden Denkmuster ablegen und nicht mehr um Ressourcen wetteifern, die dir nur Sorgen bereiten und Stress erzeugen, der sich negativ auf deine Gesundheit auswirkt, aber du wusstest bisher nicht, wie du diese Gewohnheiten ablegen sollst. Du hast geglaubt, diese unangenehmen Gewohnheiten nicht ablegen zu können, weil du geglaubt hast, sie seien genetisch bestimmt und durch deine Erziehung geprägt. Aber nun weißt du, dass du ein liebevoller, mitfühlender Mensch werden kannst, indem du zulässt, dass sich deine spirituellen Gene ausdrücken.

Stell dir nun dein gegenwärtiges Selbst als den dunklen Umriss eines lieblosen Menschen auf einer Leinwand vor. ...

Und nun stell dir dein neues Selbst eines liebevollen Menschen als kleineren weißen Umriss vor, der den dunklen überlagert.

Stell dir vor, wie der neue weiße Umriss größer und größer wird … und noch größer … bis er immer mehr von dem dunklen Umriss überlagert.

Wann immer du an die Worte »liebevolle Gestalt« denkst, wirst du dieses Bild vor deinem geistigen Auge sehen.

Sprich mir nun die folgenden Affirmationen nach und mach nach jeder Affirmation zwei Sekunden Pause:

- Ich kann mein egoistisches Verhalten ändern und bedingungslos lieben.
- Ich kann mein Bedürfnis nach der Gesellschaft anderer Menschen durch Akte des Mitgefühls befriedigen.
- Ich werde jeden Tag spirituelle Handlungen ausführen, bis mir dies zur Gewohnheit geworden ist.
- Ich werde den inneren Frieden, den die Achtsamkeit mit sich bringt, zur Grundlage meines Lebens machen.
- Egoistische Vergnügungen sind ein armseliger Ersatz für das natürliche Glücksgefühl.
- Natürliches Glück funktioniert immer, Vergnügungen nicht.
- Ich mache mir keine Gedanken darüber, was andere von meiner spirituellen Einstellung halten werden.
- Ich weiß, dass ich gesünder werde und mehr Energie habe, wenn ich die Entspannungsreaktion öfter praktiziere.
- Ich genieße durchaus materielle Dinge, aber ich weiß, dass ein Übermaß nur zu Enttäuschung führt.
- Ich erfreue mich mehr und mehr des Lebens, weil ich immer mitfühlender werde.

- Ich weiß, dass Agape Gottes Wille ist.
- Ich weiß, dass der Materialismus kein Ersatz für natürliches Glück sein kann.
- Ich weiß, dass mich die Fürsorge gegenüber anderen glücklicher macht als das Anhäufen von Besitz.
- Ich werde immer liebevoller und genieße das Leben immer mehr. Ich fühle mich hellwach und lebendig.

Nun ist es an der Zeit, deinem unbewussten Verstand Suggestionen einzupflanzen, die auch nach der Rückkehr in den Wachzustand weiterwirken.

Bitte sprich mir nach:

- Wenn ich egoistisch handle, lege ich mir eine Hand auf den Kopf und denke »liebevolle Gestalt«, wobei ich mir den weißen Umriss meiner weißen Figur über dem dunklen meiner alten dunklen Figur vorstelle.
- Wenn ich materielle Vergnügungen in unpassenden Momenten will, lege ich mir eine Hand auf den Kopf und denke »liebevolle Gestalt« und stelle mir dabei den weißen Umriss vor.

Lass das Bild deines Lieblingsorts nun langsam verblassen und komm wieder an die Oberfläche deines Bewusstseins zurück, während ich bis 5 zähle. (Warte zwei Sekunden.)

Du wirst ruhig und entspannt sein, weil du weißt, dass du jederzeit an diesen Ort zurückkehren kannst.

0 Werde dir deiner Atmung bewusst.

1 Wenn du ungesunde materielle Vergnügungen willst, legst du eine Hand auf den Kopf und denkst »liebevolle Gestalt«.

2 Du kommst zurück an die Oberfläche und bleibst sehr achtsam.
3 Wann immer du daran denkst, egoistisch zu handeln, stellst du dir vor, wie dabei deine weiße »liebevolle Gestalt« von dem dunkleren Umriss deines früheren Selbst überschattet wird.
4 Wann immer du an deinen Lieblingsort denkst, denkst du auch daran, liebevoll zu handeln.
5 Atme tief ein und aus. Du bist nun zurück an der Oberfläche deines Bewusstseins. Du bist vollkommen wach und erfrischt.
Nimm dir einen Augenblick Zeit, um dich wieder an deine Umgebung zu gewöhnen. Mach eine kurze Achtsamkeitsübung, indem du deine Atemzüge bis 10 zählst. (Warte vier Sekunden.)

Erinnere dich stets an diese Suggestion: »Immer wenn ich diese Aufnahme höre, kann ich mich noch tiefer entspannen.«

Nun kann dich nichts mehr davon abhalten, dich noch tiefer zu entspannen und neue Strategien des natürlichen Glücks zu entdecken.

Anmerkungen

Vorwort

1 Bruce H. Lipton: *Intelligente Zellen: Wie Erfahrungen unsere Gene steuern.* Koha Verlag, Burgrain 2006

Einführung

1 Deutsch: *Die neue Medizin des Bewusstseins: Wie Sie mit Gedanken und Gefühlen Ihre Gene positiv beeinflussen können.* VAK Verlag, Kirchzarten 2009

2 Deutsch: *Das Tao der Physik.* O. W. Barth, Frankfurt am Main 2000

3 Deutsch: *Die tanzenden Wu Li Meister. Der östliche Pfad zum Verständnis der modernen Physik: vom Quantensprung zum schwarzen Loch.* Rowohlt, Reinbek 2000

4 Deutsch: *Wege ins Unerforschte. Die äußere und innere Reise eines Apollo-Astronauten.* Lüchow, Bielefeld 1997

5 Wenn Sie ausführlichere Erklärungen und geschichtliche Fakten zu den wissenschaftlichen Begriffen wünschen, die in diesem Buch verwendet werden, schlagen Sie diese bitte in Anhang I nach.

Kapitel 1 – Die Gene erwachen

1 Laut *Cold Spring Harbor Science Walking Tour.* Cold Spring Harbor Department of Public Affairs Publication, Cold Spring Harbor. 1969 erhielten Alfred Hershey, Salvador Luria und Max Delbrück den Nobelpreis für Medizin, weil sie beweisen konnten, dass die DNA ererbt ist, und für ihre Forschungen auf dem Gebiet der bakteriellen Genetik. Ihre Arbeit zeigte, dass Bakterien Resistenz gegenüber Antibiotika entwickeln kön-

nen. Barbara McClintock erhielt den Nobelpreis für Medizin 1983 für ihre Entdeckung der *Transposons* genannten »springenden Gene«, die sie beobachtete, während sie die DNA von Maispflanzen untersuchte. 1993 beobachteten Richard Roberts und Phillip Sharp das *Splicing* der RNS und bewiesen, wie Gene sich teilen, wofür sie im selben Jahr den begehrten Nobelpreis für Physiologie und Medizin erhielten. 2009 erhielten Carol Greider und ihre Kollegen Elizabeth Blackburn und Jack Szostak den Preis.

2 http://de.wikipedia.org/wiki/Eugenik

3 http://de.wikipedia.org/wiki/Desoxyribonukleins%C3%A4ure

4 Dean Ornish et al.: »Changes in Prostate Gene Expression in Men Undergoing an Intensive Nutrition and Lifestyle Intervention« in *Proceedings of the National Academy of Sciences* 17:105 (24), Seite 8369, Juni 2008

5 http://de.wikipedia.org/wiki/Epigenesis

6 http://epigenome.eu/en/1,1,0

7 Hema Bashyam: »What is Epigenetics?« E-Mail vom 27. Juli 2009 an Laurie Nadel

8 Ebenda

9 Ebenda

10 Bruce Lipton: *The Biology of Belief: Unleashing the Power of Consciousness, Matter & Miracles: Unleashing the Power of Consciousness, Matter and Miracles*. Hay House, London 2008

11 Ebenda

12 »Epigenetik bedeutet, dass das Verhalten unserer Gene durch das, was wir essen, wie wir leben und lieben, verändert wird.«

13 Duke Medicine News and Communications Press Release vom 25. Oktober 2005

14 Ebenda

15 Richard Alleyne: »Childhood Abuse Leaves Body Physically Vulnerable to Mental Illness«. www.telegraph.co.uk vom 22. Februar 2009

16 http://genomics.energy.gov/, http://genica.de/humangenomprojekt.html

17 Deutsch: *Die neue Medizin des Bewusstseins: Wie Sie mit Gedanken und Gefühlen Ihre Gene positiv beeinflussen können*. VAK Verlag, Kirchzarten 2009

[18] Siehe dazu auch: Rainer und Regina Franke: *Meridian Energie Techniken für ein Leben voller Kraft und Zuversicht*. Integral, München 2006 und *Sorgenfrei in Minuten. Klopfen Sie sich gesund und glücklich mit Meridian-Energie-Techniken*. Integral, München 2005

[19] Dawson Church in einem Interview mit Laurie Nadel am 30. Juli 2009

Kapitel 2 – Epigenetik, Evolution und das Individuum

[1] Stanislav Grof in einem Artikel in *Primal Renaissance: The Journal of Primal Psychology*. Band 2, Ausgabe 1, Frühjahr 1996, Seiten 3–26

[2] David Crews: »Epigenetics and its Implications for Behavioral Neuroendocrinology« in *Frontiers in Neuroendocrinology*. Band 29, 2008, Nummer 3, Seiten 334–357

[3] Mayo Clinic: »Who's Happy and Why?« 9. Dezember 2008. (http://www.mayoclinic.org/news2008-mchi/5111.html)

[4] Ebenda

[5] Robin Nixon: »Epigenetics: A Revolutionary Look at How Humans Work« LiveScience.com vom 27. April 2009 (http://www.livescience.com/health/090427-epigenetics-overview.html)

[6] Ebenda

[7] Jonas Salk: *Anatomy of Reality: Merging of Intuition and Reality*. Praeger Publishers Inc, Santa Barbara 1985. Nadel, Haims und Stempson: *Dr. Laurie Nadel's Sixth Sense: Unlocking Your Ultimate Mind Power*. ASJA Press, New York 2007

[8] Ebenda

[9] Deutsch: *Wege ins Unerforschte. Die äußere und innere Reise eines Apollo-Astronauten*. Lüchow, Bielefeld 1997

[10] Interview mit Edgar Mitchell in *The Sixth Sense* mit Laurie Nadel vom 22. Juni 2008 (www.webtalkradio.net)

[11] Gregg Braden: »The Spontaneous Healing of Belief«. Interview mit Laurie Nadel in der Radiosendung *The Sixth Sense* vom 7. April 2008

[12] Ebenda

[13] »Happiness May Be Inherited«. (http://www.livescience.com/health/090514-happy-inheritance.html)

[14] Ebenda

[15] Rollin McCraty in einem Interview mit Laurie Nadel am 7. August 2009

[16] Ebenda. 250 Millimeter ist die spezifische Wellenlänge, die von der DNA absorbiert wird.

[17] Ebenda

[18] Unser Dank geht an Cynthia Larson (www.realityshifters.com) für diese spezielle Frage.

Kapitel 3 – Die Macht der spirituellen Gene

[1] Deutsch: *Moleküle der Gefühle: Körper, Geist und Emotionen*. Rowohlt, Reinbek 2001

Kapitel 4 – Der spirituelle Instinkt unserer Vorfahren

[1] Deutsch: *Nah ist und schwer zu fassen der Gott. 3000 Jahre Glaubensgeschichte von Abraham bis Albert Einstein*. Droemer Knaur, München 1993

[2] Alister Doyle: »Botswana ›snake rock‹ may show Stone Age religion.« Reuters News Service, Oslo, vom 30. November 2008

[3] Tom Crockett: *Stone Age Wisdom: The Healing Principles of Shamanism*. Fair Winds Press, Gloucester 2003

[4] Eve Bruce: *Shaman, M. D.: A Plastic Surgeon's Remarkable Journey Into the World of Shape Shifting*. Destiny Books, Rochester 2002

[5] John Cobb: *Structures of Christian Existence*. Seabury Press, New York 1979

[6] http://de.wikipedia.org/wiki/Spiritualit%C3%A4t

[7] Arianna Huffington: *The Fourth Instinct: The Call of the Soul*. Simon & Schuster, New York 1994

Kapitel 5 – Dimensionen der Spiritualität

[1] McNamara zitiert in Barbara Bradley Hagerty: *Fingerprints of God: What Science Is Learning About the Brain and Spiritual Experience*. Riverhead Trade, New York 2010, Seiten 97–98

[2] Candace Pert: *Moleküle der Gefühle: Körper, Geist und Emotionen*. Rowohlt, Reinbek 2001

[3] Barbara Bradley Hagerty: *Fingerprints of God: What Science Is Learning About the Brain and Spiritual Experience*. Riverhead Trade, New York 2010, Seite 98

[4] Ebenda, Seite 98

[5] Ebenda, Seite 101

[6] Deutsch: *Der Realitäts-Code: Wie Sie Ihre Wirklichkeit verändern können*. Koha Verlag, Burgrain 2008

[7] Gregg Braden in einem Interview mit Laurie Nadel vom 7. April 2008 in der Radiosendung *The Sixth Sense*.

[8] Gary Schwartz und William Simon: *The G. O. D. Experiments: How Science Is Discovering God In Everything, Including Us*. Atria Books, New York 2007

[9] G. O. D. = »Guiding, Organizing, and Directing«

[10] Gregg Braden in einem Interview mit Laurie Nadel vom 7. April 2008 in der Radiosendung *The Sixth Sense*.

Kapitel 6 – Das ganz »gewöhnliche« Glück

[1] Caroline Myss in einem Interview mit Laurie Nadel am 21. August 2009.

[2] Quelle: Eine informelle Befragung von Topmanagern, die Laurie Nadels *Kritisches-Denken-Seminare* in den Jahren 1997 bis 2000 besucht hatten.

[3] Markus 10,23,25 (Einheitsübersetzung)

[4] Christopher Niemiec, Richard Ryan, Edward Deci: »The Path Taken: Consequences of Attaining Intrinsic and Extrinsic Aspirations in Post-College Life« in *Journal of Research in Personality*, Band 43, Ausgabe 3, Juni 2009, Seiten 291–306

[5] Hannah Shaw Grove und Russ Alan Prince: »Money as Aphrodisiac – Being Rich Means Getting Lucky on Your Terms« in *Facts & Figures*, Ausgabe 1, Januar 2007

[6] Marcus Buckingham: »What's Happening to Women's Happiness?« in *The Huffington Post* vom 17. 09. 2009 (http://www.huffingtonpost.com/marcus-buckingham/whats-happening-to-womens_b_289511.html)

[7] Ebenda

8 Ebenda

9 Ruut Veenhoven: *World Database of Happiness. Distributional Findings in Nations*. Erasmus Universität Rotterdam 2009 (http://worlddatabaseofhappiness.eur.nl)

10 Ruut Veenhoven: *Happiness in Nations: Subjective Appreciation of Life in 56 Nations 1946–1992*. Erasmus Universität Rotterdam 1993

11 Ebenda

12 Die Liste finden Sie unter http://en.wikipedia.org/wiki/Satisfaction_with_Life_Index. Deutschland steht auf Platz 35. Im *Happy Planet Index* befindet sich Deutschland auf Platz 51. (http://en.wikipedia.org/wiki/Happy_Planet_Index)

13 Ebenda

14 http://www.technovelgy.com/ct/Science-Fiction-News.asp?NewsNum=893

Kapitel 7 – Natürliches Glück

1 Ob Sie es nun glauben oder nicht, wir fanden dieses inspirierende Zitat des buddhistischen Autors Thich Nhat Hanh bei Twitter. Danke an @soulimprovement

2 Helen Keller zitiert auf http://www.wisdomquotes.com/cat_happiness.html

3 http://de.wikipedia.org/wiki/Gl%C3%BCck

4 Presseveröffentlichung der Mayo-Klinik Rochester: »Who's Happy and Why?« vom 9. Dezember 2008 (www.mayoclinic.org/news2008-mchi/5111.html)

5 Menschen, die mehr als sieben Millionen Euro im Jahr verdienen, behaupten, ein besseres Sexualleben zu haben als der Rest von uns, weil sie ihr verfügbares Einkommen für die Suche nach sexuellen Vergnügungen ausgeben können. Sie werden sich an diese völlig irrelevante Tatsache wahrscheinlich länger erinnern als an irgendetwas anderes aus diesem Buch.

6 Presseveröffentlichung der Mayo-Klinik Rochester: »Who's Happy and Why?« vom 9. Dezember 2008 (www.mayoclinic.org/news2008-mchi/5111.html)

7 »Mood May Be Written In (and On) Genes« (http://abcnews.go.com/Health/Depression/story?id=4839669&page=1)

8 Eve Jablonka und Marion Lamb: *Evolution in Four Dimensions: Genetic, Epigenetic, Behavioral, and Symbolic Variation in the History of Life*. M.I.T. Press, Cambridge 2006, Seite 1

9 http://de.wikipedia.org/wiki/Depression

10 http://www.neweconomics.org/about
http://www.neweconomics.org/programmes/well-being

11 Alexander Moreira-Almeida, Francisco Lotufo Neto und Harold G. Koenig: »Religiousness and Mental Health: A Review« in *Revista Brasileira de Psiquiatria* (Internetserie) 28 (3): 242–250 (http://www.scielo.br/scielo.php?script=sci_arttext&pid=S1516-44462006000300018&lng=en&nrm=iso)

12 Siehe den Artikel über Mihaly Csikszentmihalyi in *Psychologie Heute*, Heft 3/2005, Seiten 42–48 (http://www.psychologie-heute.de/portraits/mihaly_csikszentmihalyi.html)

13 Viktor Frankl: *Der Mensch auf der Suche nach Sinn. Zur Rehumanisierung der Psychotherapie*. Piper, München 1975

14 Deutsch: *Gefangene unserer Gedanken. Viktor Frankls 7 Prinzipien, die Leben und Arbeit Sinn geben*. Linde, Wien 2005. Außerdem: www.prisonersofourthoughts.com

15 Christina Puchalski: »Forgiveness: Spiritual and Medical Implications« in »Spirituality, Religious Wisdom, and the Care of the Patient« in *The Yale Journal for Humanities in Medicine*, September 17, 2002

16 Deutsch: *Aschenblüte. Ich wurde gerettet, damit ich erzählen kann*. Ullstein, Berlin 2006

17 Harris, Luskin, Norman, Standard, Bruning, Evans und Thoresen: »Effects of a group forgiveness intervention on forgiveness, perceived stress and trait anger: A randomized trial« in *Journal of Clinical Psychology*. 62 (6) Seiten 715–733, 2006

18 Ebenda

19 James Kent: »The Cure for Depression? Have Fun!« *Mind Power News*. October 26, 2009. (www.mindpowernews.com/FunDeficiency.htm)

20 Swami Beyondananda finden Sie unter http://www.wakeuplaughing.com/

Kapitel 8 – Der Weg zum Glück

1 Lukas 6,38 (Einheitsübersetzung)

2 Francis Collins: *Gott und die Gene: Ein Naturwissenschaftler begründet seinen Glauben*. Gütersloher Verlagshaus, Gütersloh 2007

3 James Baird: *The Mindful Meals Diet: A mind/body plan to develop new healthy eating habits*. iUniverse, Lincoln 2007

Kapitel 9 – Das 28-tägige Programm zum natürlichen Glück

1 Laurie Nadel »Make Way for Joy«. Interview mit Joan Borysenko zum Thema, dass es einen Mondzyklus lang dauert, um eine neue Gewohnheit zu etablieren. *Woman's Day*, 1. Juni 2007, Seite 82

2 James Kent: »The Cure for depression? Have Fun!« *Mind Power News* vom 26. Oktober 2009 (www.mindpowernews.com/FunDeficiency.htm)

3 Deutsch: *Der Arzt in uns selbst: Wie Sie Ihre Selbstheilungskräfte aktivieren können*. Schirner, Darmstadt 2008

4 Deutsch: *Verlorene Geheimnisse des Betens: Die verborgene Kraft von Schönheit, Segen, Weisheit und Schmerz*. Echnaton-Verlag, Taufkirchen 2008

5 Gregg Braden im Interview mir Laurie Nadel

6 Jack Kornfield: *Das weise Herz: Die universellen Prinzipien buddhistischer Psychologie*. Goldmann, München 2008

Kapitel 10 – Glücksgewohnheiten etablieren

1 2. Korinther 1,3 (Einheitsübersetzung)

2 Basierend auf dem alttestamentarischen Buch Tobit 4,15–16: »Was dir selbst verhasst ist, das mute auch einem anderen nicht zu! … Gib dem Hungrigen von deinem Brot und dem Nackten von deinen Kleidern! Wenn du Überfluss hast, dann tu damit Gutes und sei nicht kleinlich, wenn du Gutes tust.«

3 Lukas 6,35

4 Alle Bibelzitate nach der Einheitsübersetzung

5 Johannes 13,35

Anhang I – Verhaltenswissenschaften und Epigenetik

1 David Lykken: *Happiness: What Studies on Twins Show Us About Nature, Nurture, and the Happiness Set-Point*. Golden Books, Racine 1999
2 Deutsch: Dean Hamer: *Das Gottes-Gen: Warum uns der Glaube im Blut liegt*. Kösel Verlag, München 2006
3 Deutsch: Francis Collins: *Gott und die Gene: Ein Naturwissenschaftler begründet seinen Glauben*. Gütersloher Verlagshaus, Gütersloh 2007
4 William Paley: *The Works of William Paley*. General Books LLC, 2009
5 Edward O. Wilson: *Sociobiology: The New Synthesis*. Belknap Press of Harvard, Cambridge 2004
6 http://de.wikipedia.org/wiki/Maslowsche_Bed%C3%BCrfnispyramide

Glossar

1 Herbert Benson: *The Relaxation Response*. HarperCollins, New York 2000
2 Deutsch: *Das Gottes-Gen: Warum uns der Glaube im Blut liegt*. Kösel Verlag, München 2006
3 Edward O. Wilson: *Sociobiology: The New Synthesis*. Belknap Press of Harvard, Cambridge 2004

Glossar

Achtsamkeit

Unter Achtsamkeit verstehen wir ein ruhiges Wahrnehmen der eigenen Körperfunktionen, der Gefühle, des Bewusstseinsinhalts oder des Bewusstseins selbst. Achtsamkeitsmethoden werden in der westlichen Psychologie immer öfter angewandt, um eine Vielzahl von geistigen und körperlichen Störungen zu behandeln.

Die Buddhisten sagen, der Buddha habe schon vor über 2500 Jahren Richtlinien zur Achtsamkeitspraxis gegeben. Zur Achtsamkeitspraxis gehört, dass man seine Aufmerksamkeit auf die gegenwärtig ablaufenden Vorgänge im Verstand richtet und sich von Vergangenheit und Zukunft oder irgendwelchen zusammenhangslosen Gedankenfetzen abwendet. Durch die Beobachtung des unbewussten Verstandes erkennt man, dass im Verstand ständig ein innerer Dialog mit Kommentaren und Urteilen vonstatten geht, der sich mit der Vergangenheit und Zukunft beschäftigt und daher illusorisch ist. Je intensiver man seinen Verstand beobachtet, desto mehr wird man erkennen, dass ein Ende des Leidens nicht durch die Veränderung äußerer Umstände herbeigeführt werden kann. Das Ende des Leidens beginnt vielmehr damit, dass man aufhört, sich mit Gedanken, Wünschen, Neigungen und inneren »Filmen« zu identifizieren.

Agape (Liebe)

Agape ist das griechische Wort, mit dem die Liebe im Alten Testament bezeichnet wird. Agape unterliegt dem Willen, weil sie nach dem Wohl des Nächsten strebt. Agape war die Übersetzung des Wortes, das Jesus gebrauchte. Weil Agape vom Willen gesteuert wird und nicht notwendigerweise eine emotionale Basis hat, wird das Gebot Jesu »Liebe deinen Nächsten« realistisch.

Altruismus (Selbstlosigkeit)

Unter Altruismus versteht man die selbstlose Sorge um das Wohlergehen anderer. Altruismus ist eine traditionelle Tugend in vielen Kulturen und ein Kernaspekt verschiedener Religionen wie Judentum, Christentum, Islam, Hinduismus, Jainismus, Buddhismus, Konfuzianismus, Sikhismus und vieler anderer. Der dahinterstehende Gedanke wurde häufig als die »goldene Regel der Ethik« bezeichnet. Altruismus ist nicht das Gegenteil von Egoismus. Der Altruismus zeichnet sich durch das Bedürfnis aus, anderen zu helfen, oder dem Wunsch, Gutes zu tun, ohne dafür eine Belohnung zu erwarten.

Bewusstsein

Bewusstsein wird generell als subjektive Erfahrung, Achtsamkeit oder Gewahrsein definiert oder als das ausführende Kontrollsystem des Verstandes. Aber darüber hinaus wird Bewusstsein, das sich noch einer wirklichen Definition entzieht, als Oberbegriff für eine Vielzahl von geistigen Phänomenen gebraucht. In diesem Buch bezeichnen wir als Bewusstsein jenen Teil des Verstandes, der im Gegensatz zum Unbewussten den spirituellen Ausdruck ermöglicht.

Zwar hat sich die Wissenschaft auf einige grundlegende Theorien über das Funktionieren des Bewusstseins geeinigt, aber sie ist noch weit davon entfernt, tatsächlich zu bestimmen, was Bewusstsein überhaupt ist. Da unser Gehirn eine endlose »Baustelle« der Evolution ist, entwickelt es sich ständig weiter und zeichnet sich folgerichtig durch ein Kontinuum von Einschränkungen aus. Die meisten Neurowissenschaftler sind davon überzeugt, dass das Bewusstsein ein Produkt der Hirnaktivität ist. Gegenwärtig können wir aber nicht begreifen, in welcher Beziehung die Tätigkeit unserer Gehirnzellen zu den subjektiven Erfahrungen steht.

Biologischer Altruismus

Aus evolutionsbiologischer Sicht verhält sich ein Organismus altruistisch, wenn sein Verhalten anderen Organismen nützt, obwohl er dadurch möglicherweise selbst in Gefahr gerät. Kosten und Nutzen werden in Bezug auf den Fortpflanzungserfolg gemessen, also an der zu erwartenden Anzahl von Nachkommen. Indem ein Organismus altruistisch handelt, verringert er die Anzahl seiner eigenen Nachkommen, vergrößert aber die Anzahl der Nachkommen anderer Organismen.

Die biologische Definition des Altruismus unterscheidet sich vom normalen Konzept des Altruismus, das die willentliche Absicht, anderen zu helfen, mit einbezieht. Aber in einem biologischen Sinn gibt es eine solche Notwendigkeit nicht, da Beispiele für biologischen Altruismus auch unter

Geschöpfen wie beispielsweise Insekten zu finden sind, die – mutmaßlich – zu keinem bewussten Denken fähig sind. Für den Biologen entscheidet die Konsequenz einer dem Fortpflanzungserfolg dienlichen Handlung darüber, ob diese Handlung als altruistisch eingestuft wird, und nicht die möglicherweise dahinterstehende Absicht, mit der die Handlung ausgeführt wird.

Altruistisches Verhalten ist im gesamten Tierreich verbreitet, besonders bei Gattungen, die komplexe soziale Strukturen aufweisen. So würgen die Vampirfledermäuse regelmäßig Blut hoch, um andere Mitglieder ihrer Gruppe zu füttern, die keine Beute gemacht haben, und stellen so sicher, dass diese nicht sterben. Bei zahlreichen Vogelarten erhält ein nistendes Paar von »Helfervögeln« Hilfe bei der Aufzucht der Jungen und bei der Nahrungssuche und wird vor Raubvögeln geschützt. Die grünen Meerkatzen stoßen Warnschreie aus, um andere Affen auf das Nahen von Raubtieren aufmerksam zu machen, obwohl sie dadurch die Aufmerksamkeit auf sich selbst lenken und ein erhöhtes Risiko eingehen, selbst angegriffen zu werden.

Biologischer Imperativ

Unter biologischen Imperativen verstehen wir die Bedürfnisse lebender Organismen, die notwendig sind, um ihre Existenz, also ihr Überleben, zu sichern. Dazu gehört die folgende Pyramide biologischer Imperative eines jeden lebenden Organismus: Überleben, Revierverhalten, Konkurrenzverhalten, Fortpflanzung und das Streben nach einer Verbesserung der Lebensqualität.

Das Konkurrenzverhalten ist einer der wichtigen Umweltfaktoren, welche die natürliche Auslese begünstigen. Die einzelnen Organismen konkurrieren um Nahrung oder Brutpartner; Gruppen lebender Organismen konkurrieren um die Kontrolle über Territorien und Ressourcen.

Chromosomen

In jedem Zellkern ist das DNA-Molekül in strangähnliche Strukturen gepackt, die als Chromosomen bezeichnet werden. Jedes Chromosom besteht aus DNA, die vielfach um Proteine geschlungen ist, die als Histone bezeichnet werden und seine Struktur stützen.

Die Chromosomen sind im Zellkern nicht einmal unter dem Mikroskop sichtbar, wenn sich die Zelle nicht gerade teilt. Aber die DNA, aus der die Chromosomen bestehen, verdichtet sich während der Zellteilung und wird dann unter dem Mikroskop sichtbar. Die meisten Erkenntnisse, welche die Forscher mittlerweile über die Chromosomen zusammengetragen haben, wurden gewonnen, weil Chromosomen während der Zellteilung beobachtet wurden.

Jedes Chromosom weist eine Einschnürungsstelle auf, die als Zentromer bezeichnet wird, und an der sich das Chromosom in zwei Teile oder »Arme« teilt. Der kürzere Arm des Chromosoms wird als »p-Arm«, der längere als »q-Arm« bezeichnet.

Der genaue Ort des Zentromers gibt jedem Chromosom seine charakteristische Form. Er kann als Anhaltspunkt dienen, um die Lage bestimmter Gene zu beschreiben.

DNA

DNA oder Desoxyribonukleinsäure ist das Erbgut des Menschen und beinahe aller Organismen. Fast jede Zelle in einem Körper hat dieselbe DNA. Die Informationen in der DNA sind in einem Code gespeichert, der aus vier chemischen Basen besteht: Adenin (A), Guanin (G), Thymin (T) und Cytosin (C). Die menschliche DNA besteht aus etwa drei Milliarden Basen, von denen etwa 99 Prozent in allen Menschen gleich sind. Die Reihenfolge oder Sequenz dieser Basen bestimmt, welche Informationen zum Aufbau und zur Aufrechterhaltung eines Organismus zur Verfügung stehen. Man kann dies mit der Reihenfolge der Buchstaben des Alphabets vergleichen, die darüber entscheidet, welche Worte und Sätze gebildet werden.

Die DNA-Basen bilden miteinander Paare: A mit T und C mit G. Diese Einheiten werden dann als Basenpaare bezeichnet. Jedes Basenpaar ist an ein Zucker- und ein Phosphatmolekül gebunden. Der gemeinsame Begriff für ein solches Basenpaar plus Zucker plus Phosphat lautet Nukleotid. Nukleotide sind in zwei langen Strängen angeordnet, die eine Spirale bilden, die als Doppelhelix bezeichnet wird. Die Struktur der Doppelhelix ähnelt in etwa einer Leiter, wobei die Basenpaare die Leitersprossen bilden und die Zucker- und Phosphatmoleküle die vertikalen Seitenstücke der Leiter.

Eine wichtige Eigenschaft der DNA ist, dass sie sich vervielfältigen, also Kopien von sich selbst machen kann. Jeder DNA-Strang in der Doppelhelix kann als Muster dienen, um die Reihenfolge der Basen zu duplizieren. Das ist für die Zellteilung von äußerster Bedeutung, weil jede Zelle eine genaue Kopie der DNA der alten Zelle haben muss.

Empathie

Unter Empathie verstehen wir die Fähigkeit, die Gefühle und Emotionen eines anderen Wesens nachzuempfinden. Da zur Empathie auch gehört, dass man die Gefühlslage anderer Menschen versteht, leitet sich die Art und Weise, wie sie beschrieben wird, von der Art und Weise ab, wie Gefühle beschrieben werden.

Wenn beispielsweise davon ausgegangen wird, dass Gefühle vor allem durch körperliche Empfindungen gekennzeichnet sind, dann ist es für die Empathie von zentraler Bedeutung, dass die Körperempfindungen eines anderen nachempfunden werden können. Wenn Gefühle aber eher durch eine Kombination aus Überzeugungen und Wünschen charakterisiert werden, dann ist es wichtiger für die Empathie, dass diese Überzeugungen und Wünsche verstanden werden.

Die Fähigkeit, sich in die Lage eines anderen Menschen hineinzuversetzen, ist ein komplizierter Vorstellungsprozess. Aber die grundlegende Fähigkeit zum Erkennen von Gefühlen ist uns vermutlich angeboren und kann daher unbewusst ablaufen. Die menschliche Fähigkeit, die Körperempfindungen eines anderen nachzuempfinden, hängt mit der eigenen Imitationsfähigkeit zusammen und scheint in der angeborenen Fähigkeit begründet zu sein, die Körperbewegungen und Gesichtsausdrücke eines anderen mit dem Gefühl in Zusammenhang zu bringen, die diese Bewegungen und Ausdrücke in einem selbst hervorrufen.

Die Forschung hat sich in den letzten Jahren darauf konzentriert, Hirnvorgänge zu finden, die der Empathie zugrunde liegen. So hat man beispielsweise die funktionelle Magnetresonanztomografie (fMRI) eingesetzt, um die funktionale Anatomie der Empathie zu erforschen. Diese Studien haben ergeben, dass die Beobachtung der Gefühlslage einer anderen Person jenen Teil des neuronalen Netzwerkes aktiviert, der auch bei der Verarbeitung derselben Gefühle in einem selbst aktiviert wird. Dabei spielt es keine Rolle, ob es sich um Ekel, Berührung oder Schmerz handelt.

Energie

In der Physik wird Energie als messbare physische Quantität definiert, die angibt, welche Menge Arbeit von einer Kraft geleistet werden kann, als Attribut von Objekten und Systemen, die dem Energieerhaltungssatz unterliegen, was nichts weiter heißt, als dass die totale Energiemenge immer gleich bleibt. Zu den verschiedenen Energiearten gehören kinetische, potenzielle, thermale, elastische, elektromagnetische sowie Gravitations-, Klang- und Lichtenergien. Die verschiedenen Energiearten werden oft nach einer verwandten Kraft benannt. Jede Energieform kann in eine andere Form und ein anderes System umgewandelt werden. Biologisch betrachtet spiegelt sich die Energie unserer Gedanken in unseren Gefühlen wider und bei Neuerungen im Geist-Körper-System wird die Energie des Verstandes in biologische Veränderungen umgewandelt.

Entspannungsreaktion

Unter Entspannungsreaktion verstehen wir einen Zustand tiefer Ruhe, in dem die physischen und emotionalen Reaktionen auf Stress reduziert sind. Dies ist das Gegenteil der Kampf-oder-Flucht-Reaktion. Die Entspannungsreaktion löst auf, was der Stress dem Menschen angetan hat. Sie geht mit verringerter Muskelspannung und Herzfrequenz, niedrigerem Blutdruck, vertiefter Atmung und einer friedvollen, angenehmen Stimmung einher. Die Methode wurde von Herbert Benson an der *Harvard Medical School* entwickelt, dort und anderswo ausführlich erforscht und in seinem Buch *The Relaxation Response*[1] ausführlich beschrieben.

Epigenetik

Die Epigenetik befasst sich mit Veränderungen des Phänotypus (der Erscheinungsform) oder der Genexpression, die von Mechanismen verursacht werden, die nicht mit Veränderungen der ihnen zugrunde liegenden DNA-Sequenz einhergehen. Diese Veränderungen mögen aufgrund der Zellteilung für das ganze Leben der Zelle oder sogar über mehrere Generationen hinweg Bestand haben. Aber es findet keine Veränderung der einem Organismus zugrunde liegenden DNA-Sequenz statt. Stattdessen bringen nicht genetische Faktoren die Gene eines Organismus dazu, sich anders »auszudrücken« oder zu verhalten. Die Epigenetik befasst sich mit der Erforschung dieser Reaktionen und der Faktoren, die sie beeinflussen.

Das Genom reagiert auf die Umwelt auf dynamische Weise. Stress, Ernährung, Verhaltensweisen, Gifte, Geist-Körper-Interventionen und andere Faktoren aktivieren chemische »Schalter«, welche die Genexpression regulieren.

Die Methoden für Verstand und Körper, die wir in diesem Buch beschrieben haben, stellen eine Form epigenetischer Mechanismen dar.

Evolution

Unter Evolution versteht man die Veränderung des genetischen Materials einer Population von Organismen über einen längeren Zeitraum. Obwohl die Veränderungen innerhalb einer Generation nur sehr klein sein mögen, addieren sie sich doch über einen längeren Zeitraum, sodass signifikante Veränderungen entstehen können, die zur Entstehung einer neuen Gattung führen können. Die Gemeinsamkeiten unter verschiedenen Gattungen weisen darauf hin, dass alle bekannten Arten von einem gemeinsamen Vorfahren abstammen. Der grundlegende Evolutionsprozess zeichnet sich durch die Übertragung von Genen von einer Generation zur nächsten aus, was an den ererbten Eigenschaften eines Organismus sichtbar wird.

Diese Eigenschaften variieren innerhalb einer Population. Evolution ist das Ergebnis von Prozessen, die ständig neue Varianten einführen, und von Prozessen, die dafür sorgen, dass diese Varianten entweder häufiger oder seltener werden. Neue Varianten entstehen auf zweierlei Weise: entweder durch Mutationen in Genen oder durch die Übertragung von Genen zwischen Populationen und Arten.

Unter natürlicher Auslese verstehen wir einen Prozess der Auswahl von Eigenschaften, welche die Chancen auf Überleben und Fortpflanzung erhöhen, der dafür sorgt, dass sich diese Eigenschaften innerhalb einer Population verbreiten. Ein weiterer Mechanismus der Evolution ist die Gendrift, ein Prozess, der zufällige Veränderungen hervorbringt. Dies führt dazu, dass es dem Zufall überlassen bleibt, ob eine gegebene Eigenschaft an künftige Generationen weitergegeben wird oder nicht.

Evolutionspsychologie

Die Evolutionspsychologie versucht psychologische Eigenschaften wie Erinnerung, Wahrnehmung, Bewusstsein oder Sprache als Adaptionen zu erklären. Adaptionen sind funktionelle Produkte der natürlichen Auslese, die unseren Vorfahren geholfen haben, sich über den ganzen Globus auszubreiten, zu überleben und sich fortzupflanzen.

Weitere Adaptionen sind die Fähigkeit, Gefühle anderer wahrzunehmen, Verwandte von Nichtverwandten zu unterscheiden, gesündere Partner zu erkennen, mit anderen zusammenzuarbeiten und so weiter. Die Evolutionspsychologie, die mit der Theorie der natürlichen Auslese übereinstimmt, sieht Organismen häufig in Konflikt mit anderen Mitgliedern ihrer Art, darunter auch mit Partnern und Verwandten. Menschen hingegen besitzen auch eine deutlich sichtbare Fähigkeit zur Zusammenarbeit unter gewissen Bedingungen.

Gefühl (Empfindung)

In der Psychologie wird das Wort *Gefühl* auch gebraucht, um Empfindungen zu beschreiben, die außerhalb des Tastsinns liegen, also zum Beispiel ein Gefühl der Wärme. In der Psychologie bleibt das Wort normalerweise der bewussten subjektiven Erfahrung einer Emotion vorbehalten. Viele Psychotherapieschulen bauen darauf, dass es dem Therapeuten gelingt, sich in die Gefühlswelt des Patienten hineinzuversetzen – wofür es verschiedene Methoden gibt. Gewisse Theorien über zwischenmenschliche Beziehungen beinhalten Vorstellungen über miteinander geteilte Gefühle oder über das Verständnis der Gefühle anderer Menschen.

Die Wahrnehmung der materiellen Welt führt nicht notwendigerweise zu einer universellen Reaktion der Wahrnehmenden, sondern hängt davon ab, wie man mit einer Situation umgeht, wie sich die aktuelle Situation mit den vergangenen Erfahrungen der Wahrnehmenden vergleichen lässt und von zahlreichen anderen Faktoren.

Gefühle gelten auch als Bewusstseinszustand, als Gemütslage, die sich aus Emotionen, Stimmungen und Wünschen ergibt.

Gefühle (Emotionen)

Kein Aspekt unseres seelischen Lebens ist für die Qualität und die Bedeutung unserer Existenz wichtiger als die Gefühle, denn sie sind es letztlich, die das Leben lebenswert machen. Im Allgemeinen wird ein Gefühl als seelischer und physiologischer Zustand definiert, der mit einer ganzen Bandbreite an Empfindungen, Gedanken und Verhaltensweisen einhergeht. Gefühle sind subjektive Erfahrungen, die häufig von Launen, Temperament, Persönlichkeit und Veranlagung abhängen. In diesem Buch behandeln wir vor allem die bereichernden Gefühle wie Liebe und Freude, die aus einem Ausdruck der Spiritualität wie dem Mitgefühl erwachsen.

Geist-Körper-Interventionen

Der Begriff *Geist-Körper-Interventionen* ist die Bezeichnung, die das amerikanische *National Center for Complementary and Alternative Medicine* (NCCAM) einer Vielzahl von Methoden gegeben hat, welche die Fähigkeit des Geistes fördern sollen, die Funktionen und Symptome des Körpers zu beeinflussen. Einige dieser Methoden wurden einmal zur Komplementär- oder Alternativmedizin gerechnet, heute sind sie aber gängige Praxis geworden – zum Beispiel Patientenselbsthilfegruppen oder die kognitive Verhaltenstherapie. Einige andere Geist-Körper-Interventionen werden immer noch der Komplementär- oder Alternativmedizin zugeordnet – zum Beispiel Meditation, Gebet, Geistheilung, Hypnose und Bewegungsschulung.

Geist-Körper-Interventionen werden aufgrund der Annahme praktiziert, dass Verstand, Körper und Geist miteinander verbunden sind und von außen beeinflusst werden können. Die Geist-Körper-Medizin zielt darauf ab, das physische wie das geistige und emotionale Wohlbefinden zu verbessern. Stress und Depressionen tragen zur Entstehung von chronischen Krankheiten bei und behindern den Genesungsprozess, weil sie eine messbare hormonelle Unausgewogenheit erzeugen. Ein bekanntes Beispiel für eine Geist-Körper-Intervention ist der Einsatz von Placebos, wodurch sich der Gesundheitszustand verbessert und positive körperliche Veränderungen als Reaktion auf ein wirkungsloses Medikament wie zum Beispiel eine Zuckerpille eintreten, wodurch die Verbindung zwischen Geist und Körper deutlich sichtbar wird.

Gene

Das Gen ist die physikalische und funktionelle Grundeinheit der Vererbung. Gene, die aus DNA bestehen, fungieren als Anweisungen, um Moleküle herzustellen, die als Proteine bezeichnet werden. Beim Menschen variieren die Gene von ein paar Hundert DNA-Basen zu über zwei Millionen Basen.

Das Humangenomprojekt schätzt, dass ein Mensch zwischen 20 000 und 25 000 Gene besitzt.

Jeder Mensch besitzt zwei Kopien jedes Gens, die von jeweils einem Elternteil vererbt wurden. Die meisten Gene sind bei allen Menschen gleich, aber eine geringe Anzahl Gene (weniger als ein Prozent) unterscheidet sich leicht. Mit dem Begriff *Allel* wird eine mögliche Ausprägung eines Gens bezeichnet, das kleinere Abweichungen in der Reihenfolge der DNA-Basen aufweist. Es sind diese kleinen Unterschiede, welche die einzigartigen körperlichen Merkmale eines Menschen ausmachen.

Genetik

Unter Genetik verstehen wir die wissenschaftliche Erforschung der Gene, ihrer Funktionen, Strukturen und Wirkungen. Das Gen ist das Medium, durch das lebende Organismen Eigenschaften von ihren Vorfahren erben. So sehen beispielsweise Kinder häufig wie die Eltern aus. In der Genetik werden die Eigenschaften eines Organismus als Phänotypus bezeichnet. Manche dieser Phänotypen sind Merkmale des physischen Erscheinungsbildes eines Organismus, aber es gibt noch viele weitere Phänotypen, die von bestimmten Verhaltensaspekten bis zur Widerstandsfähigkeit gegen bestimmte Krankheiten reichen.

Phänotypen werden häufig vererbt. So haben zum Beispiel große dünne Menschen oftmals große dünne Kinder. Andere Eigenschaften entstehen aus der Wechselwirkung zwischen den ererbten Merkmalen und der Umwelt. So kann ein Kind zum Beispiel eine Tendenz zur Großwüchsigkeit von den Eltern erben, aber wenn ihm nur wenig Nahrung zur Verfügung steht und es unterernährt ist, wird es dennoch klein bleiben. Die Art und Weise, in der sich Vererbung und Umwelt wechselseitig beeinflussen, um eine bestimmte Eigenschaft hervorzubringen, kann sehr komplex sein. So scheint zum Beispiel das Risiko, an Krebs oder einer Herzkrankheit zu sterben, sowohl von der Familiengeschichte als auch vom eigenen Lebensstil abzuhängen.

Die genetischen Informationen werden von einem langen Molekül namens DNA übertragen, das über Generationen hinweg kopiert und vererbt wird. Bestimmte Eigenschaften sind in der DNA als Anweisungen enthalten, die bestimmen, wie ein Organismus aufgebaut wird und funktioniert. Diese Anweisungen sind in DNA-Segmenten enthalten, die als Gene bezeichnet werden. Die DNA besteht aus einer Sequenz einfacher Einheiten. Die Reihenfolge dieser Einheiten ergibt die spezifischen Anweisungen des genetischen Codes auf ähnliche Weise, wie die Reihenfolge von Buchstaben Wörter ergibt. Der Organismus »liest« die Reihenfolge der Einheiten und entschlüsselt die darin enthaltenen Informationen.

Nicht alle Gene für eine spezifische Anweisung sind genau gleich. Verschiedene Formen einer Genart werden als Allele des betreffenden Gens bezeichnet. So kann beispielsweise das Allel eines Gens, das die Haarfarbe bestimmt, die Anweisung enthalten, viele Pigmente im schwarzen Haar zu produzieren, während ein anderes Allel eine verzerrte Version dieser Anweisung enthalten kann, sodass gar kein Pigment produziert wird und das Haar weiß bleibt.

Genexpression

Unter Genexpression versteht man den Prozess, durch den die in einem Gen enthaltenen Informationen in der Synthese eines funktionalen Genproduktes verwendet werden. Diese Produkte sind häufig Proteine, aber in Genen, die keine Codes für Proteine enthalten, ist das Produkt eine funktionale Ribonukleinsäure (RNA), welche die makromolekulare Maschinerie des Lebens generiert.

In der Genetik gilt die Genexpression als Grundebene, auf welcher aus dem Genotypus der Phänotypus hervorgeht. Der genetische Code wird durch die Genexpression »interpretiert« und die Merkmale der Expressionsprodukte bringen den Phänotypus des Organismus hervor.

Genmutation

Als Genmutation wird eine dauerhafte Veränderung in der DNA-Sequenz bezeichnet, die ein Gen ausmacht. Mutationen können einen einzelnen DNA-Baustein (eine DNA-Base) betreffen oder einen großen Teil eines Chromosoms.

Genmutationen können von einem Elternteil geerbt oder während des Lebens der betreffenden Person erworben werden. Mutationen, die von den Eltern auf das Kind weitergegeben werden, nennt man ererbte Mutationen oder Keimbahnmutationen, weil sie in den Ei- und Samenzellen vorhanden sind, die als Keimzellen bezeichnet werden. Diese Art von Mutation ist während der Lebensspanne eines Lebewesens in fast jeder Zelle seines Körpers vorhanden.

Mutationen, die sich nur in einer Ei- oder Samenzelle oder kurz nach der Befruchtung ereignen, werden als neue oder

»De-novo«-Mutationen bezeichnet. De-novo-Mutationen können genetische Störungen erklären, bei denen das betroffene Kind Mutationen in jeder Zelle aufweist, die Störung aber nicht Teil der Familiengeschichte ist.

Erworbene oder somatische Mutationen ereignen sich irgendwann im Leben eines Menschen in der DNA einzelner Zellen. Diese Veränderungen können durch Umweltfaktoren wie ultraviolette Sonnenstrahlung ausgelöst werden oder ereignen sich, wenn bei der Zellteilung, in der sich die DNA selbst kopiert, ein Fehler auftritt. Erworbene Mutationen in Körperzellen (also in Zellen, die weder Ei- noch Samenzellen sind) können nicht an die nächste Generation weitergegeben werden.

Genom

Das Genom ist der gesamte Satz genetischer Anweisungen, die in einer Zelle enthalten sind. Das menschliche Genom besteht aus 23 Chromosomenpaaren, die sich im Zellkern befinden, und einem kleinen Chromosom, das sich in den Zellmitochondrien befindet. Diese Chromosomen enthalten zusammen ungefähr 3,1 Milliarden DNA-Basen.

Gentechnik

Die Gentechnik wird eingesetzt, um Gene und DNA-Segmente einer Art – zum Beispiel einer Maus – zu entnehmen und sie einer anderen Art – wie einem Affen oder einer Banane – einzupflanzen. Vereinfacht gesagt geschieht dies, indem DNA-Streifen abgeschnitten werden und entweder zufällig oder an ganz bestimmte Orte platziert werden. Die Gentechnik ermöglicht es, die Grenze, die Arten voneinander trennt, zu durchbrechen und beispielsweise ein für Insekten tödliches Gen von einem Bakterium auf Mais-, Baumwoll- oder Rapssamen oder auch um Gene von einem Menschen auf ein Schwein zu übertragen.

So einfach wie es klingt, ist es aber nicht, denn die Theorie offenbart erst in der praktischen Umsetzung ihre Schwächen. Häufig funktioniert das neue Gen aus unerfindlichen Gründen nur eine Zeit lang und wird dann »still«. Es gibt keine Möglichkeit, vorher herauszufinden, ob dies geschehen wird oder nicht.

Obwohl die Gentechnik oft als präzise Methode bezeichnet wird, ist die letzte Phase, in der das neue Gen einem anderen Organismus eingepflanzt wird, ziemlich primitiv, weil es dabei sowohl an Präzision als auch an Vorhersehbarkeit fehlt. Das neue Gen kann überall landen, in der Nähe jedes Gens oder selbst in einem anderen Gen, wo es dann dessen Funktion oder innere Ordnung stört.

Es kommt häufig vor, dass die Gentechnik nicht nur die Informationen eines Gens nimmt und in ein anderes Gen einpflanzt, sondern auch Stücke von anderen Genen und anderen Arten. Obwohl dies in der Absicht geschieht, den Ausdruck und die Funktion des neuen Gens zu verbessern, verursacht es doch weitere Störungen und vergrößert das Risiko unvorhersehbarer Nebenwirkungen. Daher steckt die Wissenschaft der Gentechnik noch in den Kinderschuhen und hat noch viel zu lernen.

Gewohnheiten

Als Gewohnheit bezeichnet man ein immer wiederkehrendes Verhalten, das meistens unbewusst ist und über das man nicht nachzudenken braucht. Gewohnheitsmäßiges Verhalten ist den Menschen, die es zeigen, häufig nicht einmal bewusst, weil es meistens unnötig ist, sich selbst aufmerksam zu beobachten, wenn man Routineabläufe erledigt.

Gewöhnung ist eine extrem einfache Form des Lernens, bei der ein Organismus aufhört, auf einen Reiz zu reagieren, nachdem er diesem eine Zeit lang regelmäßig ausgesetzt worden ist. Gewohnheiten sind oft zwanghaft. Sie sind im unbewussten Verstand gespeichert und können durch Geist-Körper-Interventionen, wie sie in diesem Buch beschrieben sind, verändert werden.

Glaube

Unter Glaube verstehen wir den überzeugten Glauben an eine Person, eine Idee oder eine Sache. Im religiösen Zusammenhang bezieht sich das Wort Glaube meistens auf Gott oder die Religion. Zum Glauben gehört eine Vorstellung von zukünftigen Geschehnissen. Das Wort wird gebraucht, um etwas zu erklären, für das es keine logischen oder sichtbaren Beweise gibt. Der informelle Gebrauch des Wortes kann sehr umfassend sein und auch als Synonym für *Vertrauen* gebraucht werden.

Es gibt unterschiedliche Auffassungen über die ursprüngliche Bedeutung des Wortes *Glaube*. Der heilige Augustinus war der Meinung, dass all unsere Überzeugungen letztlich immer auf Glauben und Vertrauen beruhen. Andere wie C. S.

Lewis sind der Auffassung, dass Glaube einfach eine Tugend ist, mit der wir an unseren durch Vernunft gewonnenen Überzeugungen festhalten, auch wenn uns eigentlich gerade nicht danach ist.

Glück

Als Glück bezeichnen wir einen Geistes- oder Gefühlszustand, der durch inneren Frieden, Liebe und Freude gekennzeichnet ist. Natürliches Glück wird durch unsere genetische Spiritualität erzeugt und hängt nicht von äußeren Umständen wie Vergnügen, Befriedigung, Wohlbefinden und so weiter ab.

Obwohl eine Vielzahl von philosophischen, religiösen, psychologischen und biologischen Schulen versucht hat, Glück zu definieren und seine Quelle zu entdecken, haben sie doch nur herausgefunden, dass diese Art von Glück immer von äußeren Umständen abhängt und daher dem Wandel unterworfen ist. Da aber das natürliche Glück in unseren Genen angelegt ist, empfinden wir augenblicklich positive Gefühle, wenn wir unsere Spiritualität zum Ausdruck bringen. Natürliches Glück stellt sich vollkommen von selbst ein, wenn wir selbstlos und aus Mitgefühl handeln oder eine gute Tat vollbringen.

Hypnose

Unter Hypnose verstehen wir einen Geisteszustand, der durch ein Verfahren namens hypnotische Induktion ausgelöst wird, das üblicherweise aus einer Reihe vorhergehender Instruktionen und Suggestionen besteht. Hypnotische Suggestionen können von einem Hypnotiseur in der Gegenwart eines Klienten ausgeführt werden oder im Rahmen einer Selbsthypnose selbst gegeben werden. Der Einsatz der Hypnose zu therapeutischen Zwecken wird als Hypnotherapie bezeichnet.

Im Gegensatz zur gängigen Meinung, dass der hypnotische Zustand eine Form des Unbewussten ist, die dem Schlaf ähnelt, ist die moderne Forschung eher der Ansicht, dass der hypnotische Zustand ein Wachzustand erhöhter Aufmerksamkeit und vergrößerter Empfindsamkeit ist, bei dem lediglich die periphere Wahrnehmung abnimmt.

In diesem Buch werden Techniken der Selbsthypnose eingesetzt, um Glücksgewohnheiten zu entwickeln.

Eine in Trance versetzte oder in einem Zustand tiefer Konzentration befindliche Person ist außergewöhnlich empfänglich für Gedanken und Bilder, was aber nicht bedeutet, dass der Hypnotiseur den Geist des Klienten kontrollieren und seinen freien Willen ausschalten kann. Ganz im Gegenteil: In der Hypnose kann man tatsächlich lernen, wie man die Kontrolle über seinen eigenen Geist erlangt. Dadurch kann man sowohl Körperfunktionen als auch psychische Reaktionen beeinflussen.

Während der Hypnose entspannt sich der Körper, während der Verstand konzentrierter und aufmerksamer wird. Wie andere Entspannungstechniken senkt auch die Hypnose den Blutdruck und die Herzfrequenz und verändert bestimmte Arten der Hirnwellenaktivität. In diesem entspannten Zustand wird sich ein Mensch körperlich sehr wohlfühlen und geistig vollkommen wach sein. In diesem Zustand tiefer Konzentration ist man besonders empfänglich für Suggestionen.

Hypnotherapie

Hypnotherapie wird häufig eingesetzt, um beim Klienten eine Änderung des Verhaltens, der Einstellung und der Gemütslage herbeizuführen, um dysfunktionale Angewohnheiten, Angstzustände und stressbedingte Erkrankungen zu behandeln oder zu einer verbesserten Stressbewältigung und Persönlichkeitsentwicklung beizutragen. Die Hypnotherapie erzeugt einen tiefen Entspannungszustand und führt zu einem veränderten Bewusstseinszustand, der als Trance bezeichnet wird. Viele Menschen erleben einen tranceähnlichen Zustand, wenn sie Fernsehen schauen oder beim Halten an einer Ampel konzentriert auf das rote Licht starren.

Instinkt

Unter Instinkt verstehen wir die angeborene Veranlagung für ein bestimmtes Verhalten. Festgelegte Reaktionsmuster werden nicht erlernt, sondern sind angeboren. Auslösereize können sich während einer kritischen Phase variabel einprägen oder genetisch fixiert sein. Beispiele für genetisch fixierte Verhaltensweisen kann man im Verhalten von Tieren erkennen, die verschiedene Aktivitäten zeigen, die nicht auf Erfahrungen beruhen. Ein Beispiel dafür findet sich bei den Meeresschildkröten, die im Sand des Strandes schlüpfen und dann einem inneren Ruf folgend ins Meer kriechen.

Darwins Evolutionstheorie zufolge wird eine vorteilhafte Eigenschaft wie ein Instinkt durch Konkurrenz und durch eine erhöhte Überlebensrate der Lebewesen, die diesen Instinkt besitzen, ausgewählt. So kann im Rahmen der Evolutionsbiologie ein Instinkt als Verhalten erklärt werden, welches das Überleben begünstigt.

Zu den menschlichen Merkmalen, die als Instinkte gelten, gehören: Schlafbedürfnis, Altruismus, Ekel, Gesichtserkennung, Kampf-oder-Flucht-Verhalten und Konkurrenzverhalten. Gewisse Experimente mit Menschen und Menschenaffen haben zu der Schlussfolgerung geführt, dass auch das Gerechtigkeitsgefühl als instinktiv gelten kann. Menschen wie Affen sind bereit, ihre eigenen Interessen aufs Spiel zu setzen, um gegen die ungerechte Behandlung ihrer selbst oder anderer Artgenossen zu protestieren.

Konkurrenzverhalten

Unter Konkurrenz verstehen wir den Wettbewerb zwischen Individuen, Gruppen, Nationen, Tieren und so weiter um Territorium, Nischen, Macht, Brutpartner oder begrenzte Ressourcen. Konkurrenz entsteht immer dann, wenn zwei oder mehr Parteien zwar dasselbe Ziel haben, es aber nicht teilen wollen. Konkurrenz entsteht auf natürliche Weise unter lebenden Organismen, welche dieselbe Umgebung miteinander teilen. So konkurrierten unsere Vorfahren instinktiv um Wasser, Nahrung und Partner und später, als diese Bedürfnisse erfüllt waren, entstanden starke Rivalitäten in Bezug auf Reichtum, Prestige oder Ruhm.

Im Lauf der Geschichte hat das Konkurrenzverhalten immer wieder zu Kriegen und Zerstörung geführt, aber es kann auch Anreiz zur Selbstverbesserung sein. Wenn zum Beispiel zwei Firmen auf demselben Markt konkurrieren, werden sie ihre Produkte und ihren Kundendienst verbessern müssen, um einen höheren Marktanteil zu erreichen. Reagiert eine Firma besser auf die Bedürfnisse der Kunden, wird sie florieren.

Der Grad der Konkurrenz kann sehr unterschiedlich sein. Auf gewissen Ebenen ist das Konkurrenzverhalten eher informell. Es geht dann mehr um Stolz oder Spaß. Andere Formen des Konkurrenzverhaltens können aber sehr schwerwiegende Konsequenzen haben, so sind zum Beispiel viele Kriege durch die extreme Konkurrenz zwischen zwei Nationen ausgelöst worden.

Das Konkurrenzverhalten kann sowohl positive wie negative Auswirkungen haben. Viele Evolutionsbiologen sehen das Konkurrenzverhalten innerhalb einer Gattung und zwischen Gattungen als treibende Kraft der Anpassung und damit letztlich der Evolution.

Meditation

Meditation ist erwiesenermaßen eine wirksame alternative Therapieform, die der Geist-Körper-Medizin zugeordnet wird. Immer mehr Ärzte verschreiben Meditation als Therapie, um den Blutdruck zu senken, um bei Menschen mit Angina die körperliche Leistungsfähigkeit zu erhöhen, bei Menschen mit Asthma die Atmung zu erleichtern, Schlaflosigkeit zu lindern und um generell zur Bewältigung des alltäglichen Stresses beizutragen. Meditation ist eine einfache, sichere Methode, um Körper, Gefühle und Verstand in Einklang zu bringen.

Der Einsatz von Meditation zu Heilzwecken ist beileibe nicht neu. Meditative Methoden sind in verschiedenen Kulturen überall auf der Welt entstanden. Die Meditation wurzelt in den großen Weltreligionen und spirituellen Traditionen und wird in verschiedenen Formen ausgeübt. Der Wert der Meditation bei der Linderung von Leid und der Förderung des Heilungsprozesses ist seit Tausenden von Jahren bekannt und wird ebenso lange praktiziert.

Mitgefühl

Mitgefühl ist ein menschliches Gefühl, das durch das beobachtete Leiden anderer ausgelöst wird. Das Gefühl führt normalerweise zu dem Wunsch, das Leiden anderer zu lindern. Es ist eine besonders wichtige Komponente im spirituellen Ausdruck des Altruismus. Mitgefühl hat sich in allen Zeitaltern als die sogenannte goldene Regel manifestiert: »Behandle andere so, wie du von ihnen behandelt werden willst.«

Mutationen

Unter Mutation verstehen wir eine Veränderung der DNA-Sequenz des Genoms einer Zelle. Diese kann durch Umwelteinflüsse wie Gifte, Viren, Strahlung oder genetische Kopierfehler während der DNA-Reproduktion ausgelöst werden. Derartige Mutationen können verhindern, dass das Gen funktioniert, oder bewirken, dass sich die RNA oder das Protein, die vom Gen produziert werden, verändern. Diese Veränderungen können katastrophale Auswirkungen haben, wenn sie beispielsweise nicht verhindern, dass ein Virus in das menschliche Immunsystem eindringt und eine Krankheit verursacht.

Mutationen können im Prozess der Evolution große Auswirkungen haben, indem sie ermöglichen, dass große Mengen DNA vervielfältigt werden. Diese Vervielfältigungen sind eine Hauptquelle des Rohmaterials, aus dem über einen längeren Zeitraum neuartige Gene entstehen können. Die meisten Gene gehören zu größeren Gengruppen gemeinsamer Herkunft, aber neuartige Gene können durch die Vervielfältigung und Mutation ererbter Gene produziert werden. Diese neuen Kombinationen ermöglichen die Entstehung von neuartigen Eigenschaften und neuen Funktionen. Wenn diese neuartigen Eigenschaften das Überleben der Art begünstigen, werden sie mit der Zeit zu vererbbaren Genen.

Positive Psychologie

Nach der Definition des Zentrums für Positive Psychologie an der Penn State University versteht man darunter die wissenschaftliche Erforschung der Stärken und Tugenden, die es Individuen wie Gemeinschaften ermöglichen zu wachsen und zu gedeihen.

Das Zentrum für Positive Psychologie befasst sich mit Forschung, Ausbildung und Erziehung und der Verbreitung der Positiven Psychologie. Dieses Fachgebiet beruht auf der festen Überzeugung, dass die Menschen ein erfülltes und sinnvolles Leben führen, das Beste in sich hervorbringen und Liebe, Arbeit und Freizeit intensiver erleben möchten.

Die Positive Psychologie hat drei zentrale Anliegen: positive Gefühle, positive Charaktereigenschaften und positive Institutionen. Zum Verständnis der positiven Gefühle gehört die Untersuchung der Zufriedenheit mit der Vergangenheit und dem Glück der Gegenwart sowie der Hoffnungen für die Zukunft. Zum Verständnis positiver Charaktereigenschaften gehört die Erforschung von Stärken und Tugenden wie beispielsweise Liebes- und Arbeitsfähigkeit, Mut, Mitgefühl, Belastbarkeit, Kreativität, Neugierde, Integrität, Selbsterkenntnis, Mäßigung, Selbstkontrolle und Weisheit. Zum Verständnis positiver Institutionen gehört die Erforschung jener Stärken, die bessere Gemeinschaften hervorbringen, wie Gerechtigkeit, Verantwortlichkeit, Höflichkeit, Elternschaft, Fürsorglichkeit, Arbeitsmoral, Führungsqualitäten, Zusammenarbeit, Zielgerichtetheit und Toleranz.

Es scheint uns ein großer Fortschritt für die Psychologie zu sein, wenn man sich auf das positive Potenzial der Psychologie konzentriert, statt auf die psychischen Störungen – wie es traditionellerweise ja der Fall ist. Allerdings geschieht dies immer im Rahmen einer weitverbreiteten Fehleinschätzung von dem, was Glück ausmacht, da es auch hier immer nur um äußere Faktoren geht, die von ständig wechselnden Umständen abhängen. Im Gegensatz dazu definiert dieses Buch einen Zustand dauerhaften Glücks als das natürliche Resultat des Ausdrucks unserer spirituellen Gene, die von äußeren Einflüssen unabhängig sind.

Psyche

In der Psychoanalyse und anderen Formen der Tiefenpsychologie zählen zur Psyche all jene Kräfte im Individuum, die das Denken, das Verhalten und die Persönlichkeit beeinflussen. Der Begriff *Psyche* ist im Kontext des Selbst zu verstehen, der die modernen Ideen der Seele, des Selbst und des Geistes umfasst.

Sigmund Freud, der Begründer der Psychoanalyse, glaubte, dass die Psyche aus drei Teilen besteht: dem »Es«, welches die instinktiven Triebe des Individuums umfasst und größtenteils unbewusst ist, dem »Ich«, das bewusst ist und dazu dient, die Triebe des Es mit den Verboten des Über-Ichs in Einklang zu bringen. Freud glaubte, dass der dabei entstehende Konflikt den Kern der Neurose bildet. Den dritten Teil bezeichnete Freud als »Über-Ich«, welches das Gewissen des Individuums darstellt und die verinnerlichten gesellschaftlichen Normen und Moralvorstellungen enthält.

Religion

Eine Religion wird normalerweise mit der Organisation gleichgesetzt, welche den Ausdruck des Glaubens an eine höhere Macht oder Wahrheit systematisiert hat. Die Grundbestandteile einer Religion sind Glaube, Ritual und Ethik. Diese Elemente sollen dazu dienen, dem Leben des Gläubigen Sinn zu geben. Der Begriff *Religion* bezieht sich sowohl auf die persönlichen Praktiken, die zum gemeinschaftlichen Glauben gehören, als auch auf die Gruppenrituale und die Kommunikationsformen, die aus dem gemeinsamen Glauben erwachsen.

Das Wort *Religion* wird manchmal als Synonym für »Glaube« oder »Glaubenssystem« gebraucht, ist aber eher im gesellschaftlichen Zusammenhang definiert und nicht so sehr als persönliche Überzeugung. Zu einer Religion gehören immer auch bestimmte Verhaltensweisen.

Die Entwicklung der Religion hat in unterschiedlichen Kulturen aufgrund verschiedener psychologischer und sozialer Wurzeln und aufgrund unterschiedlicher Ursprünge und historischer Entwicklungen viele Formen angenommen. Im Laufe der Jahrtausende hat es Hunderte verschiedener Religionen gegeben, aber die bedeutenderen Religionen zeichnen sich durch ein gemeinschaftliches System eines kohärenten Glaubens an einen Gott und einen Moralkodex, durch gemeinsame Praktiken, Traditionen, Rituale und Schriften aus.

Die Mitglieder einer organisierten Religion sehen vermutlich keinen großen Unterschied zwischen Religion und Spiritualität. Noch sehen sie einen Unterschied zwischen den gewöhnlichen, irdischen Aspekten ihrer Religion und deren spiritueller Dimension.

Manche Menschen ziehen aber eine klare Linie zwischen Religion und Spiritualität. Für sie ist Spiritualität der Glaube an Ideen von religiöser Bedeutung wie Gott, Seele oder Himmel, aber sie fühlen sich nicht einer bürokratischen Struktur und den Glaubensbekenntnissen einer bestimmten organisierten Religion verpflichtet. Sie haben sich für den Begriff *Spiritualität* statt *Religion* entschieden, um ihre Form des Glaubens zu beschreiben – vermutlich weil sie von der organisierten Religion enttäuscht sind und eine »modernere«, tolerantere, intuitivere Form der Religion ausüben wollen.

Selbsthypnose

Selbsthypnose ist ein ganz natürlich auftretender Geisteszustand, der als Zustand gesteigerter Konzentration (Trance) beschrieben werden kann, in dem man bereit ist, Anweisungen zu befolgen (Beeinflussbarkeit). Im Grunde zeichnet sich die Methode einfach dadurch aus, dass eine Person die hypnotische Induktion an sich selbst vornimmt.

Selbsttranszendenz

Im alltäglichen Sprachgebrauch bedeutet »Transzendenz«, über sich selbst hinauszugehen. Selbsttranszendenz bedeutet, über einen bisherigen Bewusstseinszustand hinauszugehen. Die mystische Erfahrung wird dabei als ein besonders fortgeschrittener Zustand der Selbsttranszendenz angesehen, in dem das Gefühl eines getrennten Selbst verschwindet.

Man nimmt an, dass Selbsttranszendenz psychometrisch gemessen werden kann und zumindest teilweise vererbt wird. Diese Entdeckung wird in dem Buch *The God Gene*[2] von Dean Hamer beschrieben.

Soziobiologie

Der Begriff *Soziobiologie* wurde zum ersten Mal in E. O. Wilsons Buch *Sociobiology: The New Synthesis*[3] gebraucht. Er definierte die Soziobiologie als Anwendung der Evolutionstheorie auf das Sozialverhalten. Soziobiologen behaupten, dass viele soziale Verhaltensweisen aufgrund der natürlichen Auslese entstanden sind, weil sie einen größeren Fortpflanzungserfolg sicherten. Sie versuchen, die Evolutionsgeschichte bestimmter Verhaltensweisen oder -strategien zu erforschen.

So sind die Evolutionsbiologen lange von Fällen anscheinend selbstlosen Verhaltens in bestimmten Tiergesellschaften verwirrt worden. Ein solches Verhalten zeigen beispielsweise die unfruchtbaren Arbeiter in Insektenstaaten; es zeigt sich in den Warnschreien, die das Tier, das sie ausstößt, selbst in Gefahr bringen; es zeigt sich im Teilen von Nahrung und anderen Ressourcen und so weiter. Derartige Verhaltensweisen scheinen altruistisch zu sein und bringen den Handelnden selbst in Gefahr, daher scheinen sie im Widerspruch zum Selbsterhaltungstrieb zu stehen, welcher der natürlichen Auslese zugrunde liegt. Um dieses Paradox zu erklären, erforschten Soziobiologen die Umstände, unter denen sich altruistisches Verhalten durchaus im Einklang mit dem Evolutionsprozess befinden kann, und fanden heraus, dass sich dabei ein Organismus zwar selbst opfert, dass aber die Gruppe davon profitiert.

Kritiker der Soziobiologie beklagen sich häufig darüber, dass deren Abhängigkeit vom genetischen Determinismus – besonders wenn es um das menschliche Verhalten geht – faktisch eine Rechtfertigung des Status quo impliziert. Wenn zum Beispiel die männliche Aggressivität genetisch fixiert und fortpflanzungstechnisch gesehen von Vorteil ist, dann scheint die männliche Aggressivität eine biologische Realität zu sein, die wir nur in geringem Ausmaß beeinflussen können.

Spiritualität

Der Begriff *Spiritualität* bedeutet, sich auf das Geistige zu beziehen, aus Geist zu bestehen oder Eigenschaften des Geistes aufzuweisen. Wie diese Definition zeigt, hat die Spiritualität keine allgemeingültige Definition, sondern hängt ganz von der jeweiligen Sichtweise ab. Traditionell wird sie als zur Religion gehörig angesehen und mit Gottheiten, dem Übernatürlichen und dem Leben nach dem Tod in Verbindung gebracht. Auch Existenzialismus und innere Einkehr mögen dazugehören sowie die individuelle Entwicklung des inneren Lebens durch Methoden wie Meditation, Gebet oder Kontemplation.

Traditionellerweise haben die Religionen die Spiritualität als integralen Bestandteil der religiösen Erfahrung betrachtet, aber die wachsende Zunahme des Säkularismus in der westlichen Welt hat eine weiter gefasste Definition von Spiritualität möglich gemacht. Eine säkulare Spiritualität weist darauf hin, dass ein Individuum eine spirituelle Einstellung hat, die persönlicher, weniger strukturiert, offener für neue Ideen und Einflüsse und pluralistischer ist als die dogmatischen Glaubenssätze der organisierten Religionen.

Wenn ein Christ sich als »eher spirituell als religiös« bezeichnet, dann kann sich darin eine eher geringe Wertschätzung von Regeln, Ritualen und Traditionen ausdrücken, die zugunsten einer intimeren Beziehung zu Gott verworfen werden. Grundlage dieser Einstellung ist die Überzeugung, dass Jesus Christus gekommen war, um die Menschheit von diesen Regeln, Ritualen und Traditionen zu befreien und ihnen die Fähigkeit zu verleihen, ihm nachzufolgen und so ein christliches Leben durch eine persönliche Beziehung zu Gott zu führen.

Steinzeit

Unter Steinzeit verstehen wir eine längere prähistorische Epoche, während der die Menschen überwiegend Steinwerkzeuge benutzten. Steinwerkzeuge wurden aus verschiedenen Steinarten hergestellt. So wurde zum Beispiel Feuerstein geformt, um daraus Schneidewerkzeuge und Waffen herzustellen, während Basalt und Sandstein benutzt wurden, um daraus Mahl- und Mühlsteine herzustellen.

Vor 2,58 bis 2,7 Millionen Jahren wurden die ersten Steinwerkzeuge in Gona in Äthiopien hergestellt und während dieser Zeit verbreitet und bald danach auch anderswo benutzt. Die Steinzeit endet mit dem Aufkommen des Ackerbaus, der Domestizierung bestimmter Tierarten und dem Schmelzen von Kupfererz, um daraus Metall zu gewinnen. Diese Epoche wird prähistorisch genannt, weil die Menschheit die Schrift noch nicht erfunden hatte.

Unbewusstes

Der Begriff »unbewusst« oder »unterbewusst« wird auf vielerlei Art und Weise verwendet und entzieht sich einer einheitlichen Definition. In der Umgangssprache und der Populärliteratur begegnet man dem Begriff sehr häufig. Dort wird er gebraucht, um jenen Teil des Verstandes zu beschreiben, der vom bewussten Verstand getrennt ist.

In Freuds Strukturmodell der Psyche wurde das Unbewusste als »Es« bezeichnet und als Sitz der instinktiven Triebe des Individuums definiert, die größtenteils unterbewusst (unbewusst) ablaufen.

Das Unbewusste wurde aber auch als jener Teil des Verstandes definiert, der verschiedene Fähigkeiten und Kräfte besitzt, die jene des Bewusstseins übersteigen. So kann sich das Unbewusste offenbar an Dinge erinnern, die außerhalb der Kontrolle des bewussten Verstandes liegen, diese wahrnehmen und erkennen.

Aufgrund der Idee, dass das Unbewusste eine machtvolle Instanz ist, wurde dieser Begriff in der Selbsthilfeliteratur und der Esoterik sehr beliebt und die Erforschung und Beherrschung seiner angeblichen Macht und des in ihm enthaltenen Wissens wird als vorteilhaft angesehen.

Laut der psychoanalytischen Literatur enthält das Unbewusste vermutlich eine Vielzahl von primitiven oder geleugneten Instinkten, Trieben, Begierden und Gedanken.

Verhalten

Der Begriff *Verhalten* bezieht sich auf die Aktionen oder Reaktionen eines Objektes oder eines Organismus – üblicherweise in Beziehung zu seiner Umwelt. Verhalten kann bewusst oder unbewusst, offen oder verdeckt, freiwillig oder unfreiwillig sein. Das menschliche Verhalten kann normal, ungewöhnlich, akzeptabel oder inakzeptabel sein. Die Menschen bewerten die Akzeptierbarkeit eines Verhaltens aufgrund gesellschaftlicher Normen und regulieren es durch soziale Kontrollen.

Verhaltensgenetik

Unter Verhaltensgenetik verstehen wir die Erforschung der Wechselwirkung zwischen vererbten und Umwelteinflüssen, soweit sich diese auf das Verhalten auswirkt. Die Frage, was das Verhalten bestimmt, wird üblicherweise im Rahmen der Vererbungs-oder-Erziehungs-Kontroverse erörtert. Eine ausgewogenere Sichtweise, welche gleichermaßen die Bedeutung von Genetik und Umwelt anerkannte, herrschte vor allem in den 1970er-Jahren vor. Die moderne Forschung konzentriert sich darauf, Gene zu identifizieren, die Verhaltensfaktoren wie Persönlichkeit und Intelligenz und Störungen wie Depression oder Hyperaktivität beeinflussen.

Es ist wichtig, darauf hinzuweisen, dass kein einzelnes Gen für Intelligenz, Charaktereigenschaften, Spiritualität, Verhalten oder auch nur Größe verantwortlich ist. Derartige Merkmale sind immer polygenetisch, das heißt, sie werden von mehreren Genen beeinflusst. Die Forschungsmethodologien geben keinen Aufschluss darüber, welche Gene an einem gegebenen Verhalten beteiligt sind, sondern nur über den relativen Einfluss aller Gene im Gegensatz zu Umwelteinflüssen.

Literaturverzeichnis

Agor, Weston: *Intuitives Management. Die richtige Entscheidung zur richtigen Zeit*. Gabal Verlag, Bremen 1994

Alleyne, Richard: »Childhood Abuse Leaves Body Physically Vulnerable to Mental Illness.« www.telegraph.co.uk vom 22. Februar 2009

»American Psychiatric Association Quick Reference to the Diagnostic Criteria from DSM-IV«. American Psychiatric Association, Washington, DC 2000

Armstrong, Karen: *Der große Umbruch: Vom Ursprung der Weltreligionen*. Goldmann, München 2008

Axelrod, Robert: *Die Evolution der Kooperation*. Oldenbourg, München 2009

Baars, Bernard: *Das Schauspiel des Denkens*. Klett-Cotta, Stuttgart 1998

Batson, Daniel: *The altruism question*. Erlbaum, Hillsdale 1991

Behe, Michael: *The Edge of Evolution: The Search for the Limits of Darwinism*. Free Press, New York 2008

Ben-Shahar, Tal: *Glücklicher: Lebensfreude, Vergnügen und Sinn finden mit dem populärsten Dozenten der Harvard University*. Riemann Verlag, München 2007

Blackmore, Susan: *Gespräche über Bewusstsein*. Suhrkamp, Frankfurt am Main 2007

Borysenko, Joan: *Minding the Body, Mending the Mind*. Da Capo Press, Cambridge 2007

Braden, Gregg: *Der Realitäts-Code: Wie Sie Ihre Wirklichkeit verändern können*. Koha Verlag, Burgrain 2008

Braden, Gregg: *Fractal Time*. Koha Verlag, Burgrain 2009

Braden, Gregg: *Verlorene Geheimnisse des Betens: Die verborgene Kraft von Schönheit, Segen, Weisheit und Schmerz.* Echnaton-Verlag, Taufkirchen 2008

Brigham, Deirdre Davis: *Imagery for Getting Well: Clinical Applications of Behavioral Medicine.* W.W. Norton and Company, New York 1994

Bruce, Eve: *Shaman, M.D.: A Plastic Surgeons Remarkable Journey into the World of Shapeshifting.* Destiny Books, Rochester 2002

Buckingham, Marcus: »What's Happening to Women's Happiness?« The Huffington Post. http://www.huffingtonpost.com/marcus-buckingham, 27. September 2009

Buss, David: *Evolutionäre Psychologie.* Pearson Studium, München 2004

Campbell, Joseph: *Der Heros in tausend Gestalten.* Insel, Frankfurt am Main 1999

Carey, Gregory: *Human genetics for the social sciences.* Sage Publications, Thousand Oaks 2003

Carson, Ronald; Rothstein, Mark und Bloom, Floyd: *Behavioral Genetics: The Clash of Culture and Biology.* The Johns Hopkins University Press, Baltimore 2002

Chalmers, David: *The Conscious Mind: In Search of a Fundamental Theory.* Oxford University Press, New York 1996

Church, Dawson: *Die neue Medizin des Bewusstseins: Wie Sie mit Gedanken und Gefühlen Ihre Gene positiv beeinflussen können.* VAK, Kirchzarten 2009

Clark, William und Grunstein, Michael: *Are We Hardwired? The Role of Genes in Human Behaviour.* Oxford University Press, New York 2000

Cleeremans, Axel: *The Unity of Consciousness: Binding, Integration, and Dissociation.* Oxford University Press, New York 2000

Cobb, John: *Die christliche Existenz, eine vergleichende Studie der Existenzstrukturen in verschiedenen Religionen.* Claudius Verlag, München 1970

Collins, Francis: *Gott und die Gene: Ein Naturwissenschaftler begründet seinen Glauben.* Gütersloher Verlagshaus, Gütersloh 2007

Crews, David: »Epigenetics and its Implication for Behavioral Neuroendocrinology« in *Frontiers in Neuroendocrinology* 2008, Band 29, Nummer. 3, Seiten 334–357

Crockett, Tom: *Stone Age Wisdom: The Healing Principles of Shamanism*. Fair Winds Press, Gloucester 2003

Csikszentmihalyi, Mihaly: »Mr. Flow und die Suche nach dem guten Leben« in *Psychologie Heute*, Heft 3/2005, Seiten 42–48 (http://www.psychologie-heute.de/portraits/mihaly_csikszentmihalyi.html)

Dalai Lama: *The Universe in a single atom*. Morgan Road Book, New York 2005

Dawkins, Richard: *Der blinde Uhrmacher: Warum die Erkenntnisse der Evolutionstheorie zeigen, dass das Universum nicht durch Design entstanden ist*. dtv, München 2008

Dawkins, Richard: *Das egoistische Gen*. Spektrum Akademischer Verlag, Heidelberg 2006

De Beauport, Elaine und Diaz, Aura Sofia: *The Three Faces of Mind: Developing Your Mental, Emotional, and Behavioral Intelligences*. Quest Books/Theosophical Publishing House, Wheaton 1996

Dembski, William: *No Free Lunch: Why Specified Complexity Cannot be Purchased Without Intelligence*. Rowman Littlefield Publishers, Lanham 2007

Dick, D. M. und Rose, R. J.: »Behavior genetics: What's new? What's next?« in *Current Directions in Psychological Science* 11, Nummer 2, Seiten 70–74, 2002

Diener, Ed: *The Science of Well-Being: The Collected Works of Ed Diener*. Springer Verlag, Wiesbaden 2009

Diener, Ed und Biswas-Diener, Robert: *Happiness: Unlocking the Mysteries of Psychological Wealth*. Blackwell Publishing, Malden 2008

Donaldson, Dwight: *Studies in Muslim Ethics*. S. P. C. K, London 1963

Dossey, Larry: *The Power of Premonitions: How Knowing the Future Can Shape Our Lives*. Dutton/Penguin, New York 2009

Doyle, Alister: »Botswana ›snake rock‹ may show Stone Age religion«. 30. November 2008. Reuters News Service, Oslo

Duke Medicine News and Communications Press Release: »Epigenetics means that what we eat, how we live and love. Alters how our genes behave« vom 25. Oktober 2005

Dunbar, Robin: *The Human Story*. Faber and Faber, London 2005

Dyer, Wayne: *Ändere deine Gedanken – und dein Leben ändert sich: Die lebendige Weisheit des Tao*. Goldmann Verlag, München 2008

Evans, Dylan und Zarate, Oscar: *Introducing Evolutionary Psychology*. Totem Books, Cambridge 2005

Evans, J. D. und Wheeler, D. E.: »Differential gene expression between developing queens and workers in the honey bee, apis mellifera« in *Proceedings of the National Academy of Sciences 96*: 5575–5580, Washington D. C. 1999

Fagg, Lawrence: *Electromagnetism and the Sacred: At the Frontier of Spirit and Matter*. Continuum Books, New York 1999

Fehr, Ernst und Fischbacher, Urs: »The Nature of Human Altruism« in *Nature*, Ausgabe 425, Seiten 785–791, 23. Oktober 2003

Frankl, Viktor: ... *trotzdem Ja zum Leben sagen: Ein Psychologe erlebt das Konzentrationslager*. dtv, München 1998

Gardner, Herb: *Tausend Clowns*. Samuel French, New York 1961

Gallup, George Jr. und Castelli, Jim: *The Peoples Religion: American Faith in the 90s*. Oxford University Press, New York 1989

Gallup, George Jr.: *Religion in America*. Princeton Religion Research Center, Princeton 1985

Ghiselin, Michael: »Darwin and Evolutionary Psychology« in *Science* 1973, 179: 964–968

Gilbert, Daniel: *Ins Glück stolpern: Suche dein Glück nicht, dann findet es dich von selbst*. Goldmann Verlag, München 2008

Goleman, Daniel: *Soziale Intelligenz: Wer auf andere zugehen kann, hat mehr vom Leben*. Droemer-Knaur, München 2008

Gonzalez, Guillermo und Richards, Jay: *The Privileged Planet*. Regnery Publishing, Washington D. C. 2004

Gottesman, I., Brenner, S. und Miller, J. H. (Hrsg.): »Nature-nurture controversy« in *Encyclopedia of Genetics*. Academic Press, Band 3, Seiten 1297–1302, London 2002

Greeley, Andrew: *Religion in Britain, Ireland and the USA*. Guilford Press, Brookfield 2007

Grof, Stanislav: »Primal Renaissance« in *The Journal of Primal Psychology*, Band 2, Nummer 1, Frühjahr 1996

Grove, Hannah Shaw und Prince, Russ Alan: »Money as Aphrodisiac – Being Rich Means Getting Lucky On Your Terms« in *Facts & Figures*, Ausgabe 1, Januar 2007

Guralnik, David (Hrsg.): *Webster's New World Dictionary of the American Language*. World Publishing Company, New York 1975

Hagerty, Barbara Bradley: *Fingerprints of God: The Search for the Science of Spirituality*. Riverhead Books, New York 2009

Hamer, Dean: *Das Gottes-Gen: Warum uns der Glaube im Blut liegt*. Kösel Verlag, München 2006

Hamer, Dean und Copeland, Peter: *Das unausweichliche Erbe. Wie unser Verhalten von unseren Genen bestimmt ist*. Scherz Verlag, München 1999

Harris, A. H., Luskin, F. M., Norman, S. B., Standard, S., Bruning, J., Evans, S. und Thoresen, C. E.: »Effects of a group forgiveness intervention on forgiveness, perceived stress and trait anger: A randomized trial« in *Journal of Clinical Psychology*. 62(6) 715–733, 2006

Herrigel, Eugen: *Zen in der Kunst des Bogenschießens*. Fischer, Frankfurt am Main 2004

Holden, Robert: *Be Happy: Release the Power of Happiness in You*. Hay House, Carlsbad 2009

Huffington, Arianna: *The Fourth Instinct: The Call of the Soul*. Simon and Schuster, New York 1994

Ilibagiza, Immaculée: *Aschenblüte: Ich wurde gerettet, damit ich erzählen kann*. Ullstein, Berlin 2008

Jablonka, Eva und Lamb, Marion J.: *Evolution in Four Dimensions: Genetic, Epigenetic, Behavioral, and Symbolic Variation in the History of Life*. The MIT Press, Cambridge 2005

Jaynes, Julian: *Der Ursprung des Bewusstseins*. Rowohlt, Reinbek 1993

Kant, Immanuel: *Kritik der reinen Vernunft*. Reclam, Ditzingen 1986

Kent, James: »The Cure for Depression? Have Fun!« *Mind Power News*. 26. Oktober 2009, www.mindpowernews.com/FunDeficiency.htm

Klein, Stefan: *Die Glücksformel oder Wie die guten Gefühle entstehen.* Rowohlt, Reinbek 2003

Kluger, Jeffrey: »Is God in Our Genes?« in *Time* vom 25. Oktober 2004, Seite 66

Koch, Christof: *Bewusstsein – ein neurobiologisches Rätsel.* Spektrum Akademischer Verlag, Heidelberg 2005

Kosmin, Barry und Lachman, Seymour: *One Nation Under God: Religion in Contemporary American Society.* Crown, New York 1993

Layard, Richard: *Die glückliche Gesellschaft: Was wir aus der Glücksforschung lernen können.* Campus Verlag, Frankfurt am Main 2009

Leonhardt, David: »If Richer Isn't Happier, What Is?« in *New York Times* vom 19. Mai 2001

Libet, Benjamin, Freeman, Anthony und Sutherland, Keith (Hrsg.): *The Volitional Brain: Towards a Neuroscience of Free Will.* Imprint Academic, Exeter 1999

Lipton, Bruce: *Intelligente Zellen: Wie Erfahrungen unsere Gene steuern.* Koha Verlag, Burgrain 2006

Lipton, Bruce: *Spontane Evolution: Wege zum neuen Menschen.* Koha Verlag, Burgrain 2009

Mayo Clinic Press Release: »Who's Happy and Why.« vom 9. Dezember 2008. www.mayoclinic.org/news2008-mchi/5111.html

McTaggart, Lynn: *Das Nullpunkt-Feld. Auf der Suche nach der kosmischen Ur-Energie.* Goldmann, München 2003

Metzinger, Thomas (Hrsg.): *Neural Correlates of Consciousness: Empirical and Conceptual Questions.* MIT Press, Cambridge 2000

Metzinger, Thomas: *Being No One: the Self-Model Theory of Subjectivity.* MIT Press, Cambridge 2003

Mill, John Stuart: *August Comte and Positivism.* Tutis Digital Publishing, London 2007

Miller, G. E.: »Can Money Buy Happiness?« in *Twenty-something Finance* vom 19. Januar 2009. http://20somethingfinance.com/blog/2009/01/19/can-money-buy-happiness-5-reasons-why-it-could-but-may-not

Mishlove, Jeffrey: *The Roots of Consciousness: The Classic Encyclopedia of Consciousness Studies*. Council Oak Books, Tulsa 1993

Mitchell, Edgar: *Wege ins Unerforschte. Die äußere und innere Reise eines Apollo-Astronauten*. Lüchow, Berlin 1997

Mitroff, Ian: *Smart Thinking for Crazy Times: The Art of Solving the Right Problems*. Berret-Koehler Publishers, San Francisco 1998

Moreira-Almeida, Alexander, Lotufo Neto, Francisco und Koenig, Harold: »Religiousness and Mental Health: A Review« in *Revista Brasileira de Psiquiatria* (http://www.scielo.br/scielo.php?script=sci_arttext&pid=S1516-44462006000300018&lng=en&nrm=iso)

Myss, Caroline und Shealy, Norman: *Auch Du kannst heilen: Emotionale, psychische und geistige Faktoren, die Gesundheit und Heilung fördern*. Laredo Verlag, Rückstetten 2009

Nadel, Laurie mit Haims, Judy und Stempson, Robert: *Dr. Laurie Nadel's Sixth Sense: Unlocking Your Ultimate Mind Power*. ASJAPress/iUniverse, Lincoln 2007

Nadel, Laurie: »Make Way For Joy: Little Things You Can Do to Find Peace in Your Life« in *Woman's Day* vom 1. Juni 2007

National Academy of Sciences: *Science and Creationism: A view from the National Academy of Sciences*. National Academy Press, Washington D.C. 1999

Newberg, Andrew; D'Aquili, Eugene und Rause, Vince: *Der gedachte Gott: Wie Glaube im Gehirn entsteht*. Piper Verlag, München 2008

Nixon, Robin: »Epigenetics: A revolutionary look at how humans work.« LiveScience.com vom 27. April 2009 (http://www.livescience.com/health/090427-epigenetics-overview.html)

Oliner, Samuel P. und Pearl M.: *Towards a Caring Society: Ideas into Action*. Praeger, Westport 1995

Oord, Thomas Jay: *The Altruism Reader: Selections from Writings on Love, Religion, and Science*. Templeton Press, West Conshohocken 2007

Oord, Thomas Jay: *Science of Love: The Wisdom of Well-Being*. Templeton Press, West Conshohocken 2004

Ornish, Dean »Changes in prostate gene expression in men undergoing an intensive nutrition and lifestyle intervention« in *Proceedings of the National Academy of Sciences*, 17:105 (24), Seite 8369, Juni 2008

Osho: *Freude: Das Glück kommt von innen*. Ullstein, Berlin 2005

Parens, Erik; Chapman, Audrey und Press, Nancy: *Wrestling with Behavioral Genetics: Science, Ethics, and Public Conversation*. The Johns Hopkins University Press, Baltimore 2006

Pattakos, Alex: *Gefangene unserer Gedanken. Viktor Frankls 7 Prinzipien, die Leben und Arbeit Sinn geben*. Linde Verlag, Wien 2005

Pert, Candace mit Marriott, Nancy: *Everything You Need to Know to Feel Go(o)d*. Hay House, Carlsbad 2006

Pert, Candace: *Moleküle der Gefühle: Körper, Geist und Emotionen*. Rowohlt, Reinbek 2001

Peters, Ted und Hewlett, Martinez: *Evolution from Creation to New Creation: Conflict, Conversation, and Convergence*. Abingdon Press, Clarksville 2003

Plomin, Robert, DeFries, John, McClearn, Gerald und McGuffin, Peter: *Behavioral genetics*. Worth Publishers, New York 2008

Plomin, Robert, DeFries, John, Craig, Ian und McGuffin, Peter: *Behavioral Genetics in the Postgenomic Era. American Psychological Association*, Washington D. C. 2002

Puchalski, Christina: »Spirituality, Religious Wisdom, and the Care of the Patient. Forgiveness: Spiritual and Medical Implications« in *The Yale Journal for Humanities in Medicine*, 17. September 2002

Rachels, James und Stuart: *The Elements of Moral Philosophy*. McGraw Hill, New York 2006

Rand, Ayn: *The Virtue of Selfishness*. Signet, New York 1964

Reagan, Michael: *The Hand of God: Thoughts and Images Reflecting the Spirit of the Universe*. Lionheart Books, Atlanta 1999

Rosenstand, Nina: *The Moral of the Story*. Mayfield Publishing, Mountain View 2000

Rost, H. T. D.: *The Golden Rule: A Universal Ethic*. George Ronald, Welwyn 1986

Salk, Jonas: *Anatomy of Reality: Merging of Intuition and Reason*. Columbia University Press, New York 1983

Schaafsma, Polly: *Indian Rock Art of the Southwest*. New Mexico School of American Research and the University of New Mexico Press, Albuquerque 1980

Schroeder, Gerald: *Schöpfung und Urknall. Die Übereinstimmung der modernen Naturwissenschaft mit der Bibel*. Bertelsmann, München 1993

Schwartz, Gary: *The G. O. D. Experiments: How Science Is Discovering God In Everything, Including Us*. Templeton Press, West Conshohocken 2007

Seligman, Martin: *Der Glücks-Faktor: Warum Optimisten länger leben*. Bastei-Lübbe, Bergisch Gladbach 2005

Seligman, Martin: *Kinder brauchen Optimismus*. Rowohlt, Reinbek 1999

Shermer, Michael: *How We Believe: Science, Scepticism and The Search for God*. Henry Holt and Company, New York 2000

Smedes, Lewis: *Vergeben und Vergessen. Über die heilende Kraft der Vergebung*. Francke-Buchhandlung, Marburg 2001

Smith, Huston: *Why Religion Matters: The Fate of the Human Spirit in an Age of Disbelief*. HarperCollins, New York 2001

Spetner, Lee: *Not by Chance: Shattering the Modern Theory of Evolution*. Judaica Press, Brooklyn 1997

Sutherland, Kay: »Spirits from the South«. El Paso Archaeological Society, *The Artifact*, Ausgabe 34, Nummern 1 und 2, 1996

Tost, Jörg: *Epigenetics*. Caister Academic Press, Norfolk 2008

Turkheimer, Eric: »Three laws of behavior genetics and what they mean« in *Current Directions in Psychological Science*. Seiten 160–164, 2000

Turner, Bryan: *Chromatin and Gene Regulation: Molecular Mechanisms in Epigenetics*. Wiley-Blackwell, Hoboken 2002

Veenhoven, Ruut: *Bibliography of Happiness*. Erasmus University, Rotterdam 1993

Veenhoven, Ruut: *World Database of Happiness*. (http://www.edacwowe.eu/en/frmShowGIW_indicators?v_id=12)

Waller, Bruce: *Consider Ethics: Theory, Readings, and Contemporary Issues*. Pearson-Longman, Zug 2007

Ward, Keith: *Religion – gefährlich oder nützlich?* Kreuz Verlag, Freiburg 2007

Watson, James: *Gene, Girls und Gamow. Erinnerungen eines Genies*. Piper, München 2008

Wattles, Jeffrey: *The Golden Rule*. Oxford University Press, New York 1996

Welch, John und Carm, O.: *The Mystics and the Development of Consciousness*. Alba House Cassettes, Canfield 1987

Whybrow, Peter: *Wenn mehr nicht genug ist: Analyse einer gierigen Gesellschaft*. Vedra Verlag, München 2007

Wilkinson, Will: »In Pursuit of Happiness Research. Is it Reliable? What Does it Imply for Policy?« *Policy Analysis 590*. The Cato Institute, Washington D. C. 2007

Willis, Gary: *Under God: Religion and American Politics*. Simon and Schuster, New York 1990

Wilson, Edward: *Die Zukunft des Lebens*. Goldmann Verlag, München 2004

Wilson, Edward: *Der Superorganismus: Der Erfolg von Ameisen, Bienen, Wespen und Termiten*. Springer Verlag, Wiesbaden 2009

Wilson, Edward: *Sociobiology. The New Synthesis*. Harvard University Press, Cambridge 2000

Wright, Robert: *Diesseits von Gut und Böse. The moral animal. Die biologischen Grundlagen unserer Ethik*. Limes Verlag, München 1999

Zimmerman, Bill: *Make Beliefs*. Guarionex Press, New York 1987

Internet-Ressourcen

Die folgenden Internet-Adressen liefern Ihnen weitere Informationen über Epigenetik, Glücksforschung und die Experten, die für dieses Buch interviewt wurden.

www.happinessgenes.org
Eine Quelle frei zugänglicher Berichte und Informationen. Kontakt zu den Autoren und Informationen über ihren gegenwärtiger Aufenthaltsort.

www.CSHL.edu
Offizielle Website von *Cold Spring Harbor Laboratories*

www.genieinyourgenes.com
Das Neueste über Dawson Churchs Bestseller *The Genie in Your Genes*

www.stressproject.org
Auf dieser von Dawson Church initiierten Website finden Sie ein Video, auf dem er die *Emotional Freedom Technique* (EFT) an amerikanischen Kriegsveteranen anwendet, die unter posttraumatischer Belastungsstörung (PTSD) leiden. Außerdem Hinweise auf Seminare und Freiwillige (darunter auch Laurie Nadel), die unentgeltliche Arbeit mit Veteranen und aktiven Soldaten leisten.

www.emofree.com
Offizielle Website der *Emotional Freedom Technique* (EFT)

www.heartmath.org
Offizielle Website des *HeartMath Institutes* mit neuesten Berichten zur emWAVE-Forschung über Herzfrequenzvariabilität und DNA, zu anderen Gesundheitsthemen, Stress und Intuition.

www.glcoherence.org
Die *Global Coherence Initiative* ist ein gemeinnütziges Projekt des *HeartMath Institutes*. Auf dieser Website finden Sie Experimente, die Sie zu Hause durchführen können, und neueste Studien zu emWAVE-Programmen und globaler Kohärenz.

www.brucelipton.com
Margaret Horton und Sally Evans halten diese Website auf dem neuesten Stand und informieren über Liptons Tourneedaten, neue Produkte und Untersuchungen. Mit Lipton Schritt zu halten, ist ein Vollzeitjob!

www.greggbraden.com
Hier finden Sie Informationen über Gregg Bradens neue Bücher, seine Seminare und Vorträge.

www.neweconomics.org
New Economic Foundation, eine unabhängige »Denk- und Tat-Fabrik« in London, die überall in Europa wegweisende Forschungen zum Thema Wohlbefinden durchführt.

www.nationalaccountsofwellbeing.org
Auf dieser Website finden Sie die Umfrage, nach deren Beantwortung Sie eine Grafik sehen können, die Ihnen zeigt, wie Sie in den zehn Aspekten des Wohlbefindens und Glücks abschneiden. Sie können dann Ihr Profil mit einem gesamteuropäischen Profil oder dem einzelner Länder vergleichen.

www.prisonersofourthoughts.com
Auf dieser Website finden Sie die neuesten Berichte über die Bücher, Seminare und Veröffentlichungen von Alex Pattakos.

www.shamansociety.org
Die *Society for Shamanic Practitioners* ist eine gemeinnützige Organisation amerikanischer Heilberufler, die schamanische Prinzipien in ihre Arbeit integriert haben.

www.shamanportal.org
Diese spannende Website, welche die Steinzeit mit dem 21. Jahrhundert verbindet, enthält Videos von praktizierenden indigenen Schamanen, Artikel, Rezensionen und Produkte.

www.barbarabradleyhagerty.com
Barbara Bradley Hagerty ist Korrespondentin für religiöse Fragen für das öffentlich-rechtliche Radio der Vereinigten Staaten und Autorin von *Fingerprints of God: What Science Is Learning About the Brain and Spiritual Experience.* Auf ihrer Website finden Sie Buchbesprechungen, Interviews und ihren Terminkalender.

www.mindpowernews.com
Ein wöchentliches E-Magazin mit Artikeln über wissenschaftliche Forschungen zum Thema Geist, Spiritualität, Fernwahrnehmung und Entwicklungen der Zukunft.

www.spontaneousevolution.com
Auf dieser Website finden Sie das Neueste über Bruce Lipton und Steve Bhaerman, die Autoren von *Spontane Evolution: Wege zum neuen Menschen* (Koha, Burgrain 2009)

www.wakeuplaughing.com
Dies ist die Website von Steve Bhaerman, alias Swami Beyondananda. Wenn er nicht schreibt oder politische Vorträge hält, geht Bhaerman als sein Alter Ego auf die Bühne. Schauen Sie sich die Seite an, Sie werden nicht aufhören zu lachen.

www.dnai.org
Alles, was Sie über DNA wissen wollen, finden Sie hier.

www.epigenome.eu
Eine europäische Website mit Hintergrundinformationen und einer Chronologie der Epigenetik-Forschung.

www.genomics.energy.gov
Diese Website wird ständig mit den neuesten Entdeckungen des Humangenomprojekts aktualisiert.

www.mayoclinic.org
Auf dieser Website finden Sie Untersuchungen zu den Themen Wellness, Stress, Genetik und Glück.

www.realityshifters.com
Die Website der Physikerin und professionellen Intuitiven Cynthia Larson enthält Informationen über ihre Arbeit und ihre unverwechselbare Frage: »Wie gut kann es noch werden?«

www.worlddatabaseofhappiness.eur.nl
Diese weltweite Datensammlung zum Thema Glück wurde von Ruut Veenhoven von der Erasmus Universität in Rotterdam zusammengestellt.

http://blog.guykawasaki.com/2007/02/the_world_map_o.html
Eine Zusammenfassung der Weltkarte des Glücks.

Dank

Wir möchten Wayne Dyer und unserer Literaturagentin Lisa Hagan dafür danken, dass sie immer an dieses Projekt geglaubt haben. Ein großes Dankeschön geht an Bruce Lipton für sein großzügiges Vorwort.

Gleichfalls danken wir Dawson Church, Rollins McCraty, Caroline Myss, Gregg Braden und Steve Bhaerman für ihre Informationen über Epigenetik. Basha Hayem von den *Cold Spring Harbor Laboratories* ermöglichte uns eine Tour durch das Gelände und wies uns auf ausgezeichnete Nachschlagewerke hin. Margaret, Sally und Deb, die dafür sorgen, dass Bruce und Dawson stets wohl organisiert bleiben, gilt unser Dank und Segen.

Wir bedanken uns auch bei Michael Pye und Kirsten Dalley von *New Page Books*. Allen, die uns während der vielen Phasen der Entstehung dieses Buches hilfreich zur Seite gestanden sind, danken wir von Herzen.

Und schließlich danken wir unseren Familien und Freunden für ihre unendliche Geduld. Ohne euch hätten wir es nicht geschafft.